校企“双元”合作开发教材

新编21世纪高等职业教育精品教材·经济贸易类

跨境电商数据分析与应用

主　编　司慧娟　华晓龙

副主编　王　佳　刘　婷

中国人民大学出版社

·北京·

图书在版编目（CIP）数据

跨境电商数据分析与应用 / 司慧娟，华晓龙主编
. -- 北京：中国人民大学出版社，2023.8
新编21世纪高等职业教育精品教材．经济贸易类
ISBN 978-7-300-31985-8

Ⅰ．①跨… Ⅱ．①司… ②华… Ⅲ．①电子商务－运营管理－数据处理－高等职业教育－教材 Ⅳ．①F713.365.1

中国国家版本馆CIP数据核字（2023）第142754号

校企“双元”合作开发教材
新编21世纪高等职业教育精品教材·经济贸易类
跨境电商数据分析与应用
主　编　司慧娟　华晓龙
副主编　王　佳　刘　婷
Kuajing Dianshang Shuju Fenxi yu Yingyong

出版发行	中国人民大学出版社		
社　　址	北京中关村大街31号	**邮政编码**	100080
电　　话	010-62511242（总编室）		010-62511770（质管部）
	010-82501766（邮购部）		010-62514148（门市部）
	010-62515195（发行公司）		010-62515275（盗版举报）
网　　址	http://www.crup.com.cn		
经　　销	新华书店		
印　　刷	唐山玺诚印务有限公司		
开　　本	787 mm × 1092 mm　1/16	**版　　次**	2023年8月第1版
印　　张	16.5	**印　　次**	2025年7月第4次印刷
字　　数	377 000	**定　　价**	45.00元

前言
Preface

党的二十大报告提出“加快发展数字经济，促进数字经济和实体经济深度融合，打造具有国际竞争力的数字产业集群”。作为数字经济的重要组成部分，近年来我国跨境电商快速发展，在我国“以国内大循环为主体，国内国际双循环相互促进”的新发展格局中发挥着重要作用。蓬勃发展的市场吸引越来越多的企业进入跨境电商领域，企业之间竞争日益激烈；消费升级与技术进步使消费者需求更加多元化，数据分析作为跨境电商企业进行市场定位、需求分析、产品优化、渠道投放、客户服务等精细化运营的重要支撑，成为跨境电商运营人员必备的一项核心技能。

本教材编写紧密对接跨境电商企业，从跨境电商运营岗位数据分析技能要求出发，根据跨境电商数据分析的业务流程，剖析岗位所需关键能力，开发相应教学项目，遵循真实工作流程，进行课程逻辑架构和内容安排，以任务驱动式、项目模块化的体系设计，通过将跨境电商运营岗位所需的数据分析能力分解，系统地构建跨境电商数据分析的知识体系和技能体系，培养学生跨境电商数据分析的理论素养和实践技能。本教材以婚纱礼服为典型产品，贯穿教学过程；将知识点和技能点的实战演练作为课程的主要任务模块，让学生熟练掌握基本技能，举一反三、触类旁通，然后延伸到其他数据的采集整理、分析与展示应用中，促进学生提升数据化运营的综合技能与素养。

本教材采用“项目导向、任务驱动”的方式进行内容编排，共分为8个项目，26个工作任务。首先，项目一作为整本教材和整门课程的先导内容，让学生初步掌握跨境电商数据分析基础；其次，围绕跨境电商数据分析的业务流程分为6个项目，分别对应数据采集及整理、市场数据分析、竞争数据分析、客户数据分析、运营数据分析、产品数据分析6个核心部分；最后，通过项目八对数据分析的过程及结果进行可视化展示，完善跨境电商数据分析的整体架构和综合技能。

本教材主要面向高职院校跨境电商专业学生、跨境电商从业人员及对跨境电商数据分析感兴趣的人群。

本教材具有以下特色：

课证融通：教材内容与“1+X”证书制度相衔接，内容模块依据《跨境电商B2C数据运营职业技能等级标准》中的工作领域、工作任务与职业技能要求设计，实现课证融通。

能力进阶：遵循人才培养规律，根据企业真实生产项目、典型工作任务和跨境电商实战案例编写；将课程内容举一反三延伸到同一类企业，触类旁通拓展到同一类岗位，以适应跨境电商专业学生对项目学习、案例学习、模块化学习不同方式的需求；结合职业技能等级证书初级、中级、高级技能要求，帮助学生实现能力进阶。

学思贯通：本教材内容紧密结合“一带一路”倡议和“数字经济”发展战略，并将中国制造、数据安全、文化自信、合规经营、工匠精神、商业伦理等内容融入教材，确保学生能够获得正确的价值引导。

资源丰富：同步建设配套在线课程，已在智慧职教平台上线，能够实现线上线下一体化教学，提升教学效率。此外，本教材包含PPT课件、课后习题等资源。

本教材由苏州经贸职业技术学院的司慧娟、华晓龙担任主编，王佳、刘婷为副主编。本教材得到江苏高校“青蓝工程”资助。特别感谢企业专家孟琦为本教材提供企业案例。

由于编者能力有限、时间仓促，书中难免存在疏漏和不足之处，恳请广大读者批评指正。

编者

2023年5月

目录
Contents

项目一 跨境电商数据分析基础

技能目标

1. 掌握跨境电商数据分析的工作流程；
2. 能够使用全球速卖通后台工具查看跨境电商业务数据；
3. 能够选择合适的方法分析跨境电商数据。

知识目标

1. 了解跨境电商数据分析岗位的任职能力要求；
2. 了解跨境电商数据分析的主要内容；
3. 了解跨境电商数据分析的价值与意义；
4. 熟悉跨境电商数据分析的常用工具；
5. 理解跨境电商数据分析的基本方法及适用场景。

素质目标

1. 培养数字经济时代必备的数据思维和数据价值意识；
2. 能够在跨境电商数据分析过程中坚持科学的价值观和道德观；
3. 熟悉跨境电商企业应该遵循的法律法规；
4. 坚持跨境电商企业应有的数据保密意识和数据安全意识。

任务导图

- 跨境电商数据分析基础
  - 认识跨境电商数据分析岗位
  - 熟悉跨境电商数据分析工作内容
  - 了解跨境电商数据分析工作流程
  - 熟悉跨境电商数据分析常用工具
  - 掌握跨境电商数据分析基本方法

导入案例

某金公司是一家从事跨境电商平台运营的科技型企业，主营产品为婚纱礼服。早期某金公司以在跨境电商平台自运营婚纱礼服产品为主，但某金公司发现在信息技术和互联网发展新浪潮的推动下，诸多线下传统企业停滞不前，亟须转型升级，但对跨境电商知之甚少。在捕捉到这个商机后，某金公司决策层决定开拓跨境电商代运营业务。通过深入研究敦煌网、亚马逊、eBay、全球速卖通（如图 1-1 所示）等知名跨境电商平台的运营规则和方式，某金公司打造了一套完整有效的跨境电商代运营服务模式。从店铺管理、产品管理、数据分析、订单管理、营销推广到技能培训，一体化跨境电商代运营服务开始运作。迄今为止，某金公司已为近千家企业提供了专业的跨境电商服务，其中上百家企业已成为各大跨境电商平台的领先品牌。在助力线下传统企业转型和跨境电商企业提档升级的过程中，某金公司发现，跨境电商的成功运营离不开企业对市场的洞察、对行业发展趋势的敏锐判断，以及在整个运营过程中对开店、产品上架、营销推广等一系列活动时机的判断和精准策划，而敏锐的洞察力来自企业多年经营的经验积累，来自大数据的支持和商业理论的支持，即从数据和理论中获得洞察力。

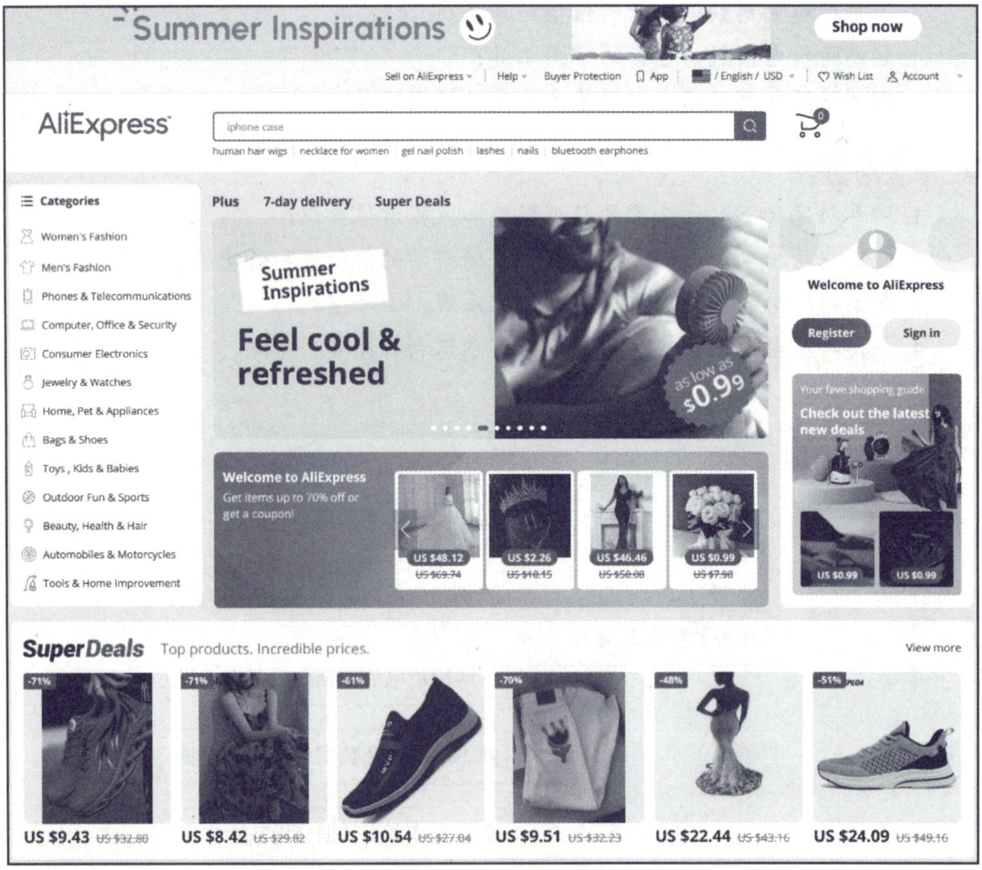

图 1-1　全球速卖通

传统渠道不能快速地得到市场信息，而某金公司开发海外市场的时候发现，其他国家的文化和中国文化有很大区别。中国品牌想拓展海外市场绝不能用传统的中国思维去思考其他国家发生的事情，一定要得到足够的数据和理论支持。电子商务对企业发展有利的一点是它的系统让企业可以直接了解到消费者的评价。“我们每天都要去看评价，以了解消费者对我们的商品是否喜欢。消费者的打分，对于我们来说是关键的考核指标，也帮助我们在海外市场开发品牌。”同时，数据也让企业实现更精准的投放。越来越多的跨境电商企业专门成立了数据分析团队，或依靠专业的数据解决方案供应商为企业的运营助力。

结合案例，思考以下问题：

（1）谈一谈你对大数据的理解，如何利用跨境电商数据提升运营效率？

（2）从跨境电商企业的视角出发，想一想数据分析岗位人员应具备何种素质和能力。

- **工作任务一：认识跨境电商数据分析岗位**

熟悉跨境电商数据分析岗位的职责和能力要求，了解数据分析工作对于跨境电商运营的价值。

- **工作任务二：熟悉跨境电商数据分析工作内容**

熟悉跨境电商业务环节，掌握数据分析工作的主要内容，为后续工作任务的开展做好准备。

- **工作任务三：了解跨境电商数据分析工作流程**

熟悉跨境电商数据的采集、清洗、处理、统计、分析及可视化等工作流程，为尽快实施后续任务奠定基础。

- **工作任务四：熟悉跨境电商数据分析常用工具**

熟悉全球速卖通平台卖家后台工具生意参谋的功能模块，掌握 Excel 的基本操作，了解亚马逊等常用跨境电商数据分析工具的使用。

- **工作任务五：掌握跨境电商数据分析基本方法**

熟悉跨境电商数据分析的基本方法，能够使用 Excel 进行对比分析、分组分析、结构分析、平均分析、矩阵关联分析、聚类分析、时间序列分析、回归分析、预测分析和相关分析。

工作任务一　认识跨境电商数据分析岗位

任务背景

跨境电商发展迅猛，不仅成为我国进出口贸易的重要组成部分，而且成为我国电子商务发展的新趋势。大量中国卖家借助全球速卖通、亚马逊、eBay 和 Wish 等国际 B2C

跨境电商平台，将商品直接售卖给全球的消费者。通过这些方便、快捷的交易链，跨境电商卖家获得了丰厚的回报。但是，随着跨境电商的快速发展，越来越多的传统企业进入该市场，竞争日益激烈，如何在众多的卖家中脱颖而出，成为跨境电商卖家必须面对的问题。

初识跨境电商数据分析

互联网和大数据技术的更新迭代，推动数字经济时代的到来，也为跨境电商卖家带来了新的机遇。借助数据分析工具和方法，对跨境电商平台的海量数据进行采集和分析，可以帮助企业更高效地把握行业趋势和市场变化、挖掘海外消费者的真实需求、改善消费者体验、实时监测运营推广效果，从而实现精细化运营，实现弯道超车。

越来越多的跨境电商企业意识到大数据的价值，为了提高运营效率，它们成立专门的数据分析部门或组建数据分析团队，在运营岗位的招聘中也将数据分析技能作为重要的任职要求。

任务实施

一、认识数据——数据就是数字吗？

一般情况下，我们提到数据，首先想到的就是各种表格和数字，但这只是一种狭义的数据。数据是对客观事件进行记录并可以鉴别的符号，是对客观事物的性质状态及相互关系等进行记载的物理符号，或者是这些物理符号的组合，是构成信息或者知识的原始材料。数据不仅指狭义的数字，还可以是具有一定意义的文字、数字符号的组合，如图形、图像、视频、音频。商务数据主要指的是记载商业、经济等活动内容的数据符号。

知识链接

认识大数据

1. 大数据的概念

大数据（Big Data），简单来讲就是海量数据。大数据是指其大小超过典型数据库软件的采集、储存、管理和分析能力的数据集。该定义有两方面的内涵：一是符合大数据标准的数据集大小是变化的，会随着时间推移、技术进步而增长；二是不同部门的符合大数据标准的数据集会存在差别。随着数字时代的到来，大数据不仅是收集到的各种类型的数据本身，它也是一种数据应用方式，是指收集某个事物的各种数据，从而挖掘相应的信息并提出结论，为生活、生产服务的一种数据应用方式。

2. 大数据的特点

大数据的标志性特征可以概括为 4 个 V：Volume（容量）、Variety（多样性）、Value（价值）、Velocity（速度）。

（1）大数据的首要特征是容量大。伴随互联网、物联网、移动互联技术的发展，人和事物的所有轨迹都可以被记录，数据呈现出爆发性增长。数据的存储单位从 GB 发展至 TB，甚至达到 PB（1 024 个 TB）、EB（1 024 个 PB）。

（2）广泛的数据来源决定了大数据类型的多样性。大数据不仅有机构内部的数据，还有外部的数据；不仅包含结构化的数据，如财务系统数据，其特点是数据间因果关系强，还有许多文本、音频、视频、图片等非结构化的数据，其特点是数据间没有因果关系；以及文档、网页等半结构化数据，其特点是数据间的因果关系弱。

（3）大数据的核心特征是价值。随着物联网的广泛应用，信息感知无处不在。信息海量，但价值密度较低，如何通过强大的机器算法更迅速地完成数据的价值“提纯”，是大数据时代亟待解决的难题。

（4）大数据的高速度。大数据时代，数据的交换和传播主要通过互联网和云计算等方式实现，相比传统数据传播方式，大数据的生产和传播速度极快，可实现实时数据分析。

认识大数据

学思之窗

党的二十大报告提出：“加快发展数字经济，促进数字经济和实体经济深度融合，打造具有国际竞争力的数字产业集群。”

认识数字经济

二、认识跨境电商数据——它和一般数据有什么不同

跨境电商是通过网络化、电子化的方式来实现贸易的一种新型方式，这种新型贸易方式与传统的国际贸易最大的不同，就是一切交易行为都在互联网平台上完成。以消费端为例，了解一下客户在互联网上的行为“数据”留存过程，如图 1-2

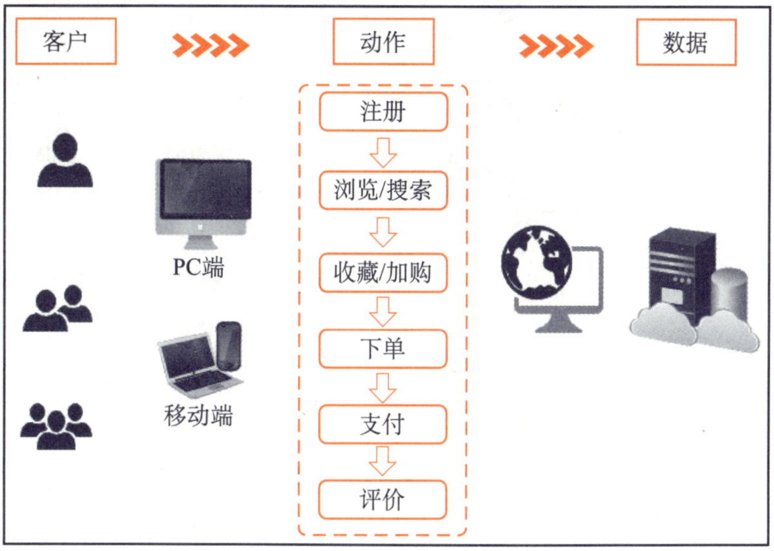

图 1-2 客户在互联网上的行为“数据”留存过程

所示。消费者在网上注册、浏览/搜索、收藏/加购、下单、支付、评价等一系列行为都会在互联网平台上留下痕迹，这些“行为痕迹”会在平台留存、沉淀，成为“数据”。跨境电商卖家可以根据自己的业务需求，对这些数据进行调取和分析，查找经营中存在的问题和不足，有针对性地优化经营策略，实现高效运营。

知识链接

跨境电商定义及内涵

跨境电商（Cross Border E-commerce）是指分属不同关境的交易主体，通过电子商务平台达成交易、进行支付结算，并通过跨境物流送达商品、完成交易的一种国际商业活动。跨境电商是将传统国际贸易以网络化、电子化的方式来实现，本质上是一种新型贸易方式。它能够通过贸易信息、运输部门和支付环节的积聚，实现信息规模、物流规模和资金规模的扩大，带来规模经济。

从商品流向来看，跨境电商可以分为跨境电商进口和跨境电商出口，两种贸易类型的流程相反，如图 1-3 所示。本书中的跨境电商均指跨境电商出口。以跨境电商出口流程为例，整个业务流程主要包括六大模块：商品、跨境电商企业、支付企业、物流商、海关和客户。商品在出口国被生产商或制造商上线并展示于跨境电商平台。客户选定后，下单购买并进行支付，跨境电商出口方将商品交付给物流商进行投递。经过出口国和进口国的两次商检，最终商品被派送到消费者手中。也有部分跨境电商出口方选择与第三方综合服务平台合作，委托第三方综合服务平台代办支付之后的业务流程，简化跨境电商交易过程。

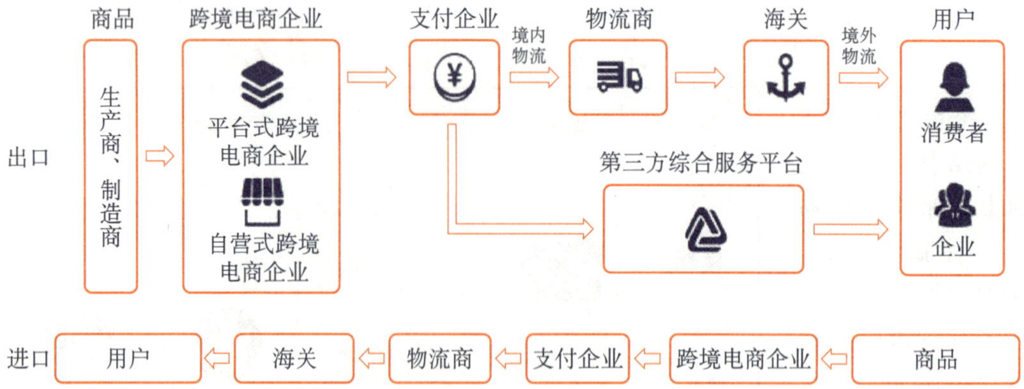

图 1-3　跨境电商进出口业务流程

三、认识跨境电商数据分析

数据分析是一种思维方式和技能，是指通过数据化的工具、技术和适当的统计分析方法对收集来的大量资料进行分析，以最大化地开发数据资料的功能，发挥数据的作用，提取有用信息和形成结论，从而对数据进行详细研究和概括总结的过程。数据分析被广泛应用于各个领域、各个环节。

根据《跨境电商B2C数据运营职业技能等级标准（2021年2.0版）》，跨境电商数据分析（Cross-Border Electronic Commerce Data Analysis），即“用统计的方法对跨境电商B2C业务中产生的数据进行采集、处理和分析，对运营策略提供精准的指导”。

具体来说，跨境电商数据分析就是通过采集跨境电商业务流程中的数据，对跨境电商运营过程中的各个环节进行科学分析、引导和应用，从而达到优化运营效果和效率、降低成本、提高效益的目的。对跨境电商卖家而言，通过数据分析可以更全面、深入地把握日常经营中的问题和原因，指导运营决策、驱动业务增长，是提升运营效率的关键。跨境电商数据分析的最终目的是解决运营中的问题。运营人员通过数据分析，将整个店铺的运营建立在科学分析的基础之上，将涉及市场、产品、运营、推广等各环节的指标定性、定量地分析出来，为店铺运营决策提供准确的参考依据。在跨境电商运营的整个生命周期内，数据分析过程是质量管理体系的支持过程，包括从产品的市场调研、选品上架、视觉设计、营销推广、订单支付、物流配送到售后服务都需要适当运用数据分析，以提升处理决策的有效性。

跨境电商运营的核心在于“人、货、场”三大要素，对应三大要素，跨境电商数据分析主要有以下应用领域：

第一，描绘客户画像。从“人”的角度，通过分析客户行为和业务数据之间的关系，勾勒客户画像，实现科学高效的客户分级分类管理和维护。

第二，提升产品优化。从“货”的角度，通过分析产品引流和转化效果，打造产品组合策略。

第三，促进营销转化。从“场”的角度，通过分析客户流量和付费转化效果，甄别优质投放渠道。

第四，完善运营细节。综合分析“人、货、场”三大要素，制定精细化运营策略和方案。

从“人、货、场”三个维度，具体分析跨境电商数据分析的应用领域。

（一）以“人”为维度的客户分析

基于客户在平台内的各类浏览行为数据来分析客户对什么感兴趣，分析客户的偏好，进而为其提供他们所偏爱的产品和服务，最终实现客户转化。客户分析是通过对客户的行为数据进行分析来研究客户的访问焦点，揣摩客户的心理和习惯，挖掘客户的内在需求。因此在商务领域，客户分析是很多企业重视的数据分析应用环节，如了解新增客户的活跃情况、时段分布、渠道来源、地域分布的情况。以交易为导向的跨境电商卖家，就要研究如何高效、精准地吸引客户，最大化地促成交易、复购。

（二）以“货”为维度的产品分析

跨境电商卖家通过分析产品，了解产品的浏览量、点击量、订单量、购买客户数等信息，了解产品的点击是否顺畅、产品功能的展现是否完美，以及客户对不同产品、不同品牌的关注度、购买力等信息，为研究产品生命周期、调整产品推广策略提供必要的数据支撑。

（三）以“场”为维度的场景运营分析

从客户体验的角度对各个营销场景进行优化，提升客户体验，增强客户黏性。以营销场景中的购物场景为例，对其进行分析旨在优化产品的购买流程，让客户对产品产生黏性和高频购买意愿，并提升客户的购物体验。

场景运营分析涵盖了以下五个方面：页面项目、内部检索、专题页面、站内广告、页面流量。第一，页面项目，即对每一个页面做详细统计，了解页面的流量、客户数、页面点击热点等指标，这些数据对页面的流量、质量、页面布局的调整提供数据支撑。第二，内部检索，即通过内部检索客户行为，根据访客搜索最多的内容、搜索的频率，以及对搜索结果的点击情况，为运营人员补充小程序内容或品类、优化搜索结果页面结构及展示相应搜索词的搜索情况提供数据支持。第三，专题页面，即通过分析促销活动页面的浏览量、点击量、转化率等数据，了解专题活动的效果。分析客户对哪些活动感兴趣、对哪些产品感兴趣，充分了解客户的喜好。跨境电商卖家根据这些数据可以对活动页面进行调整和优化。第四，站内广告，即通过站内广告了解站内重点活动的客户参与度，通过广告的点击率和转化率分析，了解客户对站内广告是否感兴趣，从而分析广告的效果，进而为优化站内广告位及创意展现位提供数据支撑。第五，页面流量，它旨在展现网站所有页面的流量、点击率及退出率等指标，通过这些数据，运营人员可以了解网站流量集中的页面，以及访问退出率集中的页面，从而充分了解相关页面的设计质量，发现重点页面或异常情况。

四、认识跨境电商数据分析的价值

跨境电商数据分析的价值主要体现在以下几个方面：

（一）洞悉客户

跨境电商数据分析可以帮助跨境电商卖家更好地了解客户的需求和行为偏好；客户的来源渠道是什么？是新客户还是老客户？客户关注哪个产品？以此决定自己的营销投放渠道、策略和方向。例如：在分析客户的来源渠道时，通过分析客户是从 Instagram、Facebook 等外部平台来，还是从平台网站的搜索、导购频道来，这可以帮助跨境电商卖家调整营销投放策略，发现对客户更有吸引力和价值的渠道，调整渠道经营策略。

（二）预测分析

预测是通过一段时期的历史数据拟合出数据变化模型，据此测算未来的数据拟合值，这是数据分析的重要目标。对于跨境电商卖家而言，一方面，通过预测可以合理地制定企业的经营目标和发展规划；另一方面，通过预测能够及时发现运营过程中可能出现的问题，从而优化原有业务流程、提升和改进客户体验，制定预警和防范策略；此外，预测可以更合理地优化资源配置，达到实现效益最大化的目的。

（三）监测管理

数据分析可以帮助跨境电商卖家实时监控整个运营流程，方便快捷地把握各个关键运营节点的表现，适时制定更准确、更高效的执行策略。此外，通过社交平台的舆情监测，根据客户的评价数据，及时地进行产品改进，改善客户体验，打造良好的口碑，完善社交平台运营，帮助跨境电商卖家始终朝着正确的方向和目标前进。

数据分析对于跨境电商全业务链具有重要的价值。随着近年来跨境电商的迅猛发展和竞争日趋白热化，消费者对于线上消费体验和产品服务的要求日益多元化和个性化，跨境电商卖家越来越意识到通过数据挖掘有效信息，能够支持精细化的客户管理和产品运营。

因此，在跨境电商卖家中，数据分析岗位成为重要的技术性岗位。下面，通过查看跨境电商数据分析师岗位的任职要求和工作职能描述，更为直观地了解从事这项工作所需掌握的职业能力。

五、了解跨境电商数据分析岗位

从跨境电商工作岗位来看，数据分析属于支撑运营的一个技术性岗位，具体从事数据采集、清洗、分析、制定策略等工作，支撑整个运营体系朝精细化方向发展。如表 1-1 所示，从岗位职责描述来看，当前跨境电商的数据化运营，其核心就是通过数据分析，发现问题、解决问题，提升工作效率和实现企业效益的增长。

表 1-1　跨境电商数据分析岗位职责描述

岗位实例	岗位职责	任职要求
甲	①负责日常运营业务及复盘分析，为业务部门提供分析结论和建议； ②负责选品以及品类分析，建立选品迭代逻辑，确保给业务增长带来实际价值； ③构建定价模型，根据市场需求变化，动态调整定价； ④针对不同阶段、不同场景、不同产品、不同品类需求，结合流量、销量特点和行业形态，为采购提供专业建议，形成独立判断并驱动决策，持续帮助营销和运营优化决策； ⑤独立承担数据分析工作，为产品开发、品牌增长、市场营销、电商运营提供数据决策和策略支持。	①2 年及以上数据分析经验，统计学、电商等相关专业，丰富的电商行业数据分析、数据产品经验； ②具备良好的分析总结和数据报告呈现能力，能够系统思考和分析问题； ③熟悉电商相关的数据产品，了解电商各维度指标及提升方法，深入或精通客户、会员、产品、活动等某一模块的数据分析； ④具备较强的结合数据分析与商业策略的能力，对业务有理解和反馈； ⑤沟通协调能力强，能与业务部门合作，有效地驱动决策和优化业务。

续表

岗位实例	岗位职责	任职要求
乙	①负责全球速卖通、eBay 等跨境电商平台数据采集、整理和分析，以及店铺内部数据收集整理，及时出具相关数据分析报表，对数据进行深度分析、挖掘和建模； ②对业务部门各站点销售情况进行统计分析及提供策略建议，为业务决策、市场方向选择提供有价值的数据支持； ③调研亚马逊上新产品、利润及竞争对手，分析客户需求，做好产品生命周期管理； ④分析亚马逊上的行业数据，通过数据分析，为产品开发寻找潜在机会市场及提供依据。	①1 年以上数据分析经验，熟悉各种电商数据分析软件； ②对数据感兴趣并具有一定的敏感性，逻辑思维能力强； ③具备较强的数据分析及逻辑思维能力，能理解业务逻辑，能独立进行数据分析并给出结论； ④熟练使用 Excel、Python 等软件，具备良好的分析素养，能够剖析问题的根源； ⑤具备良好的沟通合作意识和能力，乐于分享。
丙	①熟悉跨境电商业务流程，能够独立完成常见的大数据分析建模工作，具备良好的数据分析报告、汇报材料等文档编辑能力； ②负责常规运营数据分析工作，从系统中提取数据，为业务部门提供数据分析报告； ③负责业务部门各项指标的数据统计工作； ④熟练操作 Excel，完成数据分析可视化报表； ⑤通过数据分析，发现店铺问题，提出改善建议，为产品研发、销售提供建议，并推进执行，对公司产品的各项经营数据进行数据监测、分析、统计。	①本科及以上学历，统计学、数学、计算机信息工程等专业优先，英语四级以上； ②有跨境电商数据分析工作经验，熟悉 Wish、全球速卖通、亚马逊等电商平台； ③精通 Office 软件，能熟练操作 Excel，熟悉电商的产品分析软件； ④有 1 年以上数据分析经验，有市场调研经验，有数据系统设计工作经验的优先考虑； ⑤具备较强的数据分析能力、逻辑思维能力、组织沟通能力、执行能力和团队精神； ⑥诚信，愿意分享和承担责任，勇于探索与坚持创新。

通过跨境电商数据分析岗位职责描述，提取该岗位的职业素养和能力要求，如表 1-2 所示。

表 1-2　跨境电商数据分析岗位职业素养和能力要求

综合素养	执行能力、团队精神、创新精神、分享协作、诚实守信
	逻辑思维能力、组织沟通能力、分析总结能力
业务能力	熟悉行业调研、产品开发、市场营销、经营决策等业务环节
	开展平台数据及店铺数据的收集、整理、监测、统计、分析工作
操作技能	熟练操作 Office、Excel、Python 等数据分析软件的能力
	出具可视化报表、数据分析报告，提供策略建议

六、明确跨境电商数据分析岗位技能要求

《跨境电商 B2C 数据运营职业技能等级标准（2021 年 2.0 版）》（以下简称《标准》）将跨境电商 B2C 数据运营职业技能分为初级、中级、高级三个等级，三个级别依次递进，高级别涵盖低级别职业技能要求。每一个数据分析岗位的具体技能要求如下：

（一）初级技能要求

跨境电商 B2C 数据分析岗位职业技能要求（初级），如表 1-3 所示。

表 1-3 跨境电商 B2C 数据分析岗位职业技能要求（初级）

工作领域	工作任务	职业技能要求
产品数据采集与整理	1. 热销产品数据采集与整理	①能够根据数据采集方案，通过店铺后台采集目标国市场的热销产品数据。 ②能够根据数据分析方案，通过 Excel 等工具对热销产品的成交指数、转化率排名和竞争指数等数据进行整理。 ③能够根据热销产品的分析结果，在店长的指导下，制定热销产品动态变化报表，及时跟踪店铺发展趋势。 ④能够根据热销产品的分析结果，协助店长完成选品。
	2. 产品热销属性采集与整理	①能够根据数据采集方案，通过店铺后台采集目标国市场产品的热销属性数据。 ②能够根据数据分析方案，通过 Excel 等工具对产品热销属性的属性名、属性值和对应的成交指数等数据进行整理。 ③能够根据热销属性的分析结果，在店长的指导下，制定热销属性监控报表，及时跟踪产品在不同生命周期热销属性变化。 ④能够根据产品热销属性分析结果，协助店长完成产品属性的初步优化。
	3. 热搜产品数据采集与整理	①能够根据数据采集方案，通过店铺后台采集目标国市场产品的热搜数据。 ②能够根据数据分析方案，通过 Excel 等工具对热搜产品的关键词、搜索指数、搜索人气、转化率排名、竞争指数等数据进行整理。 ③能够根据热搜产品的分析结果，在店长的指导下，制定热搜产品动态变化报表，及时跟踪店铺热搜产品变化趋势。 ④能够根据热搜产品的分析结果，初步了解目标国市场消费者对产品的搜索习惯等偏好。

续表

工作领域	工作任务	职业技能要求
产品数据化运营	1. 产品数据化企划	①能够通过客户画像及选品规则，整理客户性别、年龄、购买时间、购买次数等数据，协助调整产品选品方向。 ②能够运用选品专家等工具，整理热销词、热搜词等数据，初步完成选品。
	2. 产品流量数据分析	①能够根据产品初期发展目标，在店长指导下完成产品流量数量、流量来源及占比等数据采集。 ②能够利用 Excel 对采集的数据进行处理，形成分析所需柱状图、饼状图、折线图等。 ③能够对采集到的数据进行初步分析，了解流量来源及变化趋势，为产品优化及新产品上架提供数据支撑。
客户数据化维护	1. 目标客户国家分布分析	①能够协助店长进行目标客户分析，初步了解目标客户国家分布。 ②能够根据客户国家分布，协助店长分析店铺在不同国家的优劣势，为开拓国际市场提供数据支撑。 ③能够针对国家分布结果，找出产品重点发展国家及机会国家，并且针对不同国家国情、风俗习惯等对布局店铺产品提出建议。
	2. 客户维护	①在店长的指导下，能够收集和整理与客户交流的有效信息，不断了解客户需求，为产品的开发升级提出建议。 ②能够运用店铺客户管理工具，在店长的指导下分析整理客户资料，协助店长维护客户。

（二）中级技能要求

跨境电商 B2C 数据分析岗位职业技能要求（中级），如表 1-4 所示。

表 1-4　跨境电商 B2C 数据分析岗位职业技能要求（中级）

工作领域	工作任务	职业技能要求
店铺数据采集与分析	1. 行业数据采集与分析	①能够根据店铺运营方案，运用数据采集工具，通过站内渠道采集行业信息，整理平台上不同行业的访客数、搜索指数、供需指数等数据，分析行业结构及行业容量。 ②能够根据店铺需求，采集同一行业下不同子类目访客数、搜索指数、供需指数、客单价、父类目金额占比等数据，分析子行业容量、需求、占比等，为店铺选品提供数据支撑。 ③能够通过卖家精灵等工具，合法采集不同跨境电商平台访客数、浏览量、订单数量、支付金额、供需指数等数据，并对数据进行整理。 ④能够分析不同跨境电商平台行业发展现状及趋势，为店铺精准选择行业及行业产品提供数据支撑，不断优化和丰富店铺选品。

续表

工作领域	工作任务	职业技能要求
店铺数据采集与分析	2. 竞品数据采集与分析	①能够根据店铺运营方案，运用数据采集工具，合法采集竞争对手上架产品数、客单价、热销产品、成交数量和消费者评价等数据。 ②能够运用 Excel 等工具，分析竞争对手产品优势、热销国家和地区、销售数据，不断优化店铺产品，提升店铺产品的市场竞争力。 ③能够根据竞品及竞店数据分析，找出自身产品与竞品之间的差异，取长补短，及时对产品及店铺做出优化。 ④能够根据店铺运营目标，制作竞品及竞店数据追踪动态表格，定期追踪竞品各项重要数据，发现客户需求，根据竞品数据变化及时优化店铺产品。
	3. 运营数据采集与分析	①能够根据店铺运营方案，采集店铺内产品访客数、点击率、浏览量、平均停留时长、加购加收藏人数、转化率等重要指标数据。 ②能够根据店铺运营方案，利用 Excel 等工具处理访客数、点击率、加购加收藏人数、转化率等数据，制定增加加购加收藏人数、提升转化率的方案。 ③能够根据店铺运营要求，完成店铺内访客数、点击率、加购加收藏人数、转化率等指标的分析，通过折线图、饼状图等将分析结果可视化。 ④能够根据店铺运营要求，制作数据追踪表格，定期追踪店铺内各项重要指标数据，为调整店铺运营方向提供数据支撑。
店铺数据化运营	1. 店铺数据化布局	①能够分析店铺目标客户产品价格偏好，参照数据了解消费者消费心理。 ②能够根据店铺运营方案、客户产品偏好数据分析，掌握消费者偏好，对产品品类进行布局，提升店铺产品曝光和成交。 ③能够分析平台产品热销属性等指标，根据分析结果，找出产品热销属性，为产品款式布局及优化提供数据支撑。
	2. 产品数据化呈现	①能够根据产品定位和规划，为确定产品销售目标国和目标群体提供数据支持。 ②能够分析海外目标市场消费者搜索习惯、产品热销属性等数据，完成关键词采集，为产品标题制作提供数据支持。
	3. 站内流量数据化分析	①能够根据店铺发展目标，正确采集店铺站内流量数据，分析店铺流量来源、各来源流量占比等数据。 ②能够对采集到的站内流量数据进行整理，利用折线图及饼状图分析各来源流量占比，以及上升下降趋势，更加直观展示店铺流量变化。 ③能够根据站内流量来源，确定影响店铺流量的主要因素，为制定提升店铺站内流量方案提供数据支持。

续表

工作领域	工作任务	职业技能要求
海外流量数据化推广	1. 海外社媒数据化推广	能够根据海外社媒账号表现，分析推广内容的触达人数、点赞数、留言和转发等海外消费者行为数据，为运营策略调整提供数据支持。
	2. 海外视频数据化推广	能够采集和分析视频推广产生的曝光量、互动率、转发量、点赞数、转化率等数据，根据推广效果，为产品及视频推广文案优化提出建议。

（三）高级技能要求

跨境电商 B2C 数据分析岗位职业技能要求（高级），如表 1-5 所示。

表 1-5　跨境电商 B2C 数据分析岗位职业技能要求（高级）

工作领域	工作任务	职业技能要求
数据运营策略制定	1. 数据采集方案制定	①能够根据店铺选品需求，制定行业及子行业数据采集方案，深入分析行业及子行业容量、发展前景、行业需求等信息，为店铺选品提供数据支持。 ②能够根据店铺产品品类及款式布局规划，制定产品热销属性数据采集方案，分析客户偏好，为店铺产品布局提供思路。 ③能够根据店铺发展需要，制定采集店铺及重点产品数据方案，重点采集流量、转化率及客单价等重要指标，为店铺优化提供数据参考。 ④能够根据店铺发展需要，合理制定采集竞争对手产品及店铺数据方案，为店铺选品及自身产品优化提供借鉴。
	2. 数据分析方案制定	①能够制定平台内店铺数据分析方案，运用 Excel 工具，对店铺类目排名、流量、访客数、产品浏览量、点击率、搜索指数、加收藏人数、转化率和竞争程度等进行系统分析。 ②能够制定行业发展趋势的数据分析方案，运用 Excel 等工具，对不同行业的流量、转化率和竞争程度等进行深度分析。 ③能够制定竞品及竞店数据分析方案，深入分析竞品及竞店产品销量、客单价、物流模板、买家国家分布、优惠活动、详情页等信息。 ④能够制定产品热销、热搜等数据的分析方案，对产品成交指数、转化率、竞争指数、搜索指数、搜索人气、关键词等指标进行分析和挖掘。
线上交易数据化管理	1. 客户数据化管理	①能够熟练运用店铺客户管理工具，建立客户信息数据库，为制定老客户维护方案和开发新客户计划提供数据支持。 ②能够根据客户消费行为，建立客户数据模型，分析客户消费习惯、消费偏好，强化店铺与客户之间的关系，提升客户忠诚度。

续表

工作领域	工作任务	职业技能要求
线上交易数据化管理	2. 服务数据化管理	①能够根据店铺发展需求，对客服进行赋能，充分发挥客服数据化服务作用，提升店铺转化率及好评率。 ②能够根据店铺发展表现，从满意度、解决率等方面对客服工作进行数据化考核。

工作任务二 熟悉跨境电商数据分析工作内容

任务背景

通过上一个任务的学习，我们了解了跨境电商卖家对于数据分析岗位职责的具体要求。一个合格的职场人士，要与他人团结协作、诚实守信，具备创新精神和较强的执行能力。数据分析是一项兼具专业性和综合性的技术工作，对逻辑思维、沟通协调、分析总结等方面的能力有着较高要求，这也是数字经济时代要求高技能人才具备的综合素养。除此之外，跨境电商数据分析岗位的必备能力包括熟悉行业调研、产品开发、市场营销和经营决策等业务环节，能够根据各个业务环节开展相关数据的收集、整理、监测、统计与分析工作，是跨境电商数据分析岗位的任务和职责，整个跨境电商数据分析的具体工作也是围绕这些内容展开的。因此，跨境电商数据分析的工作内容即针对跨境电商全业务链开展数据的采集、清洗、分析、结果可视化，并为业务决策提出可行建议或优化策略。

任务实施

一、调查分析市场数据

跨境电商运营的核心是产品，而选择好的产品需要经过充分的市场调研，了解行业的整体发展情况和细分类目的市场潜力。简单来说，就是通过包括但不限于各类搜索引擎、跨境电商平台和第三方研究机构等广阔的渠道获取相关行业资讯及产品信息，把握最新的市场变化动向，结合实践经验，然后运用数据分析工具进行市场信息的清洗、整理和分析，以此为市场选择和产品开发提供更为准确的依据。例如：我们获取某产品的市场数据，可以通过登录跨境电商平台，查看行业类目、热销产品等相关信息，大致得出该类产品在市场上的关注度和市场规模；我们也可以利用专业的工具，搜索该产品关键词，通过关键词搜索热度的时间变化趋势和区域分布，分析搜索频率的周期性特点和重点地区，据此把握产品开发先机和谋划市场布局。类似的工具还有很多，如通过关键词搜索工具发现品类搜索热度和品类关键词；通过 Alexa 工具，选择至少 3 家同品类中以该市场作为主要目标市场的竞争对手的店铺，作为目标市场竞品分析和店铺选品的参考依据。

二、采集分析竞争数据

市场中的竞争无处不在。分析竞争数据对于跨境电商运营至关重要：一是充分了解市场中的竞争程度，在制定经营目标和战略计划时更客观、实际；二是对标行业内优秀卖家，找到自身店铺运营中的不足，向行业内的优秀卖家学习；三是通过自家产品与竞争对手产品的对比分析，在产品架构和布局方面寻求差异化的产品策略，尽量避免直接竞争，提高经营效益。竞争数据分析的前提是准确识别竞争对手，其维度包含竞店和竞品两个层面，因此，相对应地，竞争数据分析也包括竞店数据分析和竞品数据分析。

三、采集分析运营数据

掌握和分析店铺日常运营状况是跨境电商卖家最关注的，也是数据分析的核心工作。对于跨境电商卖家而言，流量是基础，转化是关键，而形成持续的店铺销售业绩离不开优质的产品和稳定的供应链。因此，从整个运营体系来说，运营数据包括流量数据、客户数据、销售数据、推广数据和供应链数据。全球速卖通后台的店铺运营指标如图 1–4 所示。

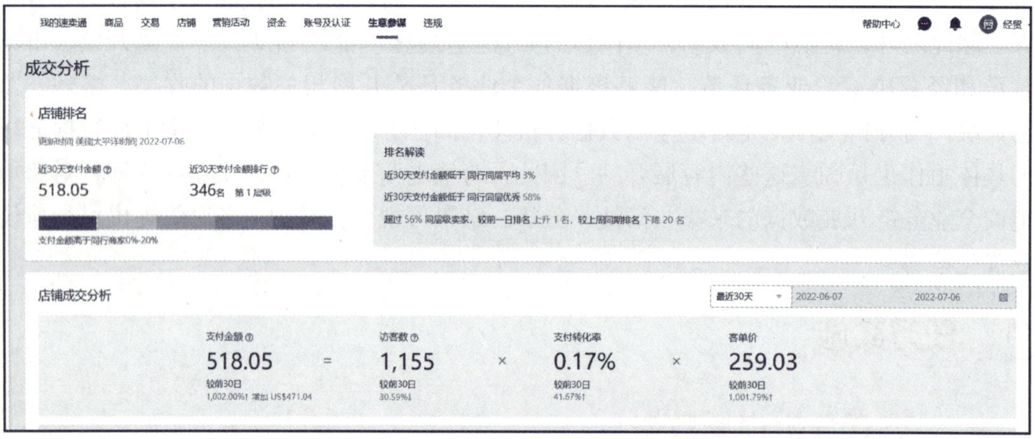

图 1–4　全球速卖通后台的店铺运营指标

四、采集分析产品数据

为了持续提高店铺的流量和销量，跨境电商卖家通常会采取多样化的推广手段，包括打折、满立减、优惠券等活动，或付费参加全球速卖通平台的推广活动。但并非所有活动都会带来好的收益，卖家也需要保持较高的投入产出比。因此，在采用各种方法推广产品之后，需要 1 ～ 2 周的时间分析店铺数据，以此评估推广效果，为调整和完善推广方案提供依据。

五、数据可视化呈现

简单地说，数据可视化就是通过计算机图表处理工具将数据分析结果转化为清晰、美观的图表。图表因为具有更为直观、简洁的表达效果，所以被视为数据可视化的最佳方式。常用的数据可视化工具有 Excel、Python、Power BI、Tableau 及在线数据处理工具等。

工作任务三　了解跨境电商数据分析工作流程

任务背景

通过上一个任务的学习，我们知道了数据分析的工作内容就是开展数据的采集、分析、可视化和提供决策支持，支撑整个公司的运营体系往精细化运营方向发展。数据分析的目的是解决运营中存在的问题和短板，提出优化运营的策略和建议。工作任务的开展需要厘清数据分析的整体思路，掌握数据分析的业务逻辑和操作流程，这样才能有效地寻找解决问题所需要的关键数据。如图 1-5 所示，跨境电商数据分析业务流程包括：需求分析及目标确定→构建数据指标体系→数据采集及整理→数据分析及可视化→运营优化策略建议→持续跟踪优化。

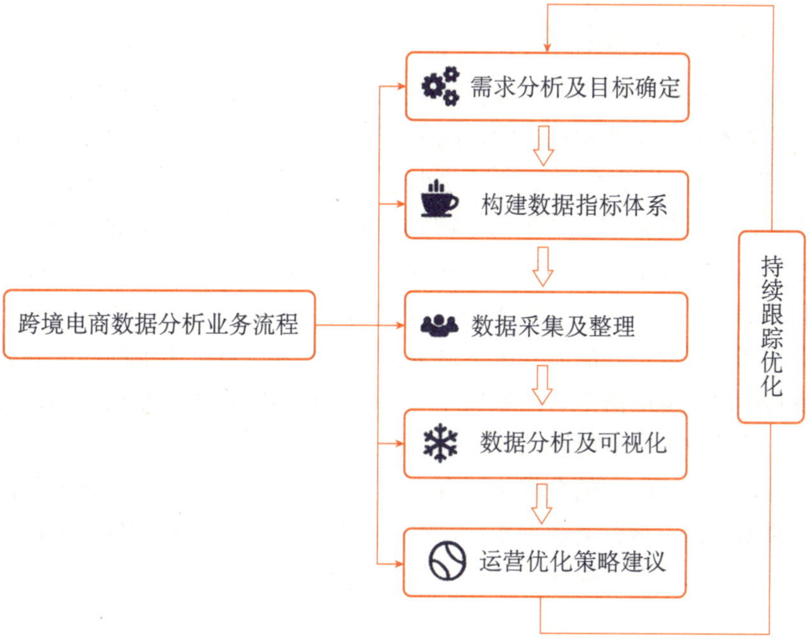

图 1-5　跨境电商数据分析业务流程

在跨境电商数据分析的整体流程中，第一步就是获取数据。数据分为两类，一类是站内数据，一类是站外数据。如果运营人员只是想要分析站内自己店铺的一些日常运营与管理细节，那么可以使用与店铺密切相关的数据，如流量数据、转化率数据、成交额数据。如果运营人员想要分析的是产品的市场情况，那么就需要获取站外

跨境电商数据分析工作流程

数据。然后，运营人员要借助相关的数据工具进行数据分析，如 Excel、生意参谋。最后，根据数据分析的结果，运营人员能够准确地识别问题的关键所在，为接下来的管理与运营策略的制定提供强有力的理论和数据支撑。

任务实施

一、需求分析及目标确定

跨境电商企业根据所处的成长阶段和产品的生命周期，确定不同的数据分析目标。即使在同一个企业，不同人员的运营目标或者关注点也是不一样的。企业高层更关注有多少客户、产生多少订单、实现多少收益等较为核心的数据，产品运营人员更关注产品的流程转化、订单流失等数据，市场推广人员需要及时掌握推广活动效果，客户管理与服务人员要制定客户分级分类维护体系。因此，这个目标可以是长期或短期的，但必须是确定的，可以通过具体的指标进行量化、操作。

通常，根据业务部门提出的具体任务，分析任务背景和待解决的问题，确定具体的数据分析目标。

二、构建数据指标体系

跨境电商企业根据不同的数据分析目标和业务需求，有针对性地搭建有效的数据指标体系，帮助业务人员快速发现并定位问题。通过前面的学习，我们了解了跨境电商业务数据“沉淀”在平台中的具体过程，这也是数据分析背后的底层逻辑：线上购物为卖家了解消费者行为特征提供了强大的资源和工具支持，这就是“数据”；线下购物不便于购物行为留痕，但线上购物具有强大的数据留痕的优势，在客户点击鼠标，进行购物平台选择、店铺页面浏览、点击详情页、加购物车、支付或退出页面等一系列动作时，这些点击动作都以“数据”的方式留下痕迹，为卖家分析自家店铺的消费者群体、爆款产品提供便利。但跨境电商平台的数据是海量的，它们之间如何互相影响，怎样从中找到关键数据，是帮助卖家制定最优运营策略的关键。

首先，需要对跨境电商的数据指标有一个全面的了解。跨境电商数据分析指标可以分为市场类数据指标、运营类数据指标、客户类数据指标、产品类数据指标、推广类数据指标五大类，每一分类下的具体指标如表 1-6 所示。

表 1-6　跨境电商数据分析指标

一级分类	二级分类	具体指标
市场类数据指标	行业数据	行业总销售额、市场占有率、行业增长率等行业发展数据；需求量变化、品牌偏好等市场需求数据；地域分布、职业等目标客户数据
	竞争数据	竞争对手的销售额、客单价等交易数据；活动形式、活动周期等营销活动数据；畅销产品、产品评价等产品运营数据

续表

一级分类	二级分类	具体指标
运营类数据指标	流量指标	页面浏览量（PV）、网站独立访客（UV）、跳出率、页面访问深度等数据
	销售数据	销售额、订单量、转化率等交易数据
	服务数据	客服响应时长、转化率等服务数据
	供应链数据	采购数量、采购单价等采购数据；物流时效、物流异常量等物流数据；库存周转率、残次库存比等仓储数据
客户类数据指标	基本信息	性别、年龄、所在地区等客户基本信息
	购买行为	浏览量、收藏量等客户行为数据
产品类数据指标	搜索能力数据	产品搜索词、搜索指数等数据
	获客能力数据	新客点击量、重复购买率等数据
	盈利能力数据	客单价、毛利率等数据
推广类数据指标	推广渠道分析	流量来源、流量结构分析
	推广效果分析	展现量、互动率、点击数、转化率等数据

其次，选择数据分析指标。根据数据分析目标和业务需求，参照表1-6，选择需要重点分析的数据指标，据此找到对应的数据采集渠道。

跨境电商数据分析指标

三、数据采集及整理

数据分析的基础是数据源。“巧妇难为无米之炊”，因此，找到数据源并采集和整理数据，是数据分析的基础。

（一）认识数据源

在采集数据之前，需要认识一下可供采集的数据源。数据源种类很多，总体而言，可分为两类：一类是站内数据，另一类是站外数据。

1. 第一类数据源：站内数据

站内数据就是在企业入驻的跨境电商平台上可获取的数据，包括前台搜索和浏览的各个行业、各个类目的数据，以及店铺的内部数据，如图 1-6 所示。

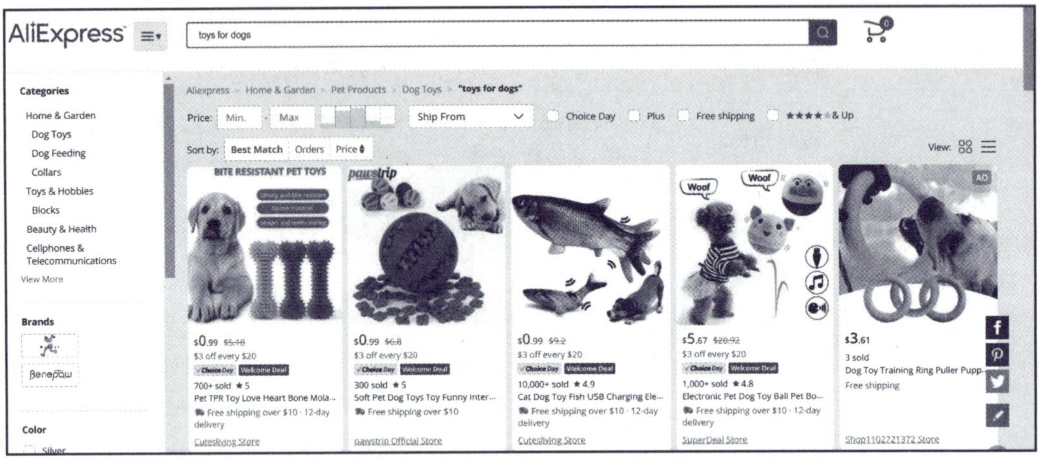

图 1–6　全球速卖通搜索产品

跨境电商平台是为企业或个人提供网上交易的平台。卖家可以充分利用跨境电商平台提供的网络基础设施、支付平台、安全平台、管理平台等共享资源，有效地、低成本地开展自己的商业活动。跨境电商平台是跨境电商数据产生的基本载体，因此，站内数据是获取数据的主要渠道，既包括前台可搜索到的行业和类目信息、平台上的其他店铺信息、上架的产品信息、评价数据，也包括后台的产品数据、客户数据、交易数据、评价数据等，如表 1–7 所示。

表 1–7　后台数据主要类别

产品数据	卖家在开展活动之前，将产品数据录入平台数据库，将其在店铺页面中呈现出来。这些产品数据主要包括产品分类、产品品牌、产品价格、产品规格、产品展示，主要有文字描述、具体数值、图片等数据格式。在运营过程中，卖家可以通过对产品数据的采集（主要是获取不同类目、颜色、型号等对销售量和销售额产生影响的数据）调整运营策略，实施销售计划。
客户数据	客户在各电商平台上购买之前需要进行注册，提供个人基本信息，如联系电话、电子邮件和通信地址。后续在线上交易、线下物流环节，平台将留存更完整的客户数据，包括姓名、性别、年龄等内在属性数据，城市、受教育程度、工作单位等外在属性数据，首次注册时间、VIP 等级、消费频率、购物金额等业务属性数据。了解客户这些信息有利于卖家分析客户的消费行为和消费倾向等特征，为客户打上不同标签并进行客户分群，帮助实现客户的分级分类管理。
交易数据	客户在平台上产生购买行为之后，其交易数据包括购买时间、购买产品、购买数量、支付金额、支付方式等。对交易数据的采集是通过数据分析评估客户价值，将潜在客户变为价值客户。跨境电商网络营销最主要的目的是促进产品销售，因此按照客户对产品的购买情况，可对当前和本产品有关的营销策略及其实施效果进行评价，以便进行相应的调整。

续表

评价数据	客户评价对消费引导的影响越来越重要。有报道显示，“80后”“90后”“00后”的消费者更愿意在互联网上分享自己的真实购物体验，并且消费评价成为其产生购买行为的重要影响因素。这些评价数据主要以文本的形式体现，包含产品品质、客户服务、物流服务等方面的内容。对评价数据的采集可以帮助卖家更好地和消费者沟通，了解需求，完善产品和提高服务。

2. 第二类数据源：站外数据

站外数据主要指的是从跨境电商平台以外的渠道获取的数据，主要包括跨境电商专业网站的研究报告及统计数据、新闻媒体发布的关于跨境电商的报道、资讯等。

（二）根据已经明确的数据指标，选择合适的数据源进行数据采集及整理

对采集的竞品信息进行汇总、整理，如图 1-7 所示。

店铺名	标题	价格	订单数	收藏数	总评论数	综合评分	主图	链接
Dozw Apparel Store	Summer Beach Maxi Dress Women Floral Print Boho Long Chiffon Dress Ruffles Wrap Casual V-Neck Split Sexy Party Dress Robe	8.86美元-14.53美元	1902	4.7万	466	4.7		https://www.aliexpress.com/item/4000182499513.html?spm=a2g0o.productlist.0.0.278b6d5bl5ZUfo&algo_pvid=45cf45c1-4e8e-48d1-84d5-
JUNYQ Official Store	Sexy Women Multiway Wrap Convertible Boho Maxi Club Red Dress Bandage Long Dress Party Bridesmaids Infinity Robe Longue Femme	11.89-16.99美元	2853	5.01万	771	4.7		https://www.aliexpress.com/item/32888525125.html?spm=a2g0o.productlist.0.0.278b6d5bl5ZUfo&algo_pvid=45cf45c
Harajuku JY Store	Boho Dress 2021 Autumn Single Breasted Button Irregular Long Dress Women Sexy Turn-down Collar Newspaper Letter Print Maxi Dress	13.72-22.87美元	1365	0.8万	499	3.5		https://www.aliexpress.com/item/3256802568561147.html?spm=a2g0o.productlist.0.0.278b6d5bl5ZUfo&algo_pvid=45

图 1-7 汇总整理竞品信息

四、数据分析及可视化

（一）数据分析

数据分析就是利用对比和细分这两大基本手段对采集的数据进行筛选、计算、排序、汇总等基本的清洗整理和统计操作。一是通过与行业标准、历史数据的对比，发现运营的差距与异常；二是针对某一个具体问题，可以从时间、来源、渠道、产品、类型、客户等不同细分维度进行分析，精准定位问题和原因。例如：进入全球速卖通后台工具生意参谋采集近 7 天的店铺流量来源数据，利用 Excel 的数据透视表汇总每一类流量来源渠道的访客数，据此可以对比不同渠道的流量情况，如图 1-8 所示。

流量来源	计数项:访客数
导购频道	4
基础工具	4
间接站外流量	5
内容	3
其他	1
社交	1
搜索	50
推荐	4
直接站外流量	4
总计	**76**

图 1-8 使用数据透视表分析店铺的流量来源

（二）结果可视化

数据分析的结果可以通过统计图表、PPT 和报告的形式进行数据可视化展示，具体可以通过使用 Excel 的数据透视图或统计图表，以更加清晰、直观地展示数据关系。例如：采用数据透视图对图 1-8 中的统计数据进行可视化展示，结果如图 1-9 所示。

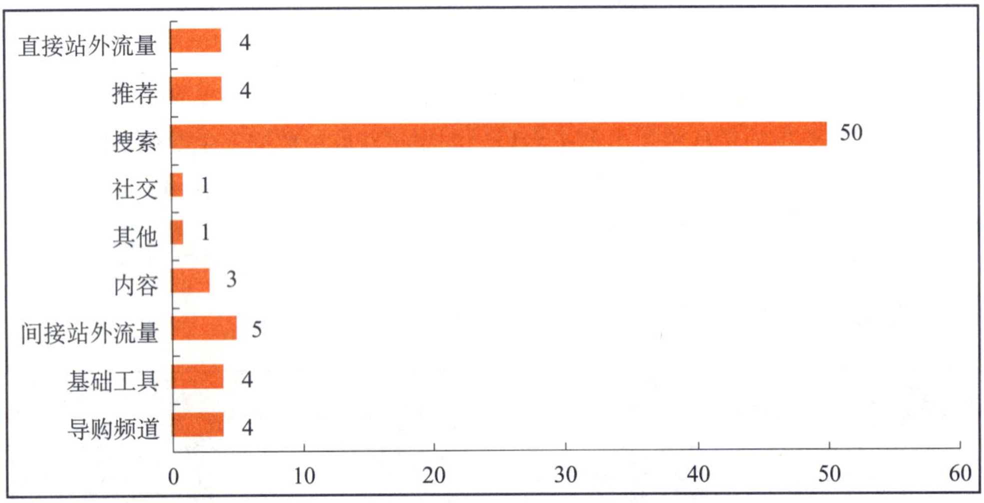

图 1-9　采用数据透视图进行可视化展示

五、运营优化策略建议

数据分析的目的是通过数据挖掘经营中的短板和问题，通过数据分析其内在原因，为企业的业务优化和效率提升提供策略支持。因此，在分析数据并得出结论后，数据分析人员还要根据结果为业务部门提出优化策略和建议。通过对客户基本信息和客户行为进行数据分析，更准确地得出客户的主要分布区域，帮助市场部门更有针对性和差异化地选品；通过供应链数据分析，对比不同物流服务商的服务质量和效率，在物流服务商采购方案制定中给出建议。

六、持续跟踪优化

对于跨境电商企业来说，日常运营数据的采集、分析非常重要，是一项持续性工作。数据分析人员为业务部门提供运营优化方案后，在方案实施后，需要对应用的效果持续跟踪，通过客户数据的反馈来验证方案的正确性和合理性。如果未能解决问题或实施效果不理想，应该及时更换第二套方案；如果问题得到了解决，还需持续跟踪数据表现，因为市场瞬息万变，新的变化将会引发新的问题。

总之，数据分析支撑运营的关键在于如何使用数据，数据分析需要与业务逻辑结合起来，才能实现以数据指导运营决策的目标。

工作任务四 熟悉跨境电商数据分析常用工具

任务背景

作为跨境电商企业，店铺入驻的平台是最常见的数据来源渠道，这些平台通常会提供功能强大的卖家工具，辅助卖家进行经营决策分析。以全球速卖通平台为例，掌握卖家后台工具生意参谋及Excel表格处理工具，能够完成跨境电商数据分析的任务操作。下面分别学习全球速卖通卖家后台工具生意参谋和Excel表格处理工具的使用方法。

跨境电商数据分析常用工具

任务实施

一、全球速卖通卖家后台工具生意参谋

进入全球速卖通卖家后台，在顶部菜单栏可以看到生意参谋的入口，点击进入之后即可看到店铺的各项数据指标。

（一）生意参谋的基本功能

生意参谋是阿里巴巴打造的商家统一数据平台，辅助卖家分析店铺实时数据、流量以及排名等，是一个非常实用的工具，它为入驻全球速卖通平台的跨境电商卖家提供一站式、个性化、可定制的商务决策支持。生意参谋集海量数据及店铺经营思路于一体，既可以为卖家提供流量、商品、交易等店铺经营全链路的数据揭示、分析、预测等功能，还能辅助卖家进行选品、营销、物流等数据化运营。

（二）生意参谋的各个板块

全球速卖通生意参谋共有12个功能板块，包括数据概览、实时播报、成交分析、流量分析、商品排行、单品分析、营销助手、物流分析、市场分析、搜索分析、选词专家和选品专家，如图1-10所示。其中，生意参谋的数据概览板块由以下几方面构成：

（1）主营类目：包括主营一级行业、主营二级行业。

（2）实时概况：展示当前支付金额、访客数、支付买家数、税费、浏览量、支付订单数等实时数据。

（3）店铺层级：展示店铺近30天支付金额排名表现。

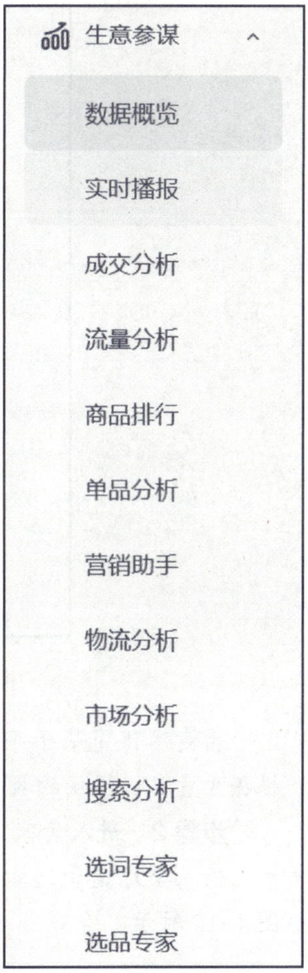

图1-10 生意参谋

（4）核心指标：查询并下载店铺核心运营指标数据表现。

（5）流量看板：流量来源趋势、搜索关键词排行等数据。

（6）商品排行：按照支付、访客、加购、收藏四大榜单进行查询。

实战演练

登录及使用生意参谋

步骤 1 以卖家身份登录全球速卖通平台。

打开全球速卖通平台网址，全球速卖通卖家注册入口为 https://aliexpress.com，跳转至如下登录界面 https://login.aliexpress.com/。此时，输入全球速卖通卖家账号和密码进入平台，如图 1-11 所示。

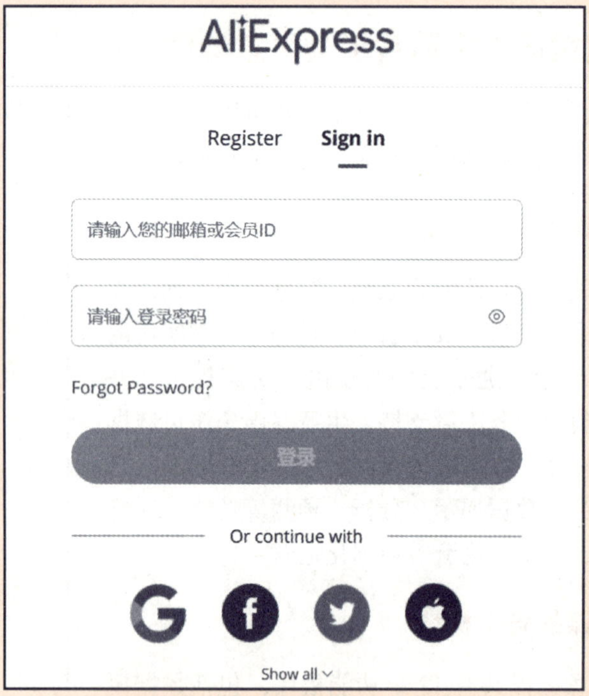

图 1-11 登录全球速卖通平台

生意参谋是基于平台海量数据打造的一款数据分析工具，全球速卖通卖家可以根据生意参谋提供的数据，为自己的店铺运营指导方向，辅助决策。

步骤 2 进入卖家后台工具——生意参谋。

输入全球速卖通卖家账号和密码后可进入全球速卖通后台的跨境卖家中心，如图 1-12 所示。

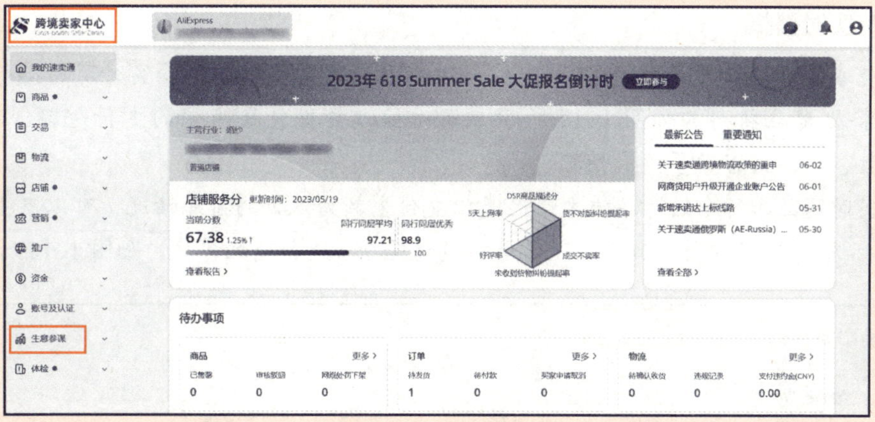

图 1-12 跨境卖家中心

步骤 3 查看生意参谋功能板块。

点击“生意参谋”按钮，可看到全球速卖通卖家后台工具生意参谋左边导航栏下的功能板块，主要包含数据概览等 12 项功能。

1. 数据概览

数据概览是店铺整体数据的宏观监控模块，供跨境电商卖家日常查看店铺的整体商品数据。在这个板块，全球速卖通卖家可以查看店铺及商品的销售情况。

当全球速卖通卖家想要对店铺最近的交易情况做一个总览时，可以在生意参谋左边导航栏点击“数据概览”或“实时播报”，即可看到店铺的总体数据，包括支付金额、访客数、支付买家数、浏览量和支付订单数等，还可看到店铺在所属行业的层级及排名变化，如图 1-13 所示。

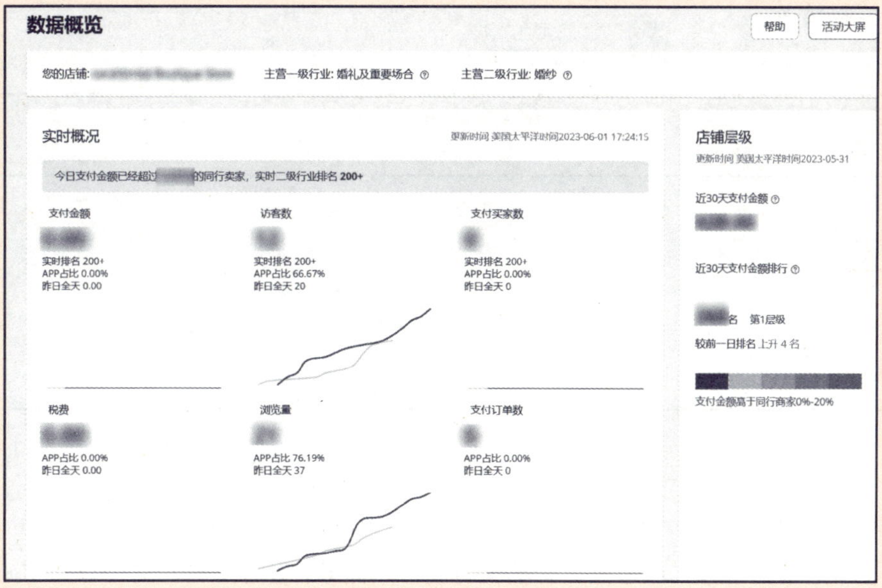

图 1-13 数据概览

2. 实时播报

全球速卖通卖家点击“实时播报”，可以看到实时核心指标、实时商品排行、实时国家 & 地区排行，如图 1-14 所示。实时核心数据包括店铺的支付金额、税费、访客数、商品访客数等核心指标。

实时商品排行中的商品排名情况是以支付金额为依据的排序情况，可以点击“展开 指标选择”，从支付、流量、下单等维度选择指标进行商品排序，如图 1-15 所示。

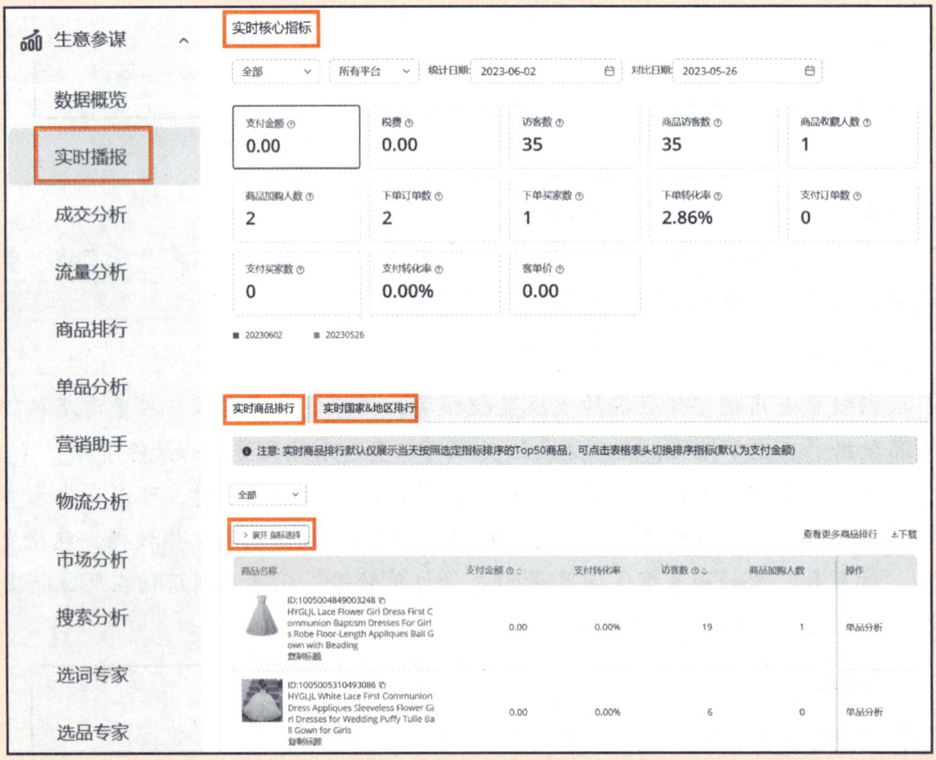

图 1-14　实时播报

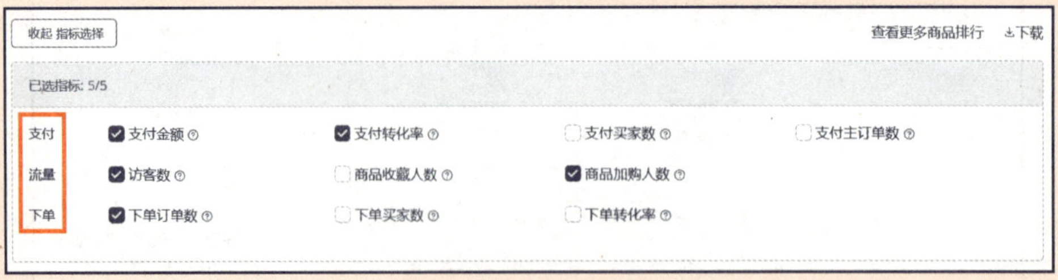

图 1-15　指标选择

3. 成交分析

全球速卖通卖家可以通过生意参谋的成交分析功能查看店铺在同行卖家中的排名情况及店铺在一定时期内的成交金额，时间周期可以选择“最近 1 天”“最近 7 天”“最近 30 天”。如选择“最近 30 天”，全球速卖通卖家可以看到近 30 天支付金额为 899.69 美元，店铺的支付金额排行 116 名。支付金额 = 访客数 × 支付转化率 × 客单价，因此可以从访客数、支付转化率、客单价 3 个方面分析成交情况，如图 1–16 所示。

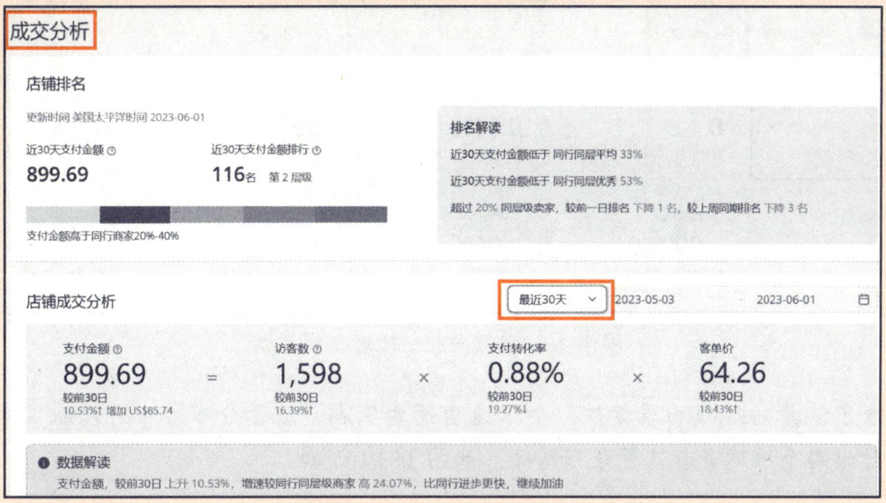

图 1–16 成交分析

4. 流量分析

从流量分析板块可以查看流量概况和流量来源两个方面的数据情况，如图 1–17 所示。

流量概况包括核心指标和流量分布。核心指标从店铺、商品两个维度展示吸引流量的数量和质量情况，如店铺访客数、浏览量、跳失率、人均浏览量、平均停留时长、新访客数、新访客数占比、商品访客数、商品浏览量、商品收藏人数和商品加购人数等指标，便于全球速卖通卖家掌握商品对于消费者的吸引力，为商品布局提供参考。

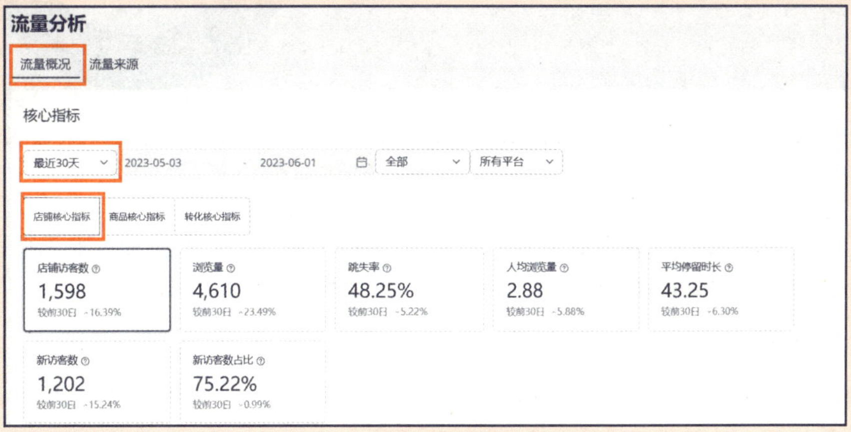

图 1–17 流量概况—店铺核心指标

流量是基础，而转化才是最终目的。因此，在核心指标板块，全球速卖通卖家还需要重点关注转化核心指标，在图 1–18 中，可以看到下单和支付两个环节的转化情况，该店铺的下单转化率为 1.06%，而支付转化率为 0.88%，转化率偏低。

图 1–18 流量概况—转化核心指标

除了流量的规模和质量外，全球速卖通卖家在“流量分布”中可以从国家 / 地区和行业两个维度查看流量分布情况，如图 1–19 所示。

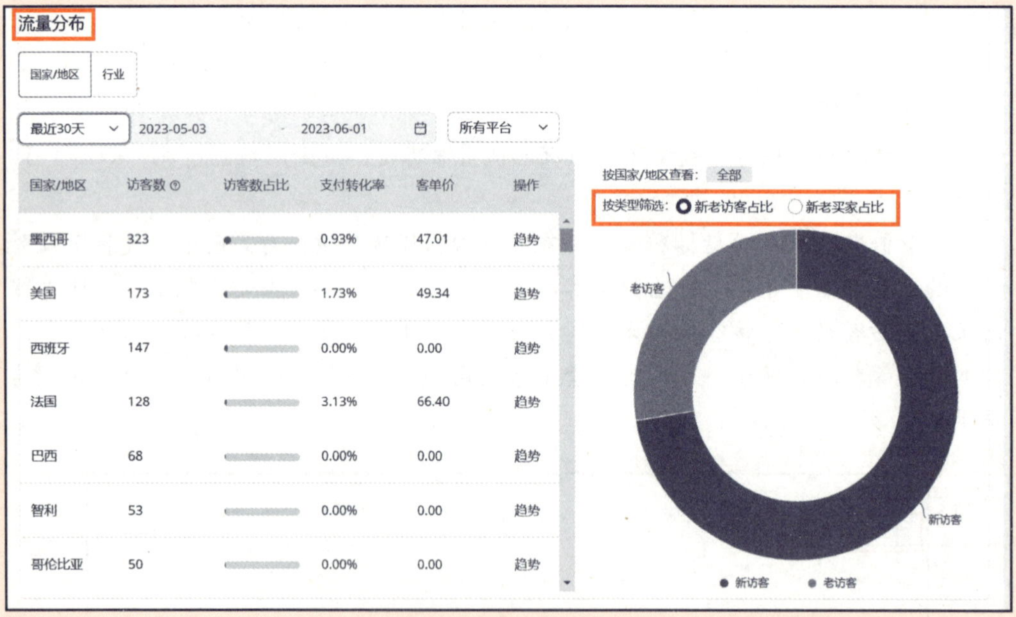

图 1–19 流量分析—流量分布

店铺来源板块的核心功能包含：店铺流量来源分布及来源趋势、来源明细、入店页面排行、离店页面排行。

5. 商品排行

商品排行数据可以体现商品吸引流量及转化成交情况，具体可从支付榜、访客榜、收藏榜及加购榜进行查看，如图 1–20 所示。

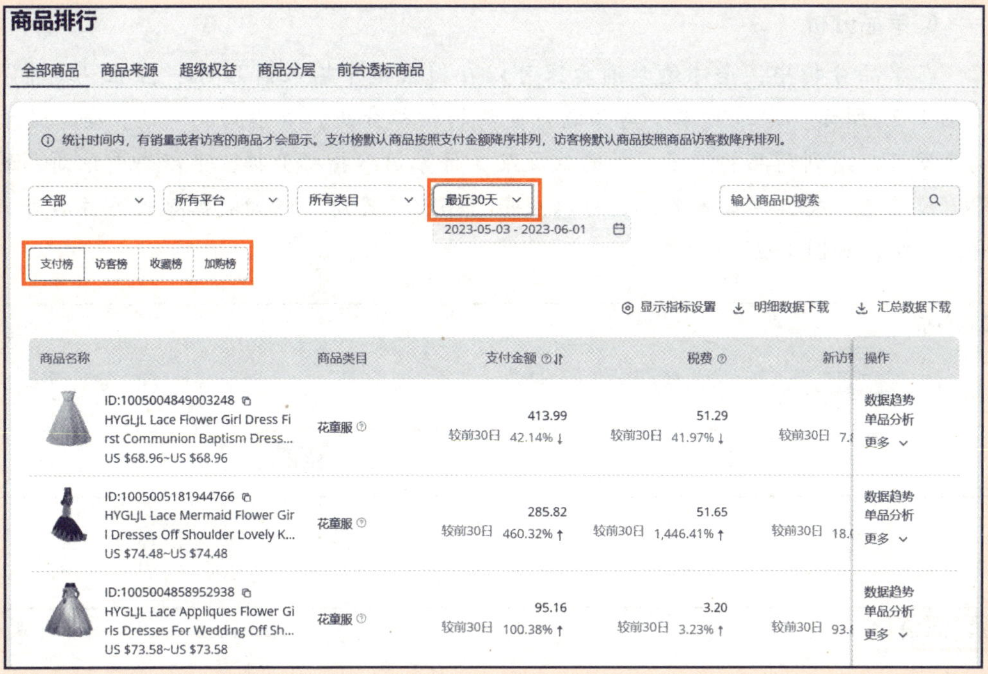

图 1-20 商品排行

全球速卖通的流量来源渠道较多，全球速卖通卖家可以从商品来源查看商品来源健康度，据此判断不同来源渠道的流量质量。图 1-21 中为商品访客下跌超 30% 的流量来源渠道和商品访客上涨超 30% 的流量来源渠道。

图 1-21 商品来源健康度

6. 单品分析

在单品分析中，全球速卖通卖家可以在搜索框中输入商品ID，点击“搜索”，如图1–22所示。通过对单个商品进行全面的指标分析，查看商品详情，全球速卖通卖家可以看到商品的流量、加购收藏及支付等核心指标数据，可以查看该商品的SKU、流量、关键词及服务，也可以点击“导出”将商品详细数据导出另存后进行详细分析，如图1–23所示。

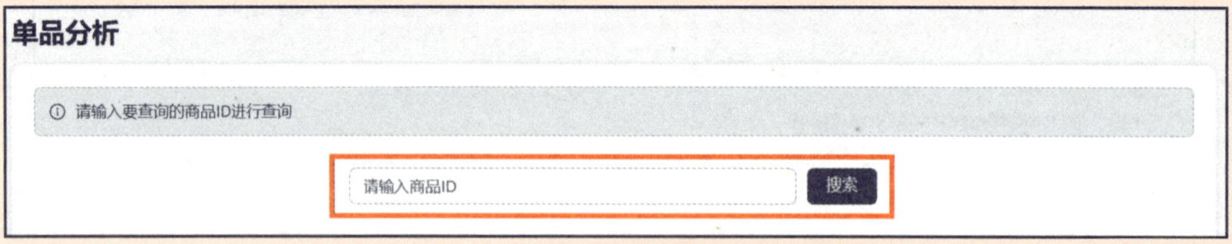

图1–22 单品分析

图1–23 单品详情

7. 物流分析

物流分析包含核心指标、线路及商品的物流服务情况，其中，核心指标包括成交不卖率、72小时上网率、妥投率、平均妥投天数、物流DSR及未收到货纠纷率，如图1–24所示。

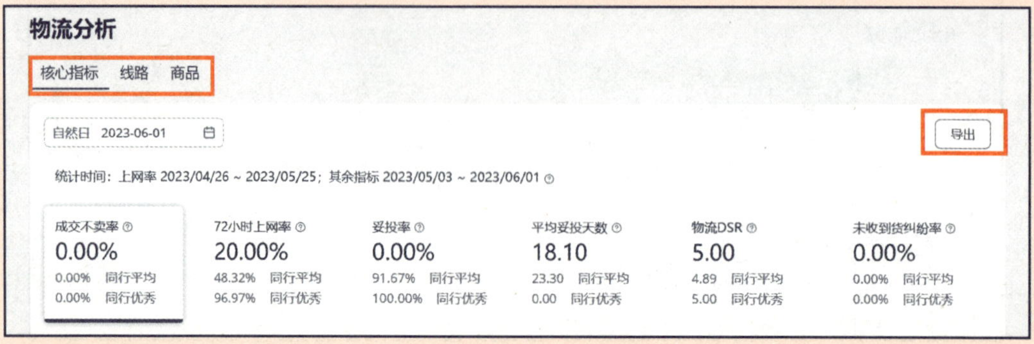

图1–24 物流分析—核心指标

8. 市场分析

市场分析可以分为市场大盘、国家分析。以市场大盘为例，通过访客指数等多项指标综合分析行业趋势，对比同行业和同周期数据，如图 1-25 所示。

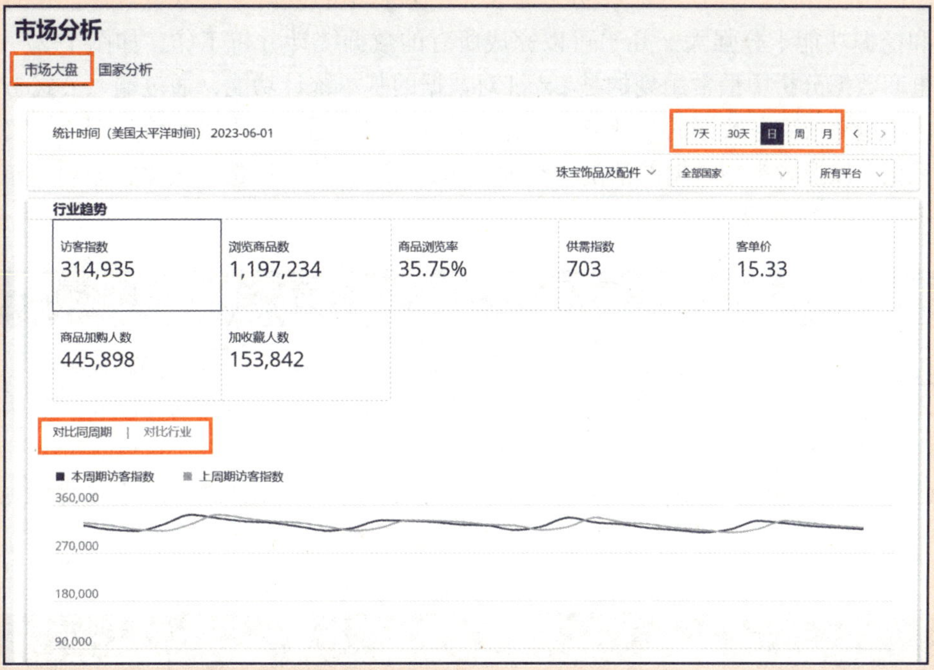

图 1-25 市场分析—市场大盘

步骤 4 下载后台数据明细。

全球速卖通卖家后台工具生意参谋是跨境电商卖家最常用的数据分析工具，同时也是重要的数据源采集渠道。当跨境电商卖家需要进行更加全面、深入的专题分析时，往往需要 Excel 等专业的数据分析软件对这些数据进行采集整理和统计分析，这时，可以根据业务需求在生意参谋功能板块勾选对应指标，点击“汇总数据下载”或“明细数据下载”，即可获取店铺的数据源，如图 1-26 所示。

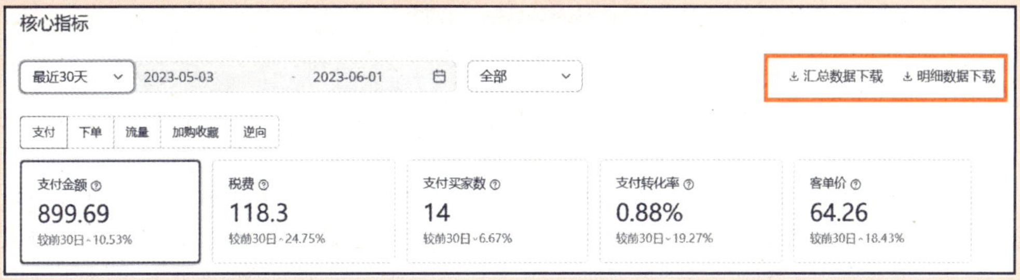

图 1-26 下载数据

二、Excel表格处理工具

（一）Excel 的基本功能

Excel 表格处理工具是 Office 办公系统中一款基本的数据处理分析软件，它的数据分析和挖掘功能十分强大，几乎可以完成所有的数据统计分析工作，如图 1-27 所示。跨境电商数据分析中最常用到的是 Excel 对数据的基本统计功能，通过输入公式与调用函数，快速完成商务数据的统计分析工作。除此以外，通过制作各种统计图表，实现数据可视化，以及各类型数据的清洗、整理工作，包括排序、筛选、去重、分列、异常值处理等，如图 1-28 所示。

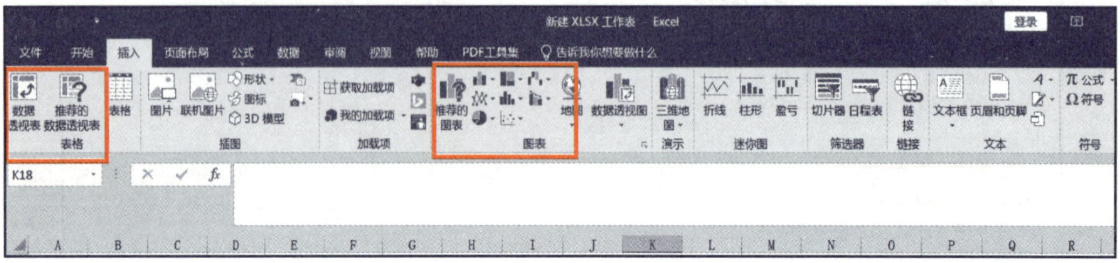

图 1-27　Excel 的统计图表功能

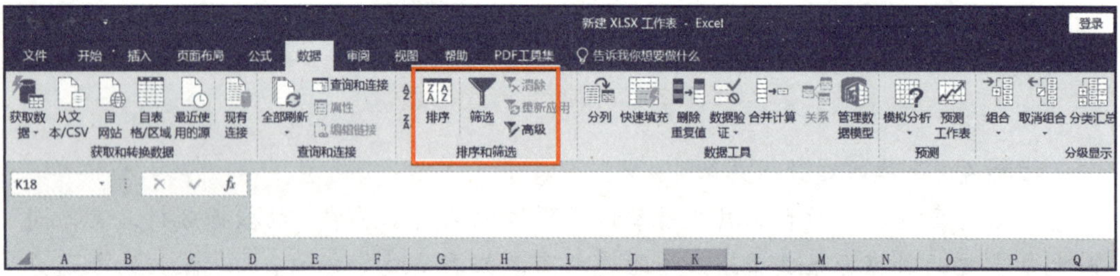

图 1-28　Excel 的数据处理功能

实战演练

创建婚纱礼服类目市场容量统计表

以婚纱礼服为例，对全球速卖通平台婚纱礼服市场的行业数据进行分析。婚纱礼服行业的细分类目较多，对二级类目“婚宴礼服”下的各个商品类目数据进行采集整理，如图 1-29 所示。二级类目“婚宴礼服”下的三级类目有男童服装、妈妈服、新郎礼服、小伴娘服、花童服、伴娘礼服 6 类。使用 Excel 对这 6 个商品类目的市场指标数据进行统计和分析。

图 1-29 生意参谋—市场大盘—行业趋势

步骤 1 打开 Excel，进入 Excel 工作界面，单击“空白工作簿”，如图 1-30 所示，即可新建空白的 Excel 工作表，如图 1-31 所示。

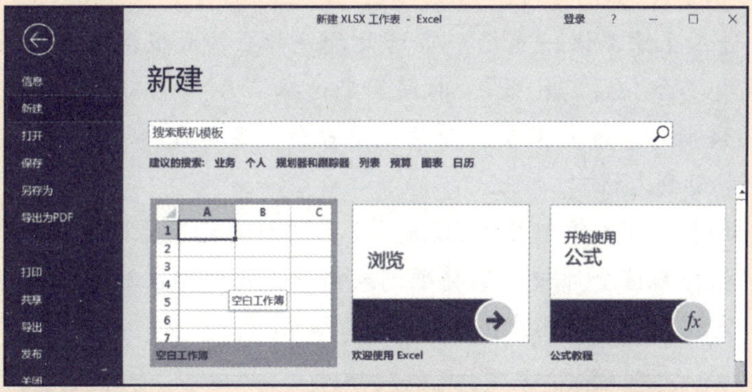

图 1-30 在 Excel 工作界面单击“空白工作簿”缩略图

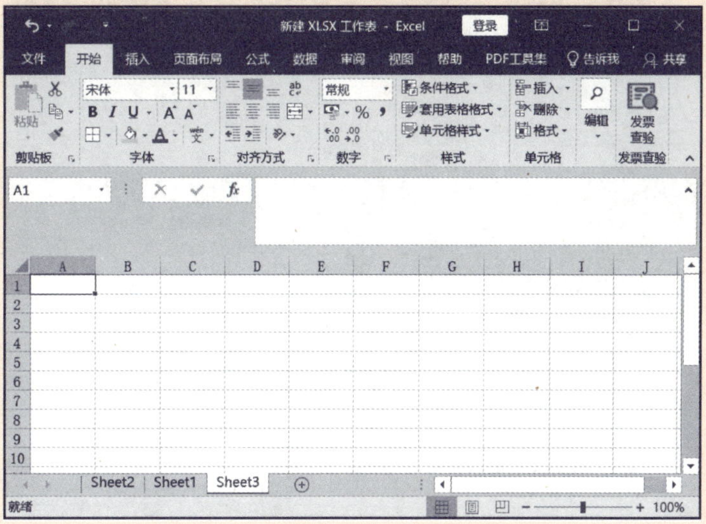

图 1-31 新建空白的 Excel 工作表

步骤 2 在工作表中输入字段信息，如在第一行的单元格 A1 中输入表名“婚宴礼服行业市场容量数据”，在第二行的 A2、B2、C2 单元格中分别输入“时间”“类目名称”“父类目金额占比”等指标名称，如图 1-32 所示。

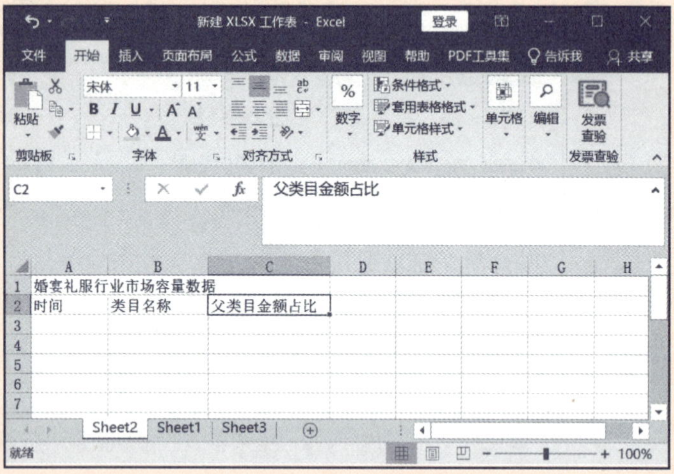

图 1-32 输入字段信息

步骤 3 完成表格的基本设置。点击选中标题行所在的 A1、B1、C1 三个单元格，在“开始”选项卡的“对齐方式”组中单击“合并后居中”按钮，如图 1-33 所示。

步骤 4 进入生意参谋—市场—市场大盘—行业构成板块，在行业设置框内选择“婚礼及重要场合 > 婚宴礼服”，时间周期选择“月”，在下拉菜单中切换 1 月和 2 月，如图 1-34 所示。逐月采集行业构成中 6 个商品类目的“父类目金额占比”指标数值，复制粘贴到表格中。

步骤 5 此时，2023 年 1 月至 2023 年 2 月的婚宴礼服类目下各个商品的“父类目金额占比”指标数值全部被采集整理到表格中，对数据区域添加边框线，设置合适的行高等，完成后的数据统计表如图 1-35 所示。

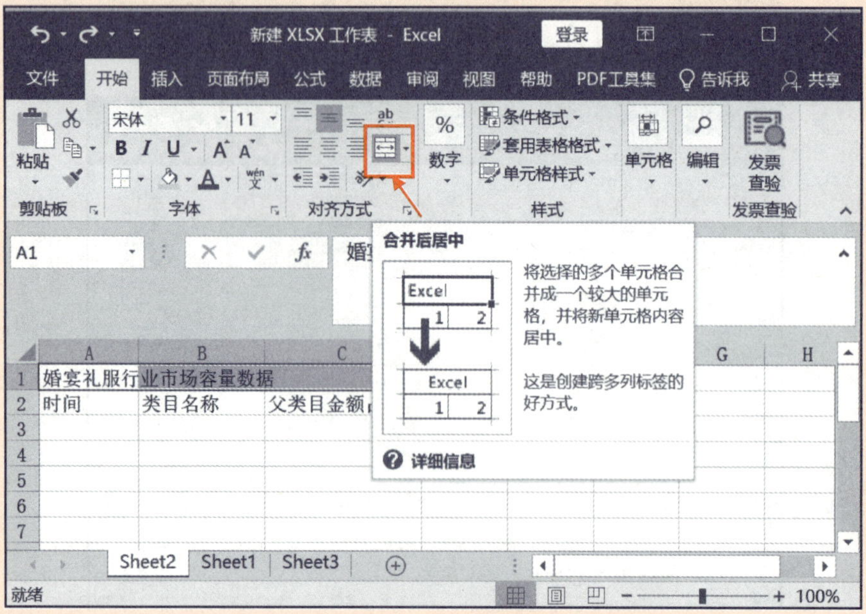

图 1-33 完成标题行合并居中等基本设置

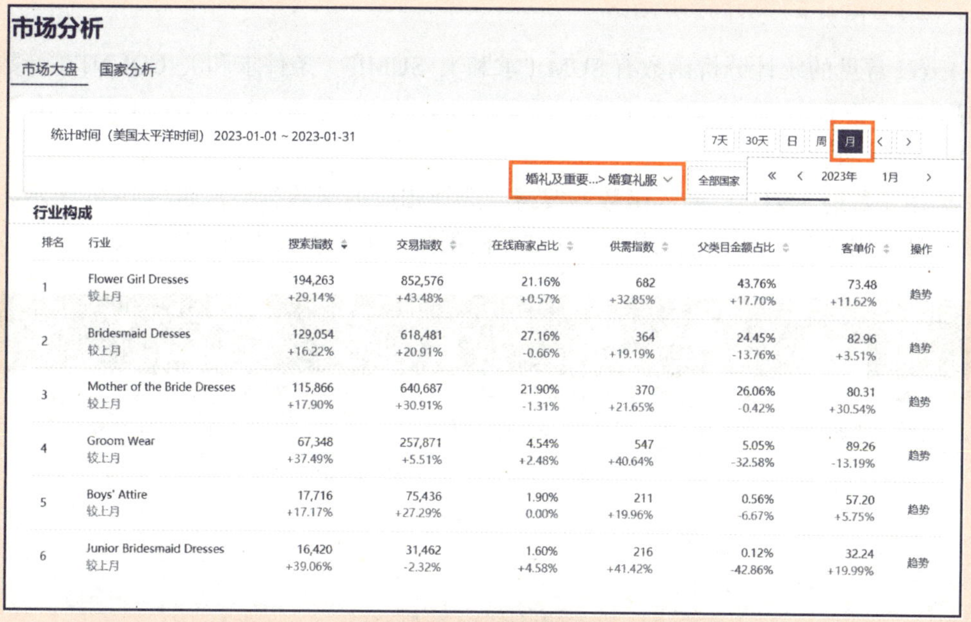

排名	行业	搜索指数	交易指数	在线商家占比	供需指数	父类目金额占比	客单价	操作
1	Flower Girl Dresses 较上月	194,263 +29.14%	852,576 +43.48%	21.16% +0.57%	682 +32.85%	43.76% +17.70%	73.48 +11.62%	趋势
2	Bridesmaid Dresses 较上月	129,054 +16.22%	618,481 +20.91%	27.16% -0.66%	364 +19.19%	24.45% -13.76%	82.96 +3.51%	趋势
3	Mother of the Bride Dresses 较上月	115,866 +17.90%	640,687 +30.91%	21.90% -1.31%	370 +21.65%	26.06% -0.42%	80.31 +30.54%	趋势
4	Groom Wear 较上月	67,348 +37.49%	257,871 +5.51%	4.54% +2.48%	547 +40.64%	5.05% -32.58%	89.26 -13.19%	趋势
5	Boys' Attire 较上月	17,716 +17.17%	75,436 +27.29%	1.90% 0.00%	211 +19.96%	0.56% -6.67%	57.20 +5.75%	趋势
6	Junior Bridesmaid Dresses 较上月	16,420 +39.06%	31,462 -2.32%	1.60% +4.58%	216 +41.42%	0.12% -42.86%	32.24 +19.99%	趋势

图 1-34 生意参谋—市场大盘—行业构成板块

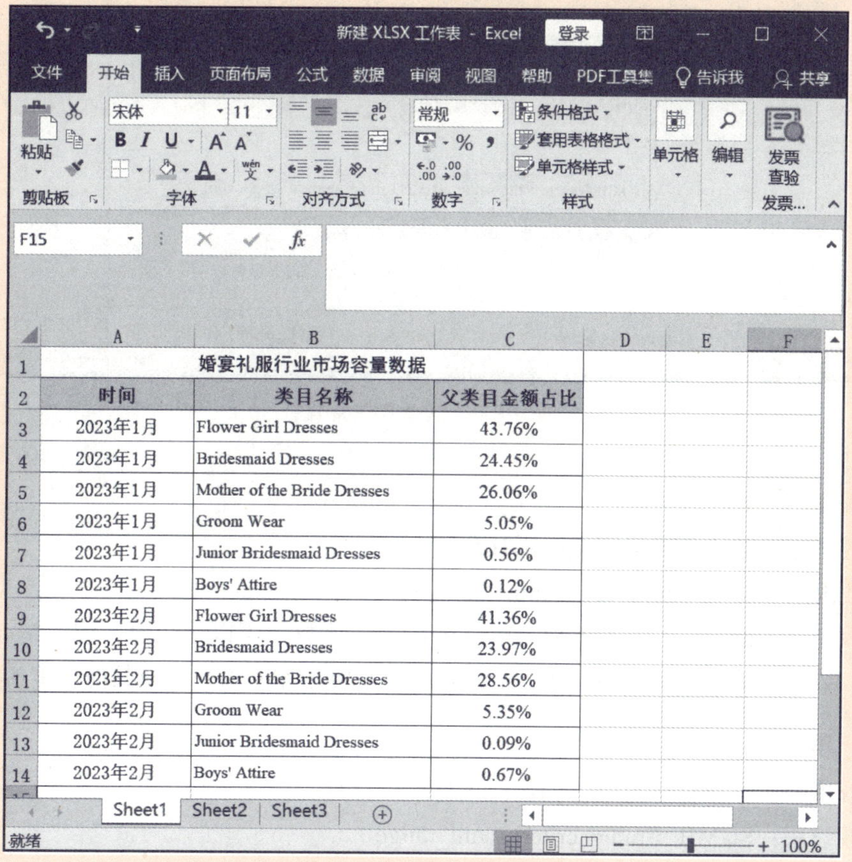

婚宴礼服行业市场容量数据		
时间	类目名称	父类目金额占比
2023年1月	Flower Girl Dresses	43.76%
2023年1月	Bridesmaid Dresses	24.45%
2023年1月	Mother of the Bride Dresses	26.06%
2023年1月	Groom Wear	5.05%
2023年1月	Junior Bridesmaid Dresses	0.56%
2023年1月	Boys' Attire	0.12%
2023年2月	Flower Girl Dresses	41.36%
2023年2月	Bridesmaid Dresses	23.97%
2023年2月	Mother of the Bride Dresses	28.56%
2023年2月	Groom Wear	5.35%
2023年2月	Junior Bridesmaid Dresses	0.09%
2023年2月	Boys' Attire	0.67%

图 1-35 婚宴礼服行业市场容量数据

（二）Excel 的统计分析函数

Excel 常见的统计分析函数有 SUM（求和）、SUMIF（条件求和）、COUNT（计数）、COUNTIF（条件计数）、MAX（最大值）、MIN（最小值）、AVERAGE（平均值）及 VLOOKUP（查找值）。

调用函数时，通过“插入函数”按钮，选择相应的函数类型，如图 1-36 所示。最重要的是使用者对函数语法的理解，能够在使用情景中准确灵活地设置参数。

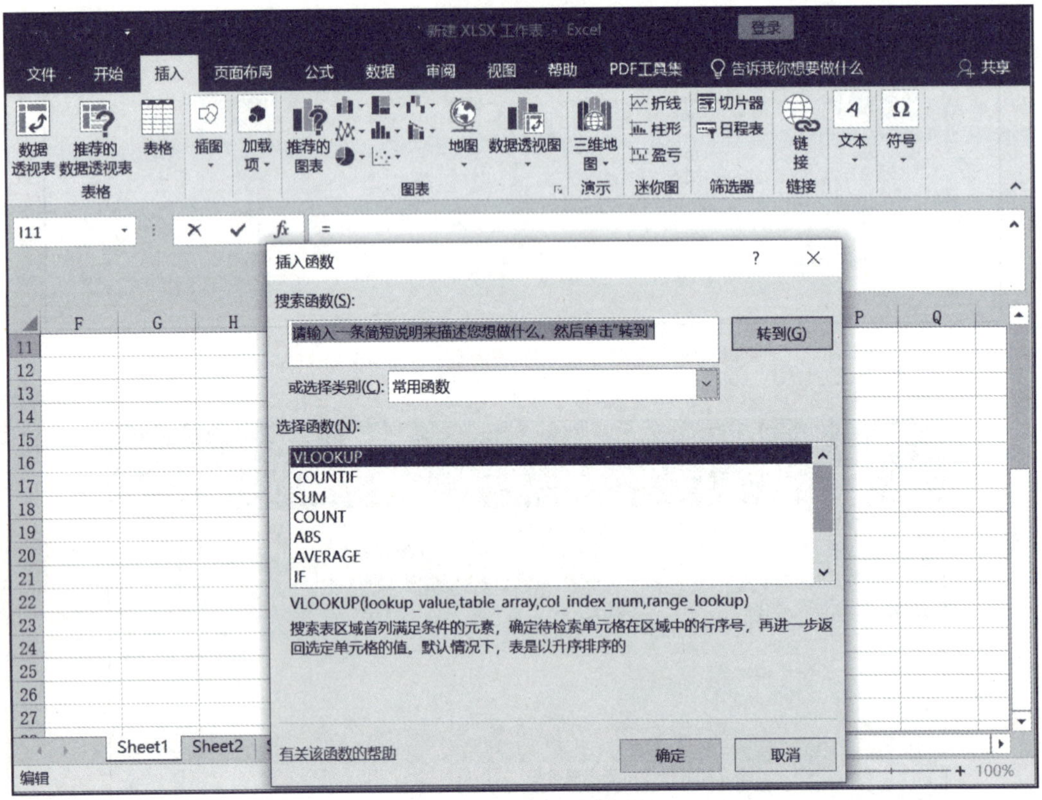

图 1-36　选择函数类型

1. SUM 函数

函数功能：某一单元格区域中所有数值之和。

函数语法：SUM（number1, number2,……）

参数含义：number1 为要求和的第一个数字，该数字可以是数值，或者是涉及数字的名称、数组、引用或单元格区域；number2 等是要相加的第二个或其他更多的数值。

2. SUMIF 函数

函数功能：对符合一定条件的数值进行求和计算。

函数语法：SUMIF（range,criteria,sum_range）

参数含义：第一个参数 range 为条件区域，是用于条件判断的单元格区域；第二个参数 criteria 是求和条件，是由数字、逻辑表达式等组成的判定条件；第三个参数 sum_range 为实际求和区域，是需要求和的单元格、区域或引用。当省略第三个参数时，则条件区域就是实际求和区域。

3. COUNT 函数

函数功能：对给定数据集合或者单元格区域中数据的个数进行计数。

函数语法：COUNT（value1,value2,……）

参数含义：value1 是必需参数，是计算数据的个数的第一项、单元格、引用或区域；value2 等为可选参数，是计算数据的个数的其他项、单元格、引用或区域，最多可包含 255 个。

COUNT 函数只能对数值数据进行统计，空单元格、逻辑值或者文本数据将被忽略，因此可以利用该函数来判断给定的单元格区域中是否包含空单元格。

4. COUNTIF 函数

函数功能：对符合一定条件的给定数据集合或者单元格区域中数据的个数进行计数。

函数语法：COUNTIF（range, criteria）

参数含义：第一个参数 range 是要计算其中非空单元格数目的区域，第二个参数 criteria 是以数字、表达式或文本形式定义的条件。

5. MAX 函数

函数功能：所有参数中的最大值。

函数语法：MAX（number1, number2,……）

参数含义：number1，number2 等是要计算平均值的所有参数。这些参数可以是数字，或者是涉及数字的名称、数组、引用或区域。

6. MIN 函数

函数功能：所有参数中的最小值。

函数语法：MIN（number1, number2,……）

参数含义：number1，number2 等是要计算平均值的所有参数。这些参数可以是数字，或者是涉及数字的名称、数组、引用或区域。

7. AVERAGE 函数

函数功能：计算所有参数的平均值。

函数语法：AVERAGE（number, number2,……）

参数含义：number1 为要计算平均值的第一个数字、单元格、引用或区域；number2 等为可选参数，所有参数可以是数字，或者是涉及数字的名称、数组、引用、区域。

8. VLOOKUP 函数

函数功能：纵向查找函数，即按列查找，最终返回该列所需查询序列中对应的值。

函数语法：VLOOKUP（lookup_value,table_array,col_index_num,[range_lookup]）

参数含义：第一个参数 lookup_value 为需要在数据表第一列中进行查找的值，可以为数值、引用或文本字符串。第二个参数 table_array 为需要在其中查找数据的数据表，对区域或区域名称的引用。第三个参数 col_index_num 为 table_array 中查找数据的数据列序号，即 col_index_num 为 1 时，返回 table_array 第一列的值，col_index_num 为 2 时，返回 table_array 第二列的值，以此类推。第四个参数 range_lookup 指明函数 VLOOKUP 查找时是精确匹配，还是近似匹配。如果为 FALSE 或 0，则返回精确匹配；如果为 TRUE 或 1，将查找近似匹配值。如果 range_lookup 省略，则默认为 1。

函数的实战演练将在工作任务五“掌握跨境电商数据分析基本方法”中详细讲解。

（三）Excel 的数据透视表（图）功能

数据透视表是一种交互式的表格，可以进行某些计算，如求和与计数，它所进行的计算与数据和数据在数据透视表中的排列有关。数据透视表可以动态地改变版面布局，方便客户按照不同的方式分析数据，也可以重新安排行号、列标和页字段。每一次改变版面布置时，数据透视表就会立即按照新的布置方式重新计算数据。如果原始数据被更改，数据透视表也可以随之进行更新。

实战演练

对婚宴礼服类目市场容量创建数据透视图

以图 1-35 完成的婚宴礼服行业市场容量数据表为例，学习数据透视表和数据透视图的创建方法。

步骤 1 选中数据区域（A2:C14 单元格区域），在“插入”选项卡的“表格”组中单击“数据透视表”按钮，如图 1-37 所示。

步骤 2 在弹出的“创建数据透视表”对话框中点击“现有工作表”，如图 1-38 所示，单击任意一个空白单元格（F1 单元格），此时创建的数据透视表将出现在当前工作表中的 F1 单元格这个位置；也可以点击“新工作表”，则创建的数据透视表将会出现在新的工作表中。

步骤 3 单击“确定”按钮，此时一个空白数据透视表就出现在当前工作表中，界面右侧弹出“数据透视表字段”对话框，在其中依次选中“类目名称”“父类目金额占比”复选框，分别拖拽至“行”区域与“值”区域，如图 1-39 所示。此时，当前工作表界面中的数据透视表将显示类目名称与父类目金额占比数据，如图 1-40 所示。

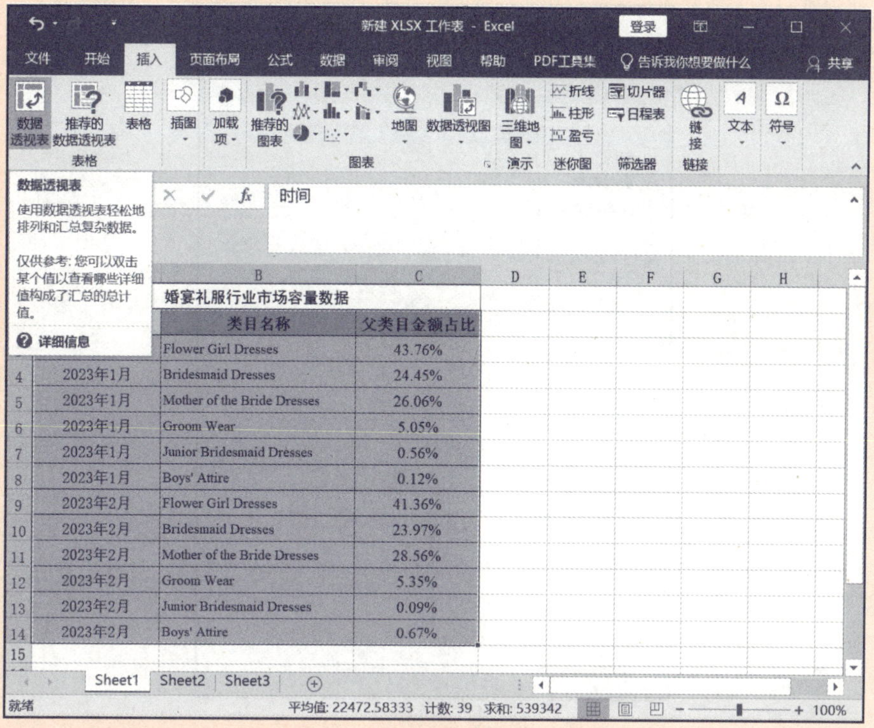

图 1–37　单击“数据透视表”按钮

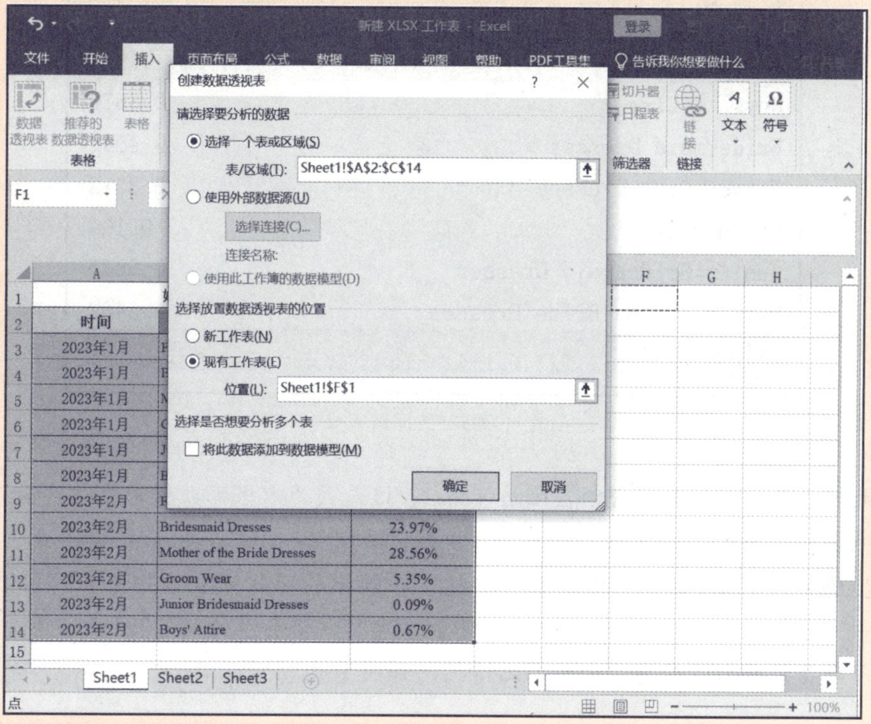

图 1–38　选择放置数据透视表的位置

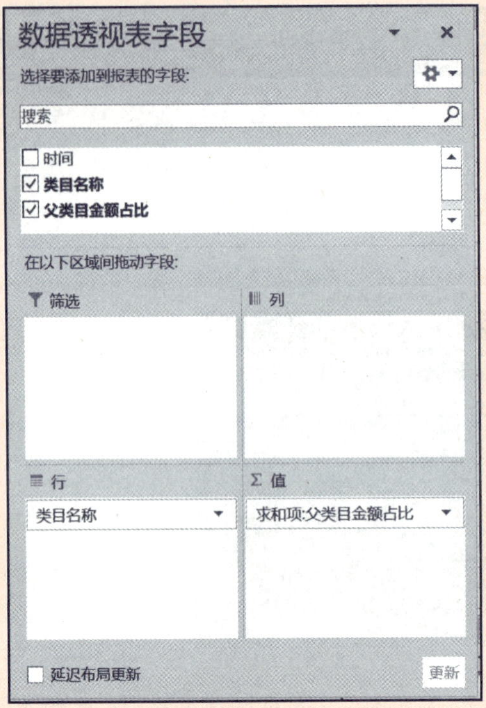

图 1-39　数据透视表字段设置

行标签	求和项:父类目金额占比
Boys' Attire	0.0079
Bridesmaid Dresses	0.4842
Flower Girl Dresses	0.8512
Groom Wear	0.104
Junior Bridesmaid Dresses	0.0065
Mother of the Bride Dresses	0.5462
总计	2

图 1-40　数据透视表

此时子类目在父类目金额占比总计为 2，这是因为未根据数据需要对“值显示方式”做调整。因此，接下来对“值显示方式”做调整。

步骤 4　单击 G2 单元格，点击右键，在弹出的下拉列表框中点击“值显示方式”—“总计的百分比”，如图 1-41 所示，此时，将会生成对 2023 年 1 月和 2023 年 2 月数据汇总后的父类目金额占比情况，如图 1-42 所示。

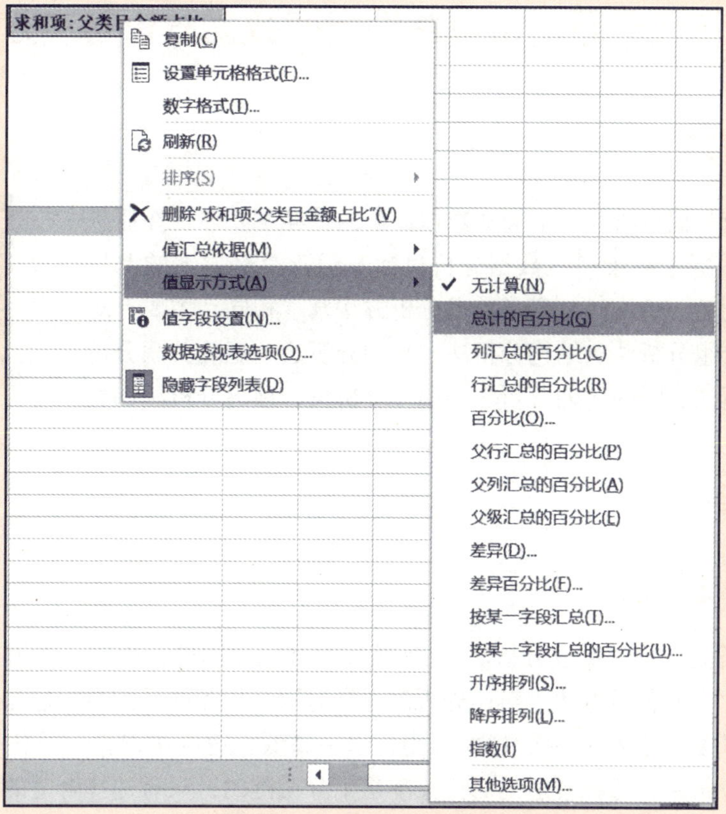

图 1-41　设置“值显示方式”

F	G
行标签	**求和项:父类目金额占比**
Boys' Attire	0.40%
Bridesmaid Dresses	24.21%
Flower Girl Dresses	42.56%
Groom Wear	5.20%
Junior Bridesmaid Dresses	0.33%
Mother of the Bride Dresses	27.31%
总计	**100.00%**

图 1-42　婚宴礼服行业市场容量数据透视表

工作任务五　掌握跨境电商数据分析基本方法

任务背景

跨境电商数据分析与一般商务数据分析的差异主要体现在业务数据指标、数据来源渠道、数据分析目标及运营策略方案的差异上，其所采用的分析方法与商务数据分析方法基本相同，主要有对比分析法、分组分析法、结构分析法、平均分析法、矩阵关联分析法、聚类分析法、时间序列分析法、回归分析法、预测分析法和相关分析法等。

跨境电商数据分析基本方法

任务实施

一、对比分析法

对比分析法也称“比较分析法”，是通过对客观事物进行比较，认识事物的本质和规律并作出评价的分析方法。对比分析法通常对两个相互联系的数据进行比较，从数量上展示和说明数据分析对象的规模大小、水平高低、速度快慢，以及各种关系是否协调。在对比分析中，选择合适的对比标准是十分关键的，只有选择合适的对比标准才能做出客观的评价，选择不合适的对比标准可能会得出错误的结论。可以选择不同的维度进行对比分析。

（一）时间维度

以时间维度进行对比是一种常见的方法，即以不同时间的指标数值作为对比标准。根据所要进行对比的时间标准的不同，对比分析通常可分为同比和环比，这也是商务数据分析中常用到的两种以时间维度进行对比分析的方法。

1. 同比分析法

同比分析法是按照年度、季度、月度、日期等进行扩展，用本期实际发生数与同口径历史数字相比，产生动态的相对指标，用以揭示发展水平以及增长速度。同比分析法主要是为了消除季节变动的影响，用以说明本期水平与往年同期水平的差距，二者对比达到的相对值，如本年 1 月比去年 1 月、本年 2 月比去年 2 月。在实际工作中，经常使用同比分析法，如某季、某月与上年同期相比的发展速度，也就是同比增长速度，计算公式如下：

同比增长速度 =（本期−往年同期）/ 往年同期 ×100%

实战演练

使用对比分析法比较销售额

某企业2017年、2018年各月份销售额数据如图1-43所示，我们可以使用Excel工具，采用同比分析法对2017年、2018年各季度的销售额进行分析。

	A	B
1	时间	销售额（单位：万）
2	2017年1月	166
3	2017年2月	185
4	2017年3月	180
5	2017年4月	200
6	2017年5月	199
7	2017年6月	182
8	2017年7月	198
9	2017年8月	196
10	2017年9月	194
11	2017年10月	221
12	2017年11月	256
13	2017年12月	253
14	2018年1月	258
15	2018年2月	279
16	2018年3月	321
17	2018年4月	333
18	2018年5月	358
19	2018年6月	368
20	2018年7月	342
21	2018年8月	332
22	2018年9月	339
23	2018年10月	341
24	2018年11月	350
25	2018年12月	366

图1-43 某企业2017年、2018年各月份销售额数据

步骤1 依次点击“插入”“数据透视表”按钮。

步骤2 在“创建数据透视表”编辑框中的“选择一个表或区域”中，输入需要进行处理的数据区域，然后选中“现有工作表”并在“位置”中输入数据透视表将要放置的位置。

步骤3 在右侧“数据透视图字段”编辑区，选择“销售额”“季度”“年”这几个需要呈现在数据透视表中的指标。随后，将“销售额”拖拽至“值”，将“季度”拖拽至“行”，将“年”拖拽至“列”。

步骤4 选中数据透视表中的某一个数据并点击鼠标右键，然后依次点击“值显示方式”“差异”按钮。

步骤 5 在“值显示方式”编辑框中设置“基本字段”为“年”，设置“基本项”为“上一个”。

步骤 6 经过以上操作，得到 2017 年、2018 年各季度的同比增长值，如图 1-44 所示。

求和项:销售额（单位：万）	年		
季度	2017年	2018年	总计
第一季		327	
第二季		478	
第三季		425	
第四季		327	
总计		1557	

图 1-44 2017 年、2018 年各季度的同比增长值

步骤 7 接下来，进行同比增长百分比的计算。首先在“数据透视表”编辑区新增一个“销售额”求和项，操作方法是：鼠标点击“销售额”，将其拖拽至“值”。

步骤 8 选中透视表中的某一个数据并点击鼠标右键，然后依次点击“值显示方式”“差异百分比”按钮。

步骤 9 在“值显示方式”编辑框设置“基本字段”为“年”，设置“基本项”为“上一个”。

步骤 10 经过以上操作，得到 2017 年、2018 年各季度的同比增长率。为了方便区分，需要对数据透视表里同比增长值和同比增长率对应的表头重新命名，命名方式为：鼠标左键双击需要重新命名的表头，在出现的编辑框“自定义名称”里输入新的表头名称，点击“确定”按钮完成重命名。

步骤 11 至此，得到 2017 年、2018 年各季度的同比增长值和同比增长率，如图 1-45 所示。

	年	数据		
	2017年		2018年	
季度	同比增长值	同比增长率	同比增长值	同比增长率
第一季			327	61.58%
第二季			478	82.27%
第三季			425	72.28%
第四季			327	44.79%
总计			1557	64.07%

图 1-45 2017 年、2018 年各季度的同比增长值和同比增长率

2. 环比分析法

环比分析法是报告本期水平与前一时期水平之比，表明现象的逐期变化趋势。将各

月与前一个月对比，即1月比去年12月，2月比1月，3月比2月……6月比5月，可以说明现象的逐月变化程度。比较本期数据与上期数据，形成时间序列图，计算公式如下：

环比增长速度 =（本期−上期）/ 上期 ×100%

实战演练

使用环比分析法分析企业销售额各月增长率

如图1-46所示，现有某企业2018年各月份销售额的汇总数据，使用Excel工具对该企业2018年销量额进行环比分析。和同比分析一样，环比分析也需要使用数据透视图功能。

	A	B
1	时间	销售额（单位：万）
2	2018年1月	166
3	2018年2月	185
4	2018年3月	180
5	2018年4月	200
6	2018年5月	199
7	2018年6月	182
8	2018年7月	198
9	2018年8月	196
10	2018年9月	194
11	2018年10月	221
12	2018年11月	206
13	2018年12月	199

图1-46　某企业2018年各月份销售额的汇总数据

步骤1　依次点击“插入”“数据透视表”按钮。

步骤2　在“创建数据透视表”编辑框中的“选择一个表或区域”中，输入需要进行处理的数据区域，然后选中“现有工作表”并在“位置”中输入数据透视表将要放置的位置。

步骤3　在右侧“数据透视图字段”编辑区，选择“销售额”“月”“时间”这几个需要呈现在数据透视表中的指标。随后，将“销售额”拖拽至“值”，将“月”和“时间”拖拽至“行”。

步骤4　选中汇总的某一个数值并点击鼠标右键，然后点击“值显示方式”按钮。

步骤5　点击“差异百分比”按钮，在“值显示方式”编辑框中的“基本项”选择“上一个”。

步骤 6 经过以上操作，自动生成某企业 2018 年各月份的环比增长率及图表，如图 1-47 所示。

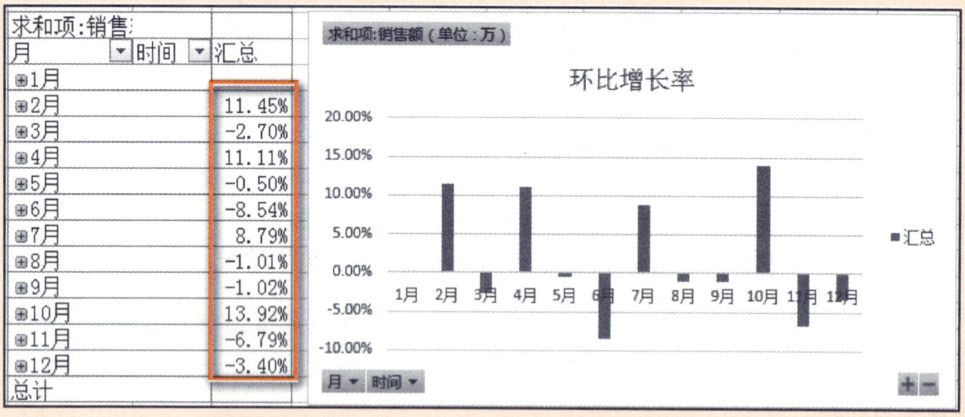

图 1-47　某企业 2018 年各月份的环比增长率及图表

（二）空间维度

空间维度的对比分析是指可选择不同的空间指标进行比较，可以与同级部门、单位、地区进行比较，也可以与行业内的标杆企业、竞争对手或行业平均水平进行比较。

二、分组分析法

分组分析法是根据分析对象的特征，按照一定的标志，将分析对象划分为不同的部分或类型来进行研究分析以揭示其内在联系和规律的分析方法。

分组分析法的关键是分组。因此，使用该方法的关键是如何选择分组标志，以形成不同的分组方法。通常可以按照属性标志和数量标志进行分组。

（一）属性标志

属性指明事物的性质、特征，如人的姓名、所在部门、性别、文化程度等标志，可以按照分析对象的属性标志分组。按照属性标志分组较为简单，如将客户按照性别分为男、女两组，组别非常清楚。

也有一些相对复杂的属性标志分组，称为“统计分类”，即根据分析的目的统一规定分类标准和分类目录，如一般先将工业门类分为采掘业和制造业两大部分，然后分为大类、中类、小类 3 个层次。

（二）数量标志

数量标志分组分析法是指将数量作为分组依据，将数据总体划分为若干性质不同的部分，以分析数据的分布特征和内部联系。数量标志所代表的数据能够进行加、减、乘、除等运算，也能说明事物的数量特征，如人的年龄、工资水平、企业的资产。

根据数量特征，数量标志分组可分为单项式分组和组距式分组。单项式分组一般适用于数据量不多、变动范围较小的离散型数据，每个数量标志就是一组，有多少个数量标志就分成多少组，如按产品产量、技术级别、员工工龄等标志分组。组距式分组一般适用于数据变化幅度较大的情况，通过将总体数据划分为若干区间，每个区间作为一组，以此保证组内数据性质相同，组与组之间性质相异。

实战演练

使用 VLOOKUP 函数与数据透视法进行分组分析

某企业运营的女装店铺主要经营女式婚纱礼服，其中有一款“公主礼服裙”是网店的主营产品之一。为了了解这款产品的买家数分布情况，企业采集了 2 个月以来市场上这款“公主礼服裙”的买家数源数据，如图 1-48 所示。现对该数据进行分组分析。

	A	B
1	日期	买家数
2	2022/3/1	23651
3	2022/3/2	31569
4	2022/3/3	24681
5	2022/3/4	15236
6	2022/3/5	32333
7	2022/3/6	23254
8	2022/3/7	25462
9	2022/3/8	14256
10	2022/3/9	32541
11	2022/3/10	12546
12	2022/3/11	21548
13	2022/3/12	32541
14	2022/3/13	26354
15	2022/3/14	42154
16	2022/3/15	23651
17	2022/3/16	33215
18	2022/3/17	24518
19	2022/3/18	42145
20	2022/3/19	11235
21	2022/3/20	42154
22	2022/3/21	23154
23	2022/3/22	29654
24	2022/3/23	32541
25	2022/3/24	21201

图 1-48 “公主礼服裙”买家数源数据

步骤 1 下载源数据文件。找到源数据表格文件“买家数分组源数据.xlsx”，完成下载。

步骤 2 对产品买家数进行排序。如前所述，分组分析中关键的步骤是确立分组标志，通过排序可以快速观察数值范围，从而确定分组间隔。

（1）新建单元列“买家数排序”，将“买家数”数据复制到该列。

（2）对新建单元列数据进行排序。选中C列——“买家数排序”，单击“数据”选项卡—“排序”，在弹出的“排序提醒”对话框中选择“以当前选定区域排序”，单击“排序”或“Enter”，在弹出的“排序”对话框中，完成相应设置，将主要关键字选择为“买家数排序”，排序依据为“单元格值”，次序选择“升序”后，单击“确定”，完成排序。

（3）确定分组间隔。根据结果，“买家数”最小值为10 235，最大值为63 864，因此在进行分组操作时，每个分组的间隔为10 000，分组区间为：最小值10 000，最大值70 000。

需要注意的是，排序存在两种方式：“扩展选定区域”与“以当前选定区域排序”。两种方式的排序结果对数据影响较大，因此，“排序提醒”中的“扩展选定区域”与“以当前选定区域排序”的选择极为关键。两者区别在于以“扩展选定区域”进行排序时，数据表所有区域都会跟随排序变动；而“以当前选定区域排序”排序时只在选定的区域内进行内部排序，不会影响其他区域的数据，如图1–49至图1–51所示。

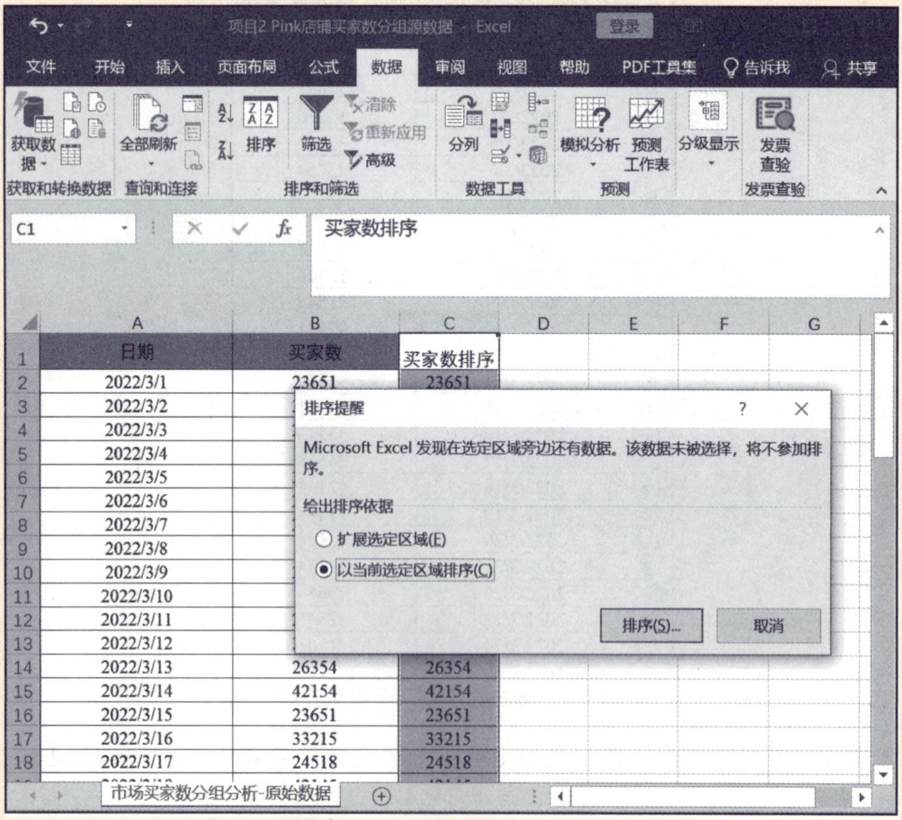

图1–49　对“买家数”进行排序—选择排序依据

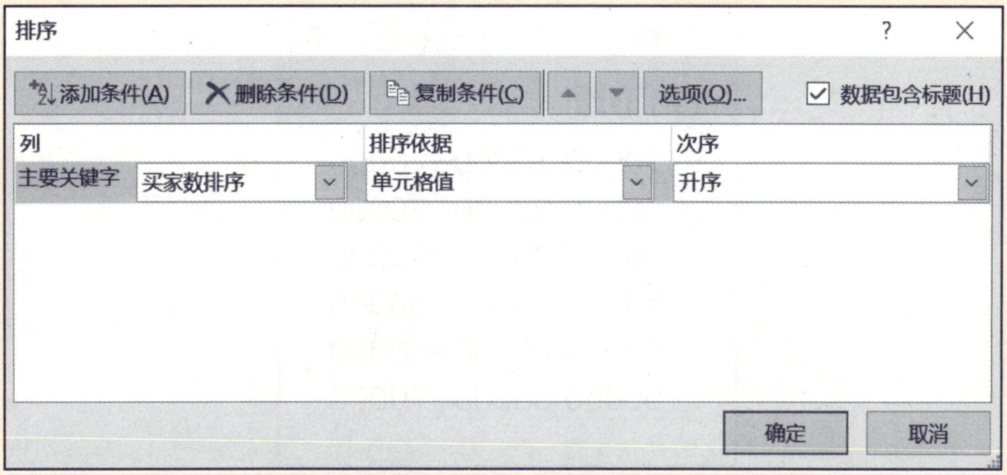

图 1-50 对“买家数”进行排序—排序设置

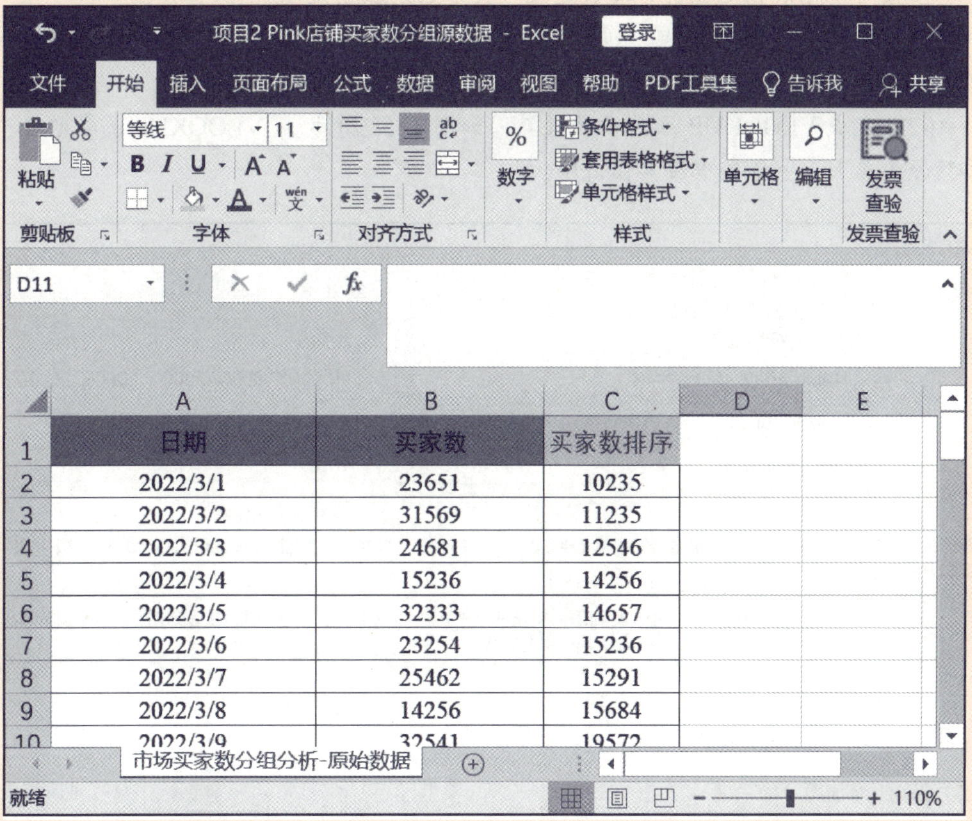

图 1-51 买家数排序结果

步骤 3 为买家数添加分组与分组下限。在表格中新建对应的单元列，分别为“分组下限”和“分组”两个单元列，完成分组间隔设置，如图 1-52 所示。

D	E
分组下限	分组
10000	10000~20000
20000	20000~30000
30000	30000~40000
40000	40000~50000
50000	50000~60000
60000	60000~70000

图 1-52　新建分组与分组下限

步骤 4　调用 VLOOKUP 函数完成“买家数分组查找”。

（1）新建“买家数分组”列，单击“买家数分组”第二行的 D2 单元格，输入 VLOOKUP 函数。

（2）完成 VLOOKUP 函数参数设置，如图 1-53 所示。（VLOOKUP 函数的 4 个参数含义在上一个任务中有具体讲解。）

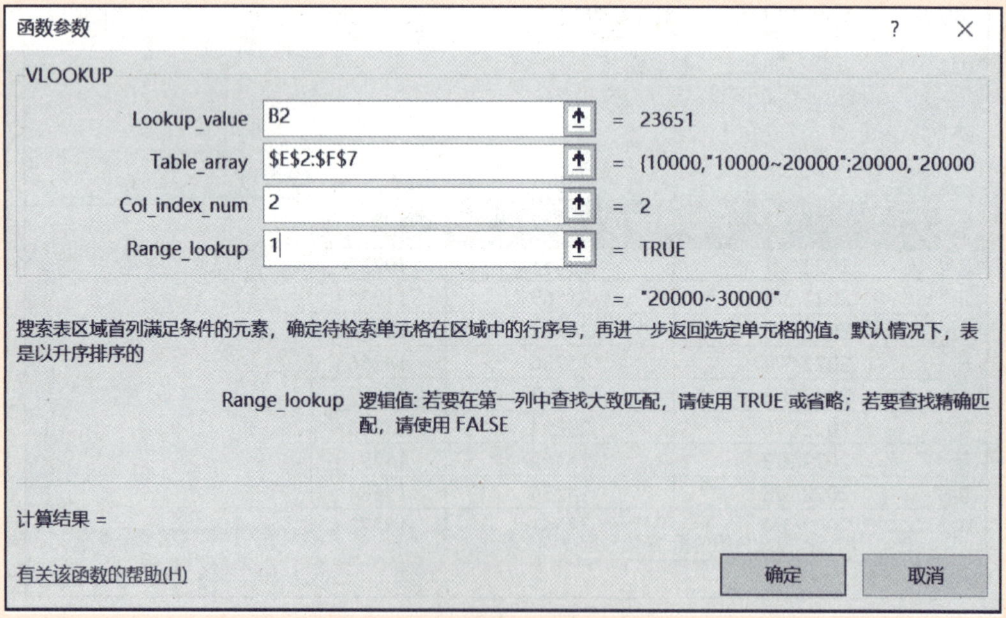

图 1-53　VLOOKUP 函数参数设置

完成 VLOOKUP 函数参数设置后，单击“确定”，即可完成“买家数分组查找”，如图 1-54 所示。

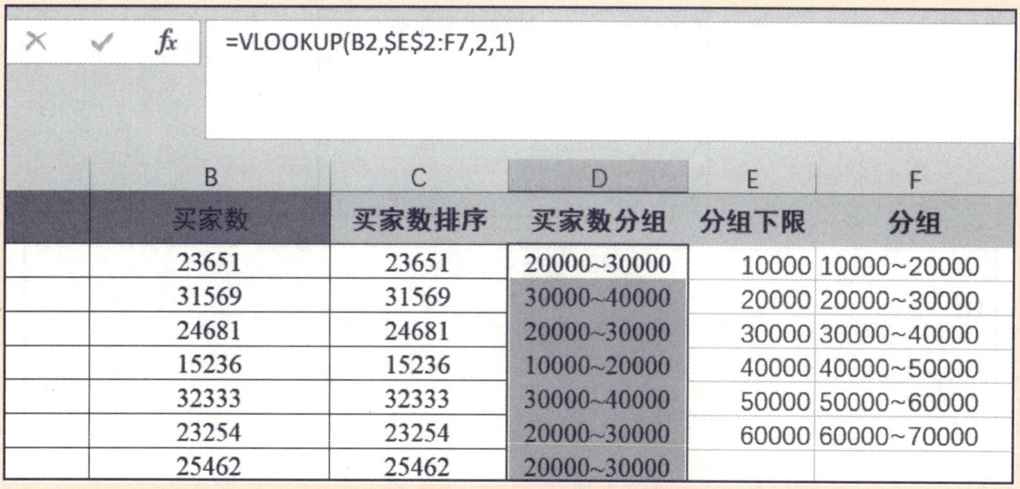

=VLOOKUP(B2,$E$2:F7,2,1)

	B	C	D	E	F
	买家数	买家数排序	买家数分组	分组下限	分组
	23651	23651	20000~30000	10000	10000~20000
	31569	31569	30000~40000	20000	20000~30000
	24681	24681	20000~30000	30000	30000~40000
	15236	15236	10000~20000	40000	40000~50000
	32333	32333	30000~40000	50000	50000~60000
	23254	23254	20000~30000	60000	60000~70000
	25462	25462	20000~30000		

图 1-54 完成“买家数分组查找”

步骤 5 使用数据透视图表功能对“买家数”数据进行分组分析。

（1）选中“买家数分组”数据区域。

（2）插入“数据透视图和数据透视表”，选择数据透视表放置位置，如图 1-55 所示。

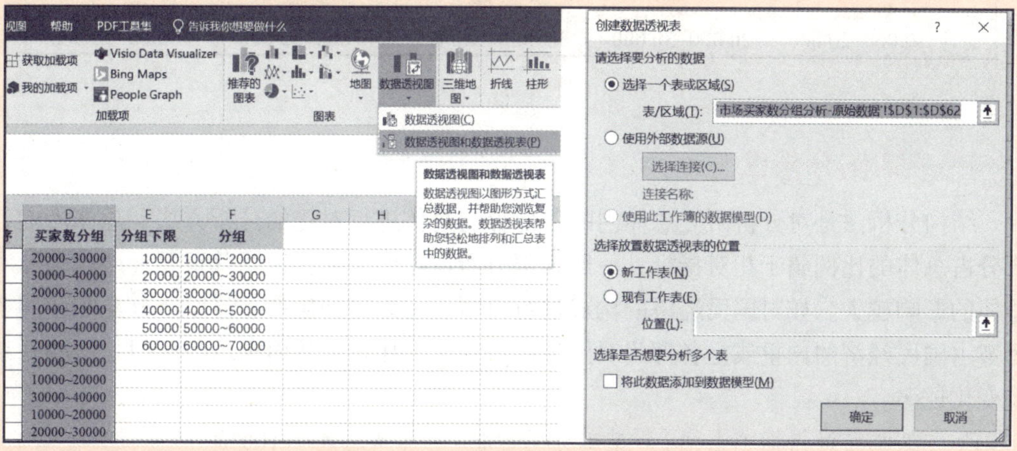

图 1-55 插入数据透视图和数据透视表

步骤 6 完成数据透视图表字段设置。

（1）将“买家数分组”分别拖拽至“轴 / 类别”和“值”，即完成数据透视图和数据透视表。

（2）对标题和数据标签等完成设置和修饰。分组结果如图 1-56 所示。

通过数据透视图和数据透视表，可以直观清晰地看到分组结果：在两个月内，这款公主礼服裙的买家数达到 20 000 ～ 30 000 的有 29 天，其次是达到 30 000 ～ 40 000 的有 15 天，达到 60 000 以上的有 1 天，最低的也在 10 000 ～ 20 000，有 9 天。

行标签	计数项:买家数分组
10000~20000	9
20000~30000	29
30000~40000	15
40000~50000	7
60000~70000	1
总计	61

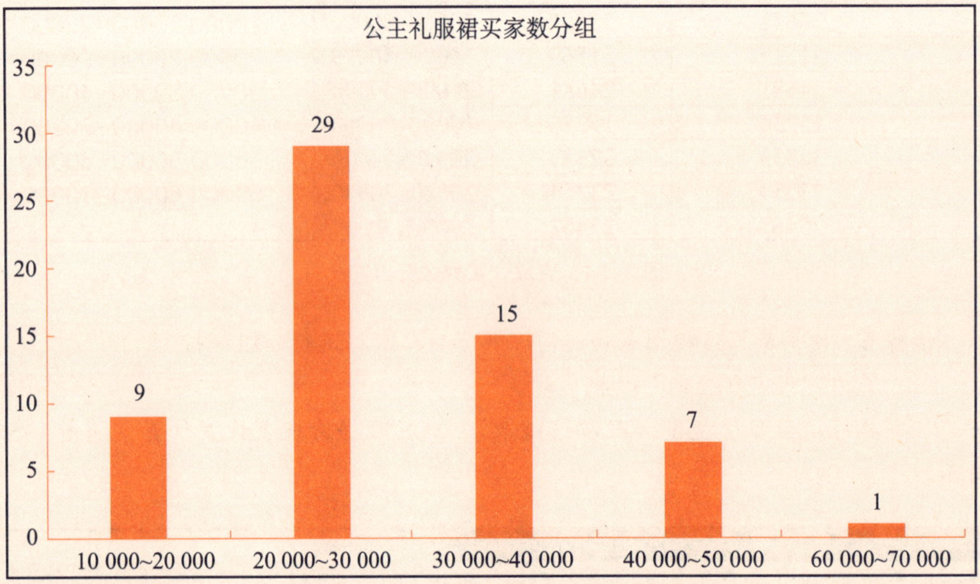

图 1-56 数据透视图和数据透视表

三、结构分析法

结构分析法是对分析研究总体内的各部分与总体进行对比的分析方法。总体内的各部分占总体的比例属于相对指标，一般某部分所占比例越大，说明其重要程度越高，对总体的影响越大。如对国民经济的构成进行分析，可以得到生产、流通、分配和使用各环节占国民经济的比重或是各部门对国民经济贡献的比重，从而揭示各部门之间的联系及变化规律。

结构相对指标（比例）= 某部分的数值 ÷ 总体总量 ×100%

结构分析法较为简单，如市场占有率就是一个非常典型的运用结构分析法得到的运营指标。其计算公式为：

市场占有率 =（某种产品的销售量 ÷ 该种产品的市场销售总量）×100%

市场占有率是分析企业在行业中竞争状况的重要指标，也是衡量企业运营状况的综合经济指标。市场占有率高，表明企业运营状况好、竞争能力强、在市场上占据有利地位；反之，则表明企业运营状况差、竞争能力弱、在市场上处于不利地位。

四、平均分析法

平均分析法是运用平均指标来反映总体在一定时间、一定地点条件下，某一数量特征的一般水平。平均指标可用于对比同一现象在不同地区、不同行业或不同类型单位间的情况，还可用于对比同一现象在不同时间的情况。平均分析法的作用主要有以下两个。

（1）利用平均指标对比同一现象在不同地区、不同行业、不同类型单位间的差异程度，比用总量指标进行对比更有说服力。

（2）利用平均指标对比同一现象在不同历史时期的变化，更能说明其发展趋势和规律。平均指标有算术平均数、调和平均数、几何平均数、众数和中位数等，其中常用的是算术平均数，也就是日常所说的平均数或平均值。算术平均数是非常重要的基础性指标。

算术平均数 = 各单位数值的总和 ÷ 总个数

平均指标是综合性指标，它的特点是将总体内各单位的数量差异抽象化，但其只能代表总体的一般水平，掩盖了平均数背后各单位的差异。

五、矩阵关联分析法

矩阵关联分析法，也称为“矩阵分析法”，是将事物（如产品、服务）的两个重要属性作为分析的依据进行分类关联分析，以解决问题的一种分析方法。

六、聚类分析法

聚类分析法是指将物理对象或抽象对象进行集合分组，形成由类似的对象组成的多个类别的分析方法。聚类分析的目标是在相似的基础上收集数据并进行分类。聚类技术源于很多领域，包括数学、统计学、生物学和经济学等。在不同的领域，很多聚类技术都得到了很好的应用，这些技术被用于描述数据、衡量不同数据源间的相似性，以及把数据源分到不同的簇中。

聚类分析法是一种探索性的分析方法。在分类的过程中，人们不必事先给出一个分类标准，聚类分析能够从样本数据出发，自动进行分类。不同的研究者对于同一组数据进行聚类分析，所得到的结论未必一致。

聚类常常与分类放在一起讨论。聚类与分类的区别在于，聚类所要求划分的类，是未知的，是将数据分到不同的类或者簇的一个过程。所以，同一个簇中的对象有很大的相似性，而不同簇间的对象有很大的相异性。

从统计学的观点看，聚类分析法是通过数据建模简化数据的一种方法。传统的聚类分析法包括系统聚类法、分解法、加入法、动态聚类法、有序样品聚类法、有重叠聚类法和模糊聚类法等。采用 k- 均值、k- 中心点等算法的聚类分析工具已被置入许多统计分析软件，如 SPSS、SAS。

七、时间序列分析法

时间序列是指按时间顺序进行排列的数字序列。时间序列分析就是用数理统计方法对相关数列进行处理，以预测事物的发展趋势。时间序列分析法是定量预测法的一种，它的基本原理如下：一是承认事物发展的延续性，应用过去的数据就能推测事物的发展趋势；二是考虑事物发展的随机性，任何事物发展都可能受偶然因素的影响，为此要利用统计分析中的加权平均法对历史数据进行处理。时间序列分析法简单易行，便于掌握，但准确性差，一般只适用于短期预测。时间序列分析一般反映 4 种实际变化规律：趋势、季节变动、循环波动和不规则波动。

（1）趋势：时间序列在一段较长的时期内呈现的持续向上或持续向下的变动状况。

（2）季节变动：时间序列在一年内重复出现的周期性波动，它是受气候条件、生产条件、节假日或人们的风俗习惯等各种因素影响的结果。

（3）循环波动：时间序列呈现的非固定长度的周期性变动；循环波动的周期可能会持续一段时间，但与趋势不同，它不是朝着单一方向的持续变动，而是涨落相同的交替波动。

（4）不规则波动：时间序列中除去趋势、季节变动和循环波动之后的随机波动；不规则波动通常夹杂在时间序列中，致使时间序列产生一种波浪形或震荡式的变动；不含不规则波动的序列也称“平稳序列”。

八、回归分析法

回归分析法是研究一个随机变量（Y）对另一个随机变量（X）或一组随机变量（X_1、X_2……X_n）的相关关系的统计分析方法，其运用十分广泛。回归分析法按照涉及的自变量的多少，可分为一元回归分析和多元回归分析；按照自变量和因变量之间的关系类型，可分为线性回归分析和非线性回归分析。

简单地说，回归分析法就是几个自变量经加减乘除后得到因变量。例如：想知道活动覆盖率、产品价格、客户薪资水平、客户活跃度等指标与购买量存在何种关系，就可以运用回归分析法，把这些指标及购买量的数据输入系统，运算后即可分别得出这些指标与购买量存在何种关系的结论，以及通过进一步的运算得出相应的购买量。

回归分析工具是一种非常有用的预测工具，既可以对一元线性或多元线性问题进行预测分析，也可以对某些可以转化为线性问题的非线性问题进行预测分析。一般线性回归分析主要有以下 5 个步骤：根据预测对象，确定自变量和因变量；制作散点图，确定回归模型的类型；估计参数，建立回归模型；检验回归模型；利用回归模型进行预测。利用回归分析法进行预测时，常见的是一元线性回归，又称“简单线性回归”。

九、预测分析法

预测分析也称“趋势分析”，即在已有数据的基础上，利用科学的方法和手段，对未来一定时期内的市场需求、发展趋势和影响因素的变化做出判断，进而为营销决策服务。常用的预测分析法包括图表预测法与时间序列预测法。

（一）图表预测法

在经营过程中，跨境电商企业可以通过图表预测法预测商品销量和销售额，根据预测值调整销售策略。在图表预测法中，基本的方法是趋势线预测法。趋势线是一种直观的预测分析工具，通过这个工具，客户可以很方便地从图表中获取预测数据。趋势线的主要类型有线性、指数、对数、多项式、幂、移动平均等。选择合适的趋势线类型是提升趋势线的拟合程度、提高预测分析准确性的关键。

（二）时间序列预测法

时间序列是指某种变量在一定时间段内在不同时间点上观测值的集合，这些观测值是按时间顺序排列的，时间点之间的间隔是相等的，可以是年、季、月、周、日或其他时间段，如按年、季、月、周、日统计商品销量、销售额或库存量。简而言之，时间序列法就是根据时间发展进行预测。时间序列法是一种回归预测方法，是把统计资料按发生时间的先后进行排序得出的一连串数据，利用该数据序列推导预测对象的发展趋势。

实战演练

采用预测分析法预测店铺销售额

1. 趋势线预测法

趋势线预测法是一种常用的预测分析方法，即利用线性趋势线预测店铺销售额。已知某店铺2010—2018年的销售额数据，利用线性趋势线预测店铺2019年、2020年的店铺销售额。

具体操作步骤如下：

步骤1 打开“某店铺销售额数据.xlsx”文件，选择A2:B12单元格区域，选择“插入”选项卡，在“图表”组中单击“折线图”下拉按钮，选择“带数据标记的折线图”选项，即可完成折线图的添加工作，如图1-57所示。

步骤2 选中折线图表，在“图表工具”中选择“设计”选项卡，在“添加图表元素”组中单击“趋势线”下拉按钮，选择“线性”，即可完成线性趋势线的添加工作，如图1-58所示。

步骤3 双击插入的趋势线，弹出“设置趋势线格式”对话框，本例中需预测两年的销售额，故在“趋势预测”选项区中的“向前”文本框中输入“2.0”，选中“显示公式”复选框，然后单击“关闭”按钮，如图1-59所示。

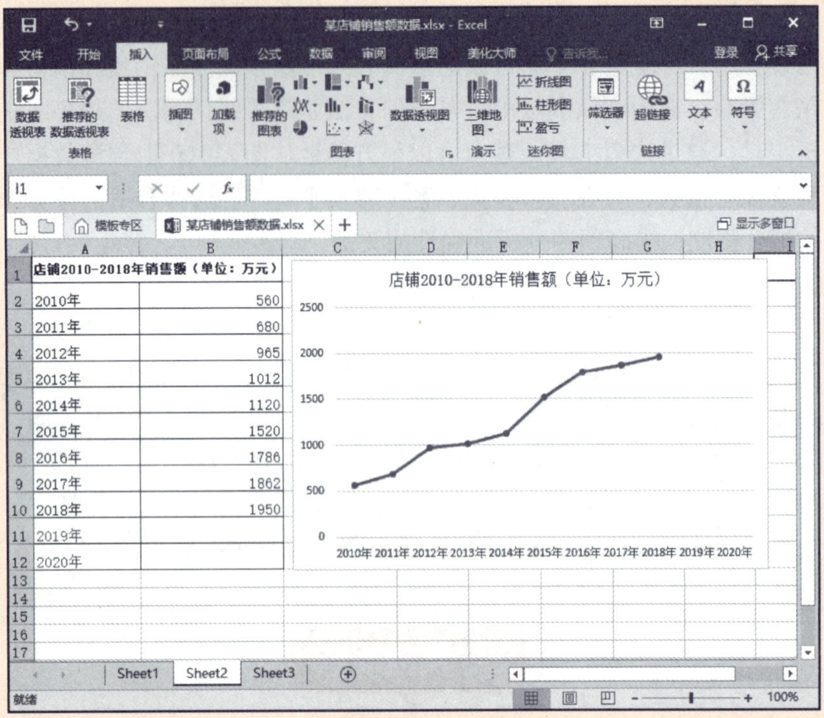

图 1-57　添加折线图

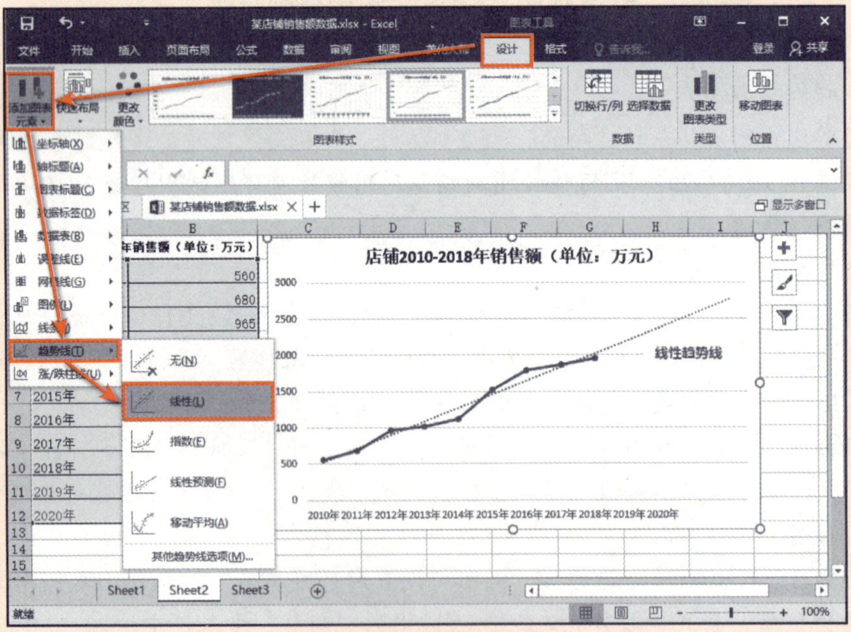

图 1-58　添加线性趋势线

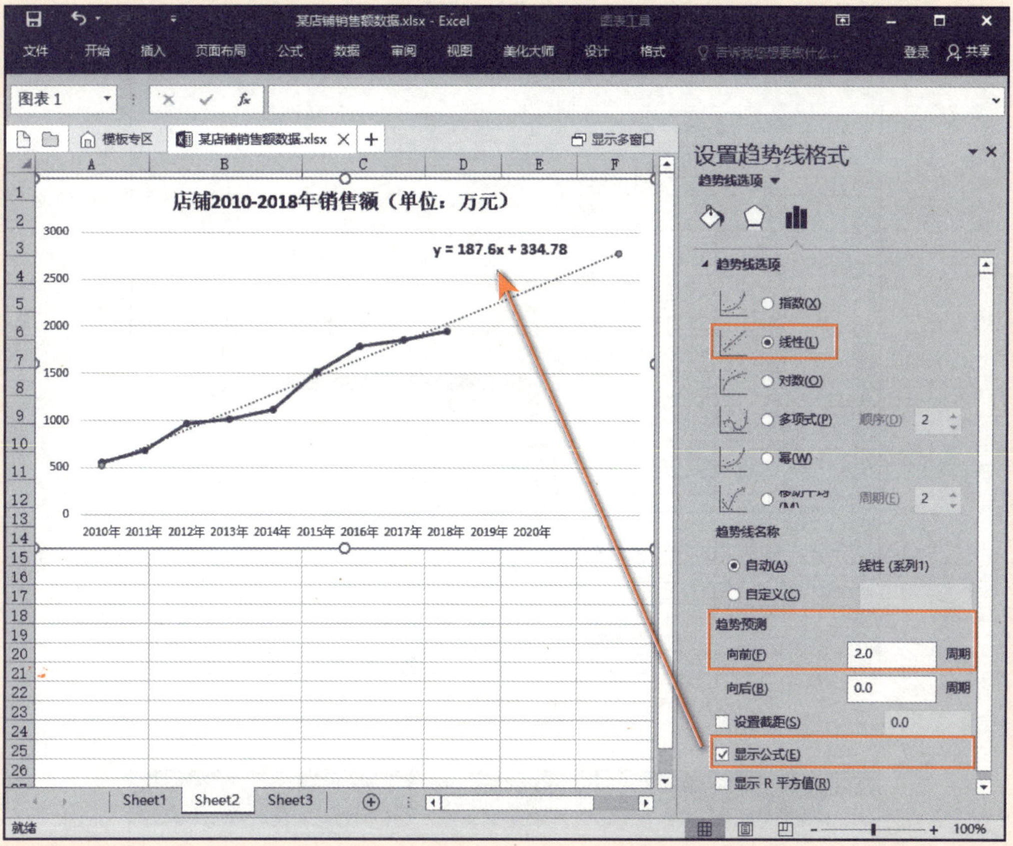

图 1-59 设置线性趋势线格式

步骤 4 在图表中查看预测公式，使用公式计算预测年份的销售额。例如：本例中公式为“$y=187.6x+334.78$”，其中 x 是年份对应的数据点，y 是对应年份的销售额。

2. 移动平均法

步骤 1 打开“某店铺利润预测分析.xlsx”，选择“数据”选项卡，单击“数据分析”按钮，在弹出的“数据分析”对话框中选择“移动平均”分析工具，然后单击“确定”按钮，如图 1-60 所示。

步骤 2 在弹出的“移动平均”对话框中设置参数，选中“标志位于第一行”“图表输出”“标准误差”（标准误差是实际数据与预测数据即“移动平均数据”的标准差，用以显示预测值与实际值的差距，这个数据越小则表明预测数据越准确）复选框，然后单击“确定”按钮，如图 1-61 所示，即可输出移动平均数值及趋势线，分别如图 1-62、图 1-63 所示。

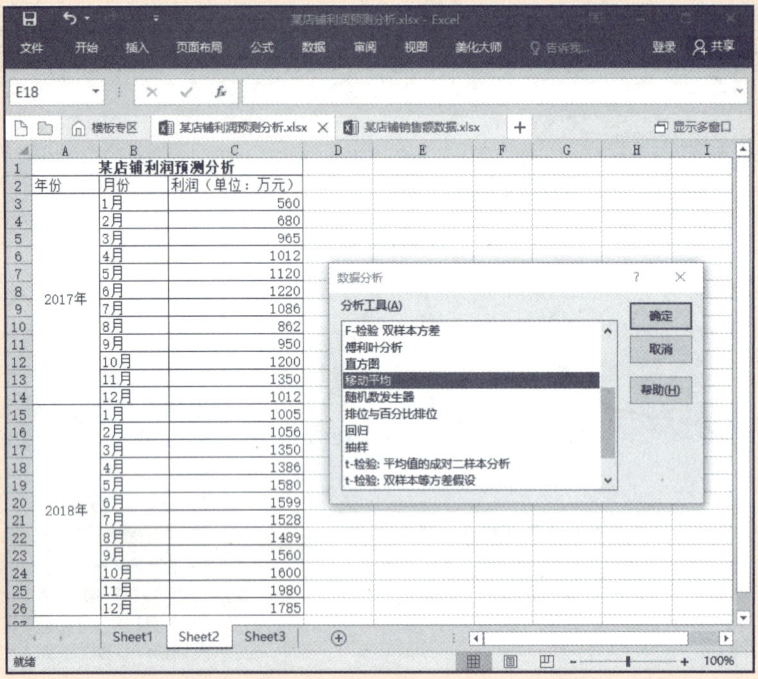

图 1-60　选择“移动平均”分析工具

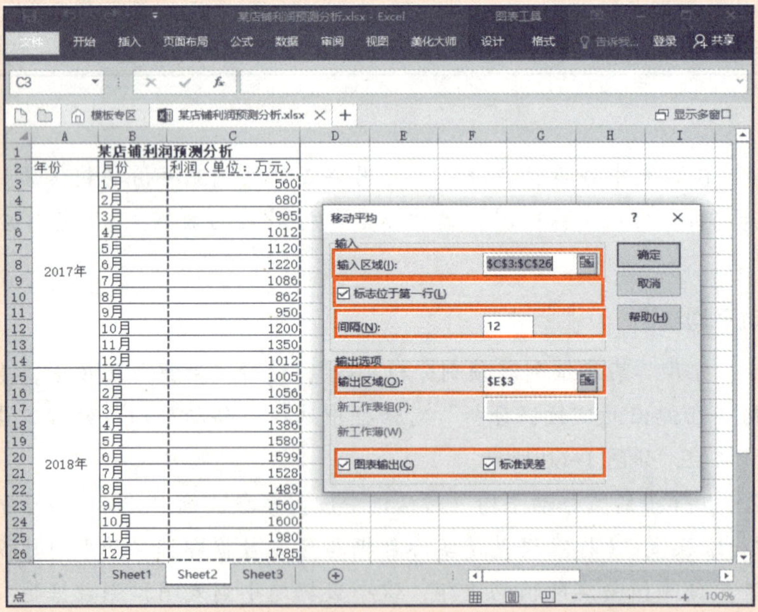

图 1-61　设置参数

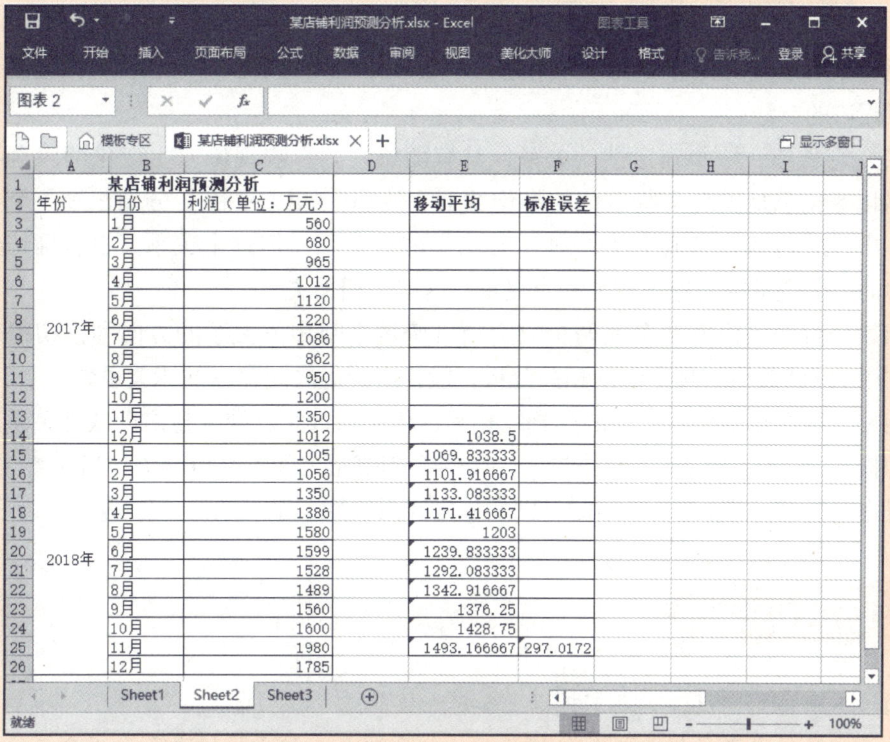

某店铺利润预测分析

年份	月份	利润（单位：万元）	移动平均	标准误差
2017年	1月	560		
	2月	680		
	3月	965		
	4月	1012		
	5月	1120		
	6月	1220		
	7月	1086		
	8月	862		
	9月	950		
	10月	1200		
	11月	1350		
	12月	1012	1038.5	
2018年	1月	1005	1069.833333	
	2月	1056	1101.916667	
	3月	1350	1133.083333	
	4月	1386	1171.416667	
	5月	1580	1203	
	6月	1599	1239.833333	
	7月	1528	1292.083333	
	8月	1489	1342.916667	
	9月	1560	1376.25	
	10月	1600	1428.75	
	11月	1980	1493.166667	297.0172
	12月	1785		

图 1-62　移动平均数值

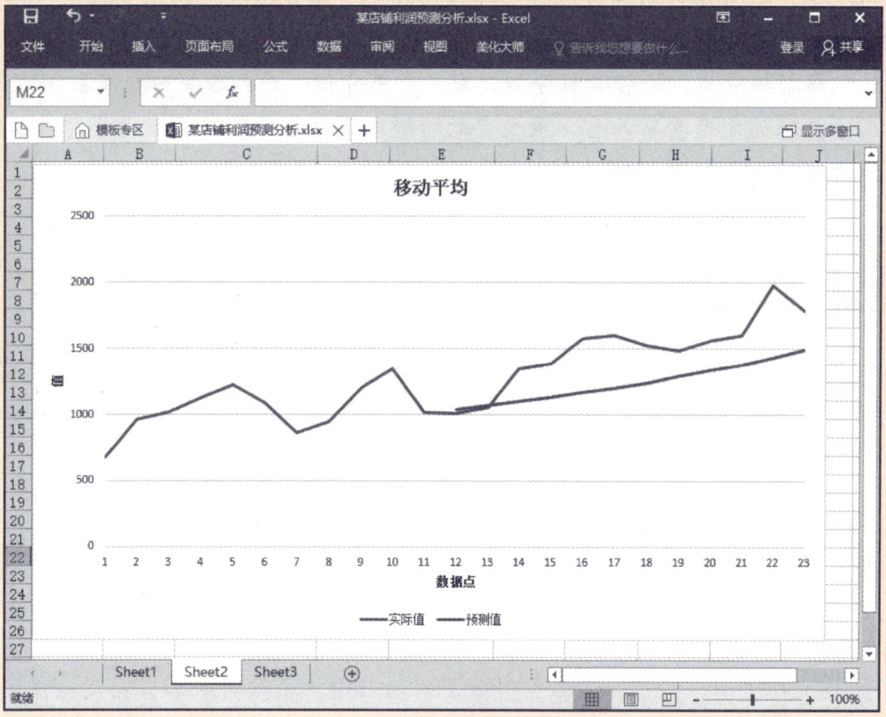

图 1-63　移动平均趋势线

十、相关分析法

相关分析法是研究各种现象之间是否存在某种相关关系，并对相关方向以及相关程度进行探讨的方法。

相关关系是一种非确定性的关系，具有随机性。影响现象发生变化的因素不止一个，并且变化总是围绕某些数值的平均数上下波动。如以 X 和 Y 分别记录一个人的身高和体重，或访客数与成交量，则 X 与 Y 显然有关系，但这个关系又没有确切到可以由其中的一个变量精确地预测另一个变量，这就是相关关系。

相关分析法是研究两个或两个以上随机变量之间相关关系的方向和密切程度的方法。利用 Excel 数据工具库中的相关分析，能找出变量之间存在的相关系数。

相关分析类别中最为常用的是直线相关，相关系数是反映变量之间线性关系的强弱程度的指标，一般用 r 表示。当 $-1 \leqslant r < 0$ 时，则变量之间线性负相关；当 $0 < r \leqslant 1$ 时，则变量之间线性正相关；$r = 0$ 时，则变量之间无线性关系。

项目小结

通过本项目的学习，重点掌握以下知识和技能：

● 认识跨境电商数据分析的价值与意义，了解企业对于跨境电商数据分析岗位的技能要求。

● 跨境电商数据分析的工作流程与工作内容紧密结合跨境电商业务链条，工作流程包括数据采集、数据整理、数据分析、数据可视化、结论及建议，工作内容包括市场数据分析、竞争数据分析、运营数据分析、客户数据分析、产品数据分析及数据可视化。

● 对于全球速卖通卖家而言，最重要的跨境电商数据分析工具就是全球速卖通平台的卖家后台工具生意参谋。

课后练习

一、单选题

1. 跨境电商数据分析的工作流程为（　　）。

A. 确定数据指标—明确业务需求—采集整理数据—分析数据—形成结论及建议

B. 明确业务需求和分析目标—构建数据指标体系—采集整理数据—分析数据及可视化—运营优化策略建议

C. 采集整理数据—分析数据—确定数据指标体系—形成结论及建议—明确业务需求和分析目标

D. 分析数据—确定数据指标体系—采集整理数据—明确业务需求和分析目标—形成结论及建议

2. 在生意参谋功能模块中，(　　) 是店铺整体数据的宏观监控模块，全球速卖通卖家可以在该板块查看店铺及商品的整体销售情况。

A. 驾驶舱　　B. 市场　　C. 任务助手　　D. 选品专家

3. 可以用来说明本期水平与往年同期水平的对比分析法是 (　　)。

A. 分组分析法　　B. 同比分析法　　C. 环比分析法　　D. 平均分析法

4. 报告本期水平与前一期水平的对比分析方法是 (　　)。

A. 分组分析法　　B. 同比分析法　　C. 环比分析法　　D. 平均分析法

二、多选题

1. 以下属于跨境电商 B2C 平台的是 (　　)。

A. 亚马逊　　B. 全球速卖通　　C. Wish　　D. Shopee

2. 数据分析是一种思维方式和技能，是指通过 (　　) 对收集的资料进行分析并形成结论的过程。

A. 数据化的工具和技术　　B. 适当的统计分析方法

C. 市场调查　　D. 实验技术

3. 狭义的数据是指各种数字，广义的数据还包括 (　　)。

A. 图形　　B. 图像　　C. 视频　　D. 音频

4. 可在跨境电商平台卖家后台采集的数据包括 (　　) 等。

A. 商品数据　　B. 客户数据　　C. 交易数据　　D. 评价数据

5. 跨境电商数据的站外数据来源包括 (　　)。

A. 跨境电商专业网站的研究报告　　B. 跨境电商平台

C.Facebook 等社交平台　　D.Google 等搜索引擎

6. 对比分析法也叫“比较分析法”，是通过对两个或两个以上具有相互联系的数据进行比较，从数量上展示和比较事物的 (　　)。

A. 规模大小　　B. 水平高低　　C. 速度快慢　　D. 质量优劣

三、判断题

1. 近年来，我国跨境电商发展迅速，成为我国电商发展的最新趋势。(　　)

2. 数据不仅指狭义的数字，还包括具有一定意义的文字、数字符号的组合，如图形、图像、视频、音频。(　　)

3. 跨境电商数据分析得出结论后，分析人员应根据结果为业务部门提出优化策略和建议。(　　)

四、思考题

1. 请使用思维导图总结跨境电商数据分析岗位能力要点。

2. 简述数据分析在跨境电商中的价值及作用。

3. 简述跨境电商数据分析工作的主要内容。

4. 企业在入驻跨境电商平台开设店铺之前，关于数据分析，首先要做的工作是什么？具体包括哪些内容？

项目二 跨境电商数据采集及整理

技能目标

1. 能够根据数据分析的目标和需求选择合适的数据采集渠道；
2. 能够选择合适的工具及方法采集跨境电商数据；
3. 能够准确分析业务需求与数据分析目标并制定跨境电商数据采集方案；
4. 能够选择正确的数据整理方法进行跨境电商数据清洗与整理。

知识目标

1. 熟悉跨境电商数据采集的主要渠道；
2. 熟悉跨境电商数据采集的主要方法与操作步骤；
3. 熟悉需要进行清洗和整理的跨境电商数据类型及适用方法；
4. 掌握跨境电商数据清洗和整理的操作流程及注意事项。

素质目标

1. 能够在跨境电商数据采集过程中遵守数据安全法等法律法规；
2. 具有跨境电商数据采集及整理工作所需的严谨细致的职业精神；
3. 能够在跨境电商数据采集过程中坚持采用正规、合法的渠道及工具。

任务导图

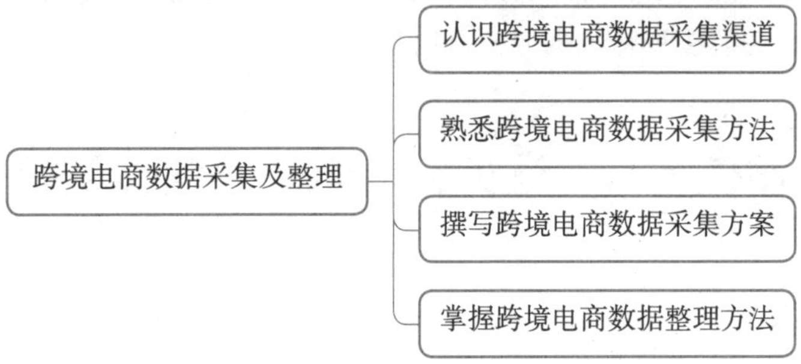

导入案例

某金公司A店铺主营女装类产品，且主打婚纱礼服。2020年，外贸婚纱礼服产品受到较大冲击，销量连续下滑。市场采购部门决定在近期增加女装产品种类，现需要在“女式套头卫衣”“女式运动套装”“女式拉链运动外套”三类产品中选择一种，选择的依据主要为产品近一年的客户关注度高、目标客户群体基数大等。数据分析人员针对市场部门的需求撰写数据采集与处理方案，并对相关数据进行采集整理。

认识跨境电商数据采集与整理

结合案例，思考以下问题：

（1）如果你是数据分析人员，你准备去哪里搜集相关数据？为什么？你都知道哪几个常用的数据采集渠道？

（2）需要采集的数据类型都有哪些？数据采集后还需要做什么工作？

- **工作任务一：认识跨境电商数据采集渠道**

了解跨境电商数据采集的主要渠道，熟悉全球速卖通、亚马逊等跨境电商主流平台，并能够根据数据分析的目标和需求选择合适的数据采集渠道。

- **工作任务二：熟悉跨境电商数据采集方法**

熟悉人工采集、报表采集、自动抓取等跨境电商数据采集的主要方法及适用情形，为数据分析工作任务的具体实施做好预处理准备。

- **工作任务三：撰写跨境电商数据采集方案**

熟悉跨境电商数据采集方案的主要构成，能够分析跨境电商数据采集的任务、目标、需求，明确数据指标，选择合适的数据采集渠道、工具及方法，撰写跨境电商数据采集方案。

- **工作任务四：掌握跨境电商数据整理方法**

熟悉跨境电商数据整理的常用方法，熟练掌握使用Excel对数据进行排序、筛选、标识等整理方法，为后续进行数据分析奠定基础。

工作任务一　认识跨境电商数据采集渠道

任务背景

通过前面的学习，我们已经对跨境电商数据分析工作有了系统的认识，了解了跨境电商数据的来源与应用场景，熟悉了跨境电商数据分析的工作流程。根据不同的业务需求和目标采集有价值的数据，是跨境电商数据分析人员必备的基本技能，也是数据分析的基础。本工作任务将阐述数据采集的概念、原则和流程，数据的分类，帮助学生熟悉常用的跨境电商数据采集渠道和适用情景。

跨境电商数据采集渠道

任务实施

一、跨境电商数据采集概述

（一）数据采集

数据采集就是搜集符合数据分析要求的原始数据。原始数据是数据分析人员拿到的一手或者二手数据资源。数据采集既可以从现有、可用的无尽数据中搜集、提取需要的二手数据，也可以通过问卷调查、采访、沟通等方式获得一手数据。通过数据采集，企业可以将大量离散的数据整合在一起，通过统计分析和数据可视化，发现数据背后隐藏的规律与逻辑。因此，数据采集是数据分析的基础。

数据采集也可以通过在平台源程序中预设工具或程序代码，获取产品状态、资金状态、流量状态、客户行为和信息等数据，为后续进行数据分析做好准备。

（二）跨境电商数据采集

跨境电商数据采集是指采用由预先设计的采集平台与系统程序，自动采集跨境电商平台上的数据或与跨境电商有关的数据。回顾整个跨境电商数据分析的工作流程可知，数据采集是整个数据分析业务环节中的第一步，是后续工作开展的基础。

跨境电商数据伴随客户和店铺的行为实时产生，广泛分布于跨境电商平台、社交媒体、智能终端、店铺内部系统和第三方服务平台，涉及的数据类型多种多样，既包括客户的消费交易信息与基本信息，也包括店铺的产品信息与交易信息，此外，还有客户对店铺或产品的评价信息等。在大数据环境下，跨境电商平台中的数据是公开、共享的，但数据间的信息传输和分析都需要采集整理。

（三）跨境电商数据采集原则

在采集数据的过程中，只有及时、有效且准确地进行数据整理和分析才能做出对企业运营和决策有参考价值的结论。因此，数据采集要遵循以下 4 个原则。

（1）及时性原则。数据采集需尽可能获取平台最新数据，确保时效性。市场变化迅速，只有将最新的数据与历史数据进行对比，才能更快、更好地发现问题及预测变化趋势。

（2）有效性原则。数据采集过程中需注意数据期限。做市场数据调研时会采集行业研报数据，市场行情不断变化，行业研报都有一定的时间节点，它们对行业发展趋势的预判已经落后于当前市场风向，这将会给企业带来风险。

（3）准确性原则。数据分析过程中会涉及数据的统计和运算，数据采集如果出现错误，在后续统计、运算时将可能出现较大偏差。因此，在数据采集时须严谨细致，确保采集的数据准确无误，尽可能地避免数据分析时出现较大偏差。

（4）合法性原则。互联网时代的数据类型多种多样，为数据采集和分析带来极大便利，同时也带来一定的信息安全风险和权益保护风险。在采集竞争对手的数据时，只能采集相关机构已经公布的公开数据或对方同意提供的数据，不能通过非法手段获取数据。

（四）跨境电商数据采集流程

跨境电商数据包括数值、图片、音频或视频等多种格式，数据采集渠道及方法丰富多样。总体而言，数据采集工作按照以下流程展开。

1. 制定数据采集任务

数据采集前首先要根据数据分析的目标和需求进行任务分析，明确数据采集的指标范围和时间范围，确定数据采集的渠道、途径或部门，较大的数据采集任务还需要确定采集的部门及人员配备。

2. 选择数据采集渠道及方法

明确数据分析所涉及的关键指标，确定对应的数据类型、所需数据、数据采集渠道，并据此选择合适的采集方法及工具。

3. 数据采集

明确数据采集渠道及方法后，根据具体需求和分析目标进行数据采集。

4. 数据导出

如果是人工采集，需要选择合适的格式导出和存放数据，常见的导出格式包括 xlsx 等。

二、数据来源分类

根据数据来源，可以将数据分成以下两类。

（一）直接来源：一手数据

一手数据是指通过研究者实施的调查或实验活动获得的数据。一手数据的获取方法通常有调查和实验两种方法。

通过调查得到的一手数据叫作调查数据。调查数据是针对社会现象进行调查，从而得到的数据。如调查当前的经济形势、消费心理、企业生产经营状况。调查的形式分为两类：普查和抽样调查。普查是要对一个总体内部的所有个体进行调查，国家进行的人口普查就是最典型的普查之一。普查的结果最贴近总体的真实表现，是无偏见的估测。但是普查的成本太大，通常很少有项目采用这种方式。而抽样调查在生活中则有更加广泛的应用。由于数据分析涉及的总数据量一般很大，如果要做普查，没有足够的时间、人力与金钱几乎是不可能的，因此，可以从总体中抽取部分有代表性的个体进行调查，并用这部分个体的数据反映整体，这就是抽样调查。

通过实验获取的一手数据叫作实验数据。实验方法需要研究者设计实验，并记录结果，整合为数据，为后期的数据分析与挖掘工作服务。实验的设计需要满足一个原则：有实验组与对照组。实验组是只有变量发生变化的组；对照组是保持变量不变的组。通过控制变量，便能得到实验数据。

（二）间接来源：二手数据

二手数据是指原本已经存在，由别人采集，使用者通过重新加工或整理得到的数据。因此，二手数据的获取方法也有两种——系统内部采集或系统外部采集，前者获得的数据叫内部数据，后者获得的数据叫外部数据。

1. 内部数据

内部数据是指在跨境电商运营的过程中，跨境电商站点、店铺自身所产生的数据信息，如站点的访客数、浏览量、收藏量、产品的订单量、加购量等数据。

内部数据采集是跨境电商数据分析工作中最常见的数据采集方法之一。要进行数据分析的企业一定会有企业内部的数据。跨境电商的店铺会有业务、渠道、收益、成本等生产过程中以数字化的形式固定存储的数据，这些数据一般会存储在数据库中。数据分析人员可以通过结构化的查询语言提取想要的数据，进行数据采集。内部数据一般都与企业自身的生产经营相关，而目前电商这种通过网络实现的新型商务模式会将客户在网站上的浏览、收藏、购买、支付等行为痕迹留存，因此，企业可通过自家店铺所注册的跨境电商平台获取内部数据。

2. 外部数据

外部数据通常是企业在进行市场调查，对行业及竞争对手进行数据采集时，需要借助的外部数据来源。外部数据是企业运营与生产情况以外的更加宏观、更加公开的数据，是更加偏重于社会的外部环境及行业经济形势的宏观数据。

采集外部数据常用的渠道：（1）统计部门或政府的公开资料、统计年鉴；（2）调查机构、行业协会、经济信息中心发布的数据情报；（3）专业期刊；（4）图书；（5）博览会；（6）互联网。

三、跨境电商数据采集渠道

跨境电商数据采集要遵循及时、有效、准确及合法的原则，确保数据来源的可靠性。选择数据采集渠道是数据采集的重要工作。根据数据来源的分类将数据采集渠道分为内部数据渠道和外部数据渠道。数据分析人员根据不同渠道能够提供的数据指标类型和数据精度，选择对应的数据源以及提供数据工具。例如：在开展店铺销售数据分析时，能够选择的数据采集渠道有店铺后台及平台提供的数据采集工具。当全球速卖通店铺对产品的购买人群进行客户画像分析时，应优先使用后台工具生意参谋进行数据采集，谷歌趋势应作为辅助数据采集渠道，因为前者的数据直接对应店铺的产品，数据精度更高，外部指数工具可以作为辅助，如表 2-1 所示。

表 2-1　跨境电商数据采集渠道适用场景

采集渠道	数据来源	数据类型	渠道示例
跨境电商平台、店铺后台	内部数据	市场数据、产品数据、运营数据、客户数据	全球速卖通、亚马逊等跨境电商平台，生意参谋等店铺后台数据工具
政府部门、行业协会、媒体	外部数据	行业数据	国家及各地统计局、各类行业协会、报纸及新闻媒体等
电商专业网站、研究机构、数据网站		行业数据、产品数据	雨果网、艾瑞咨询、阿里研究院等
指数工具		行业数据、产品数据、客户数据	百度指数、谷歌趋势等

工作任务二　熟悉跨境电商数据采集方法

任务背景

相信同学们已经熟悉了跨境电商的数据来源分类，能够根据不同的业务需求和目标确定需要采集的指标数据，选择合适的采集渠道。通过本工作任务的学习，同学们将了解人工采集和工具采集两种数据采集方式，工具采集也可分为报表采集和自动抓取，还将了解各类采集方法的适用情景。同学们要了解数据采集工具，并熟练掌握数据采集工具的操作步骤。

跨境电商数据采集方法

任务实施

一、人工采集

人工采集是指数据分析人员从跨境电商平台上以复制粘贴的方式采集数据，通常在采集前台商品数据时多使用这种方法，如图 2-1 所示。人工采集是一种常规、传统的数据采集方法，在跨境电商数据采集中十分常见。其优点是操作简单且便于数据分析人员根据经验判断和选择数据，缺点是数据量较大时采集效率较低。

店铺名	标题	价格	订单数	收藏数	总评论数	综合评分	主图	链接
Dozw Apparel Store	Summer Beach Maxi Dress Women Floral Print Boho Long Chiffon Dress Ruffles Wrap Casual V-Neck Split Sexy Party Dress Robe	8.86美元-14.53美元	1902	4.7万	466	4.7		https://www.aliexpress.com/item/4000182499513.html?spm=a2g0o.productlist.0.0.278b6d5bl5ZUfo&algo_pvid=45cf45c1-4e8e-48d1-84d5-
JUNYQ Official Store	Sexy Women Multiway Wrap Convertible Boho Maxi Club Red Dress Bandage Long Dress Party Bridesmaids Infinity Robe Longue Femme	11.89-16.99美元	2853	5.01万	771	4.7		https://www.aliexpress.com/item/32888525125.html?spm=a2g0o.productlist.0.0.278b6d5bl5ZUfo&algo_pvid=45cf45c
Harajuku JY Store	Boho Dress 2021 Autumn Single Breasted Button Irregular Long Dress Women Sexy Turn-down Collar Newspaper Letter Print Maxi Dress	13.72-22.87美元	1365	0.8万	499	3.5		https://www.aliexpress.com/item/3256802568561147.html?spm=a2g0o.productlist.0.0.278b6d5bl5ZUfo&algo_pvid=45

图 2-1　商品信息采集表

实战演练

采集婚纱礼服商品信息

以价格区间为 90 ～ 160 美元、销量排名前 20 的婚纱礼服商品为例，进行商品信息采集。

步骤 1 全球速卖通前台搜索婚纱礼服商品。

使用全球速卖通卖家账号密码登录全球速卖通平台，在搜索框中输入“wedding dress”，并设置价格区间为 90—160 美元，点击“orders”（订单），使商品按照订单数降序排列，如图 2–2 所示。

图 2–2 搜索婚纱礼服商品

步骤 2 新建商品信息采集表。

在 Excel 中新建“商品信息采集表”，根据数据分析需求，在首行添加字段名称，如“标题”“链接”“主图”“款式”“价格”“评价”等商品信息，如图 2–3 所示。

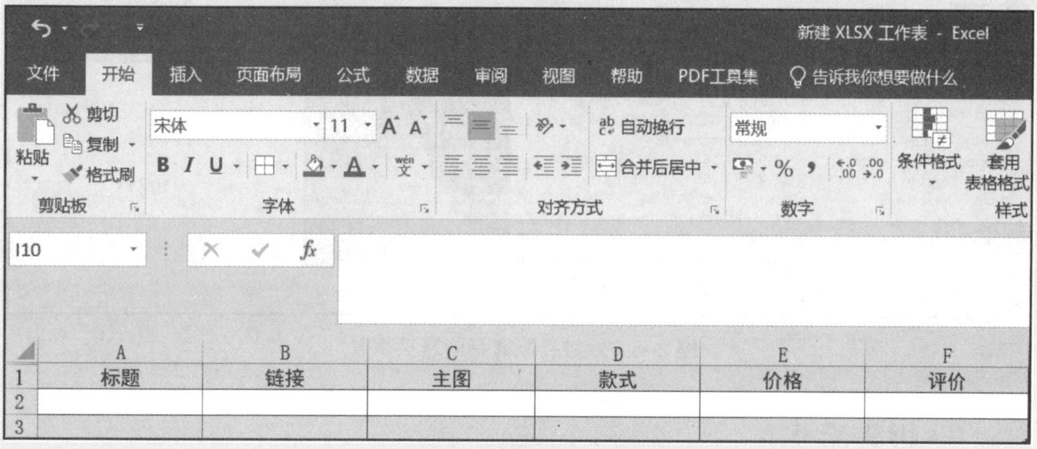

图 2–3 新建商品信息采集表

步骤 3 采集商品信息。

采集商品信息数据时，可以进入详情页，以人工采集方式，即复制商品的标题、关键词、主图、款式、价格、评价等详细信息，粘贴到已建好的表格中，如图 2–4 所示。

图 2-4　某婚纱礼服商品

步骤 4　完成商品信息采集并保存。

按照以上步骤对排在前 20 的婚纱礼服商品数据逐条复制并粘贴到表格中，即可完成如图 2-5 所示的婚纱礼服商品信息采集表。

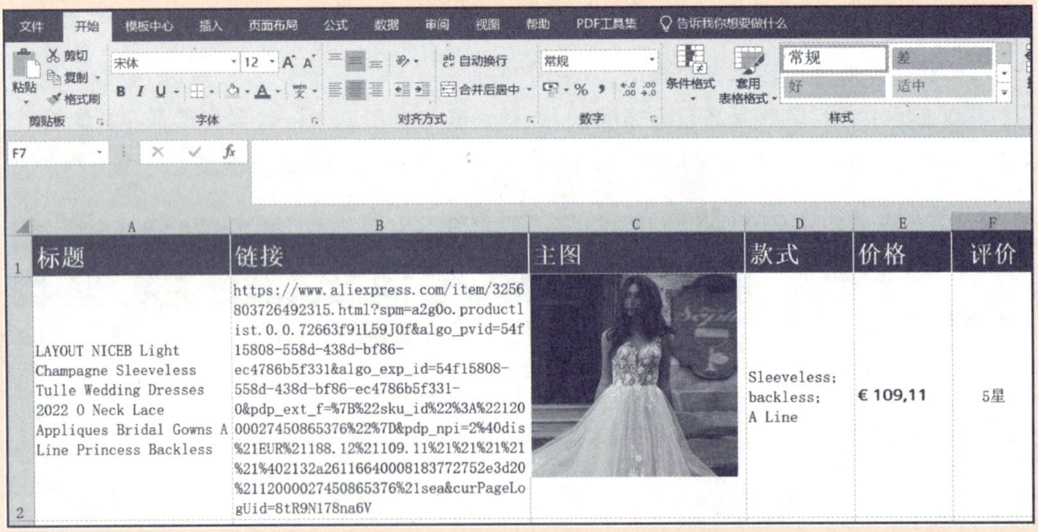

标题	链接	主图	款式	价格	评价
LAYOUT NICEB Light Champagne Sleeveless Tulle Wedding Dresses 2022 O Neck Lace Appliques Bridal Gowns A Line Princess Backless	https://www.aliexpress.com/item/3256803726492315.html?spm=a2g0o.productlist.0.0.72663f91L59J0f&algo_pvid=54f15808-558d-438d-bf86-ec4786b5f331&algo_exp_id=54f15808-558d-438d-bf86-ec4786b5f331-0&pdp_ext_f=%7B%22sku_id%22%3A%2212000027450865376%22%7D&pdp_npi=2%40dis%21EUR%21188.12%21109.11%21%21%21%21%402132a261166400081837727 52e3d20%2112000027450865376%21sea&curPageLogUid=8tR9N178na6V		Sleeveless; backless; A Line	€ 109,11	5星

图 2-5　婚纱礼服商品信息采集表

二、报表采集

报表采集是指通过下载数据报表完成数据采集，主要用于下载店铺后台数据或独立站点数据。如全球速卖通店铺可以通过后台工具生意参谋实现数据报表的采集，包括店铺订单数据、流量数据、销售数据。一些独立站点没有咨询客户数、订单数等数据指标统计功能，可以通过每日或每周的工作报表对站点信息进行采集，如图 2-6 所示。

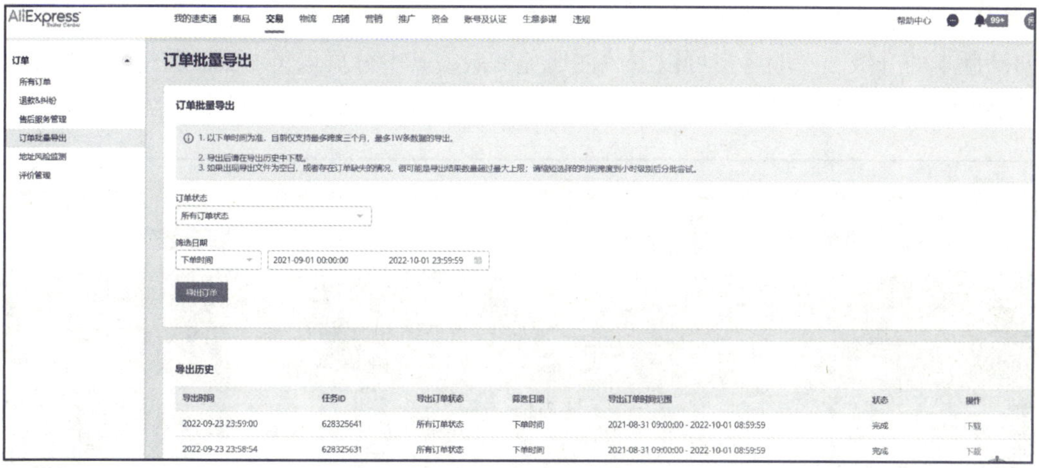

图 2-6　订单数据报表

三、自动抓取

自动抓取是指使用网络爬虫工具或编写采集程序自动抓取平台数据，属于技术性的数据采集方式，相关工具主要包括火车采集器、后羿采集器、芒果店长和八爪鱼采集器。自动抓取适用于数据量极大、重复性高的采集任务。如网络采集器是通过软件的形式简单、快捷地采集网络上分散内容的工具，具有很好的内容收集作用，而且不需要技术成本，可以作为初级的数据采集工具。

（一）火车采集器（http://www.locoy.com/）

火车采集器是一款对互联网数据进行抓取、处理、分析、挖掘的软件，如图 2-7 所示。它可以灵活迅速地抓取网页上散乱分布的数据信息，并通过一系列的分析处理，准确挖掘所需数据。其采集原理是基于 Web 结构的源代码提取，适用于几乎所有网页以及网页中能够看到的所有内容。

火车采集器主要包含网址采集、内容采集、数据处理、数据发布、多任务多线程运行、HTTP 二级代理服务器、计划任务管理器、任务运行日志管理和插件拓展等功能。其优势在于配置灵活，采集不限网页、不限内容，可以迅速抓取网页上散乱分布的文本、图片等多种格式的数据；支持接口和插件扩展延伸，打破操作局限，满足多样化需求，实现全网通用；分布式高速采集系统、多个大型服务端同时稳定运作，快速分解任务量，最大化提升效率并通过数据清洗、过滤、去噪等预处理后进行整合存储，再进行数据的分析、挖掘、呈现。

对电商运营人员而言，可以通过火车采集器采集同类商品的属性、评价、价格、市场销量占比等数据；也可采集视频数据，对数据进行流量分析、排序，并能够将精品内容快速发布到目标网站中，帮助提升网站流量、内容，促进营销升级。

目前火车采集器已有免费版、旗舰版（机器码版）、旗舰版（自动授权版）、企业版

（尊享版）、企业版（豪华版）5 个版本，每个版本对应的功能和权限不同，支持低版本向高版本的升级。一般客户可以下载注册免费版，其中分页采集、post 获得网址等基本功能能够满足一般使用需求。

图 2-7　火车采集器

（二）后羿采集器（https://www.houyicaiji.com/）

后羿采集器是由谷歌搜索技术团队基于人工智能技术研发的新一代网页采集软件，如图 2-8 所示。后羿采集器的优势在于具备强大数据搜集功能的同时，操作简单，使用者无须具备编程基础。后羿采集器的服务对象包括产品、运营、销售、金融、新闻、电商和数据分析从业者，以及政府机关和学术研究等客户。后羿采集器不仅能够进行数据的自动化采集，而且在采集过程中还可以对数据进行清洗，在数据源头即可实现多种内容的过滤；同时支持 Windows、Mac 和 Linux 全操作系统。针对不同基础的客户，它支持两种不同的采集模式，可以采集 99% 的网页。

后羿采集器主要有以下两种采集模式：

（1）智能采集模式：该模式的操作方法极其简单，只需要输入网址就能智能识别网页中的内容，无须遵循任何采集规则就能够完成数据的采集。

（2）流程图采集模式：完全符合人工浏览网页的思维方式，客户只需要打开被采集的网站，根据软件给出的提示，用鼠标点击几下就能自动生成复杂的数据采集规则。

具体操作步骤：

第一步，在百度搜索栏直接搜索“后羿采集器”，下载 PC 版。

第二步，根据数据分析目标，输入需要采集的数据主题。后羿采集器将会自动抓取相关的图片和信息等数据。

图 2-8　后羿采集器

（三）芒果店长

芒果店长是一款多平台、多网店集成化运营 ERP 软件，为跨境电商卖家提供一站式网店运营管理服务，如图 2-9 所示。芒果店长打通了电商平台、物流仓储与商家，通过大数据和云技术，为国内跨境电商卖家提供优质货源、物流对接、仓库管理以及智能化网店运营等多维度服务；同时，与全球 30 余家主流电商平台实现无缝对接，支持多种物流 API 接口，为超 30 万的跨境商家提供服务，日处理订单超 350 万。

图 2-9　芒果店长

实战演练

注册并使用芒果店长

步骤 1 注册芒果店长账号，登录 https://www.mangoerp.com/login#/signup，如图 2-10 所示。

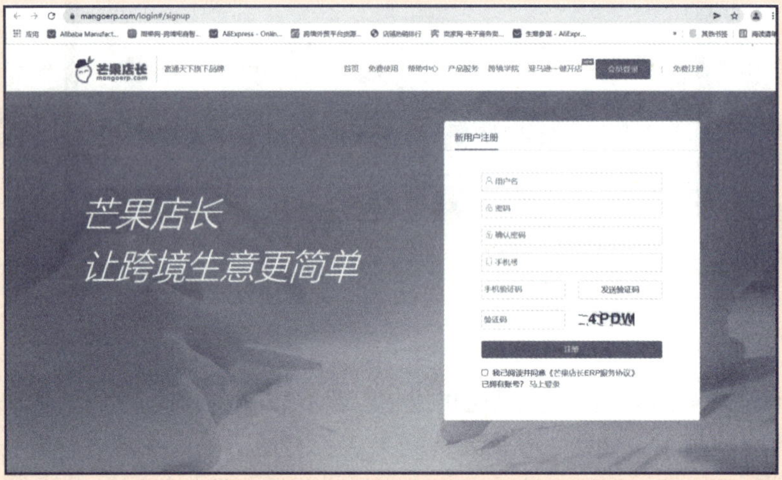

图 2-10　注册芒果店长账号

步骤 2 绑定店铺。

选择平台进行店铺授权，这里仍然以全球速卖通店铺授权为例。

（1）打开芒果店长，找到授权位置：“授权”—“平台授权”—“AliExpress”，如图 2-11 所示。

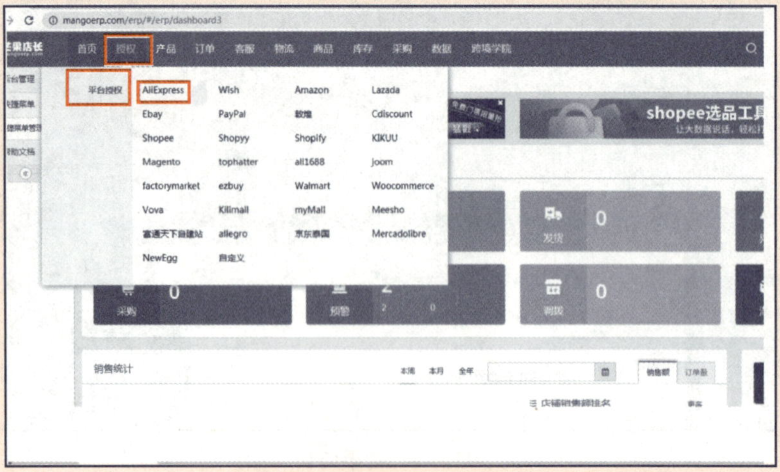

图 2-11　全球速卖通店铺授权

（2）跳转到全球速卖通登录页面，登录全球速卖通账号，完成授权，如图 2-12 所示。

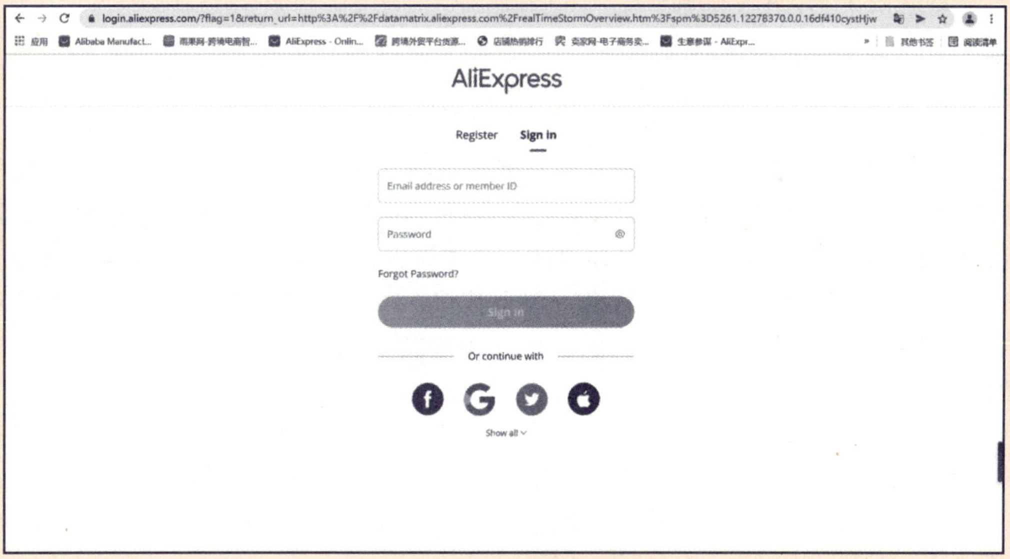

图 2-12　登录全球速卖通账号

步骤 3　授权成功，如图 2-13 所示。

图 2-13　授权成功

步骤 4　如果授权失败，需要到全球速卖通服务市场购买服务，点击“去订购”，如图 2-14 所示。

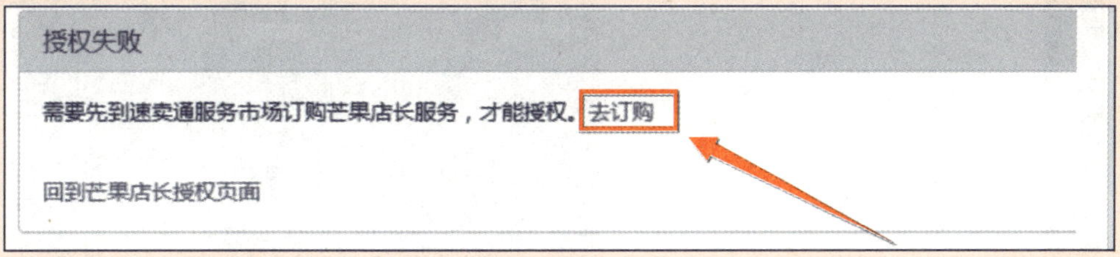

图 2-14　点击“去订购”

步骤 5　跳转到账号订购页面，一定要确认是全球速卖通网址，确认购买后付款。订购成功后，即可开始使用“芒果店长”，采集需要的数据。

在网站上看到不错的商品，可以通过芒果店长等 ERP 软件直接采集。同类 ERP 软件还有店小秘、超级店长、普源等，此处不再赘述。

此外，可以通过芒果店长开通子账号。用芒果店长采集图片较多，采集图片时要注意不要侵权。

（四）八爪鱼采集器（https://www.bazhuayu.com）

八爪鱼采集器是一款通用的网页数据采集器，如图 2-15 所示。八爪鱼采集器使用的开发语言是 C#，在 Windows 系统运行。客户端主程序负责任务配置及管理，任务的云采集控制，云集成数据的管理（导出、清理、发布）；数据导出程序负责数据的导出，支持一次导出百万级别数据；本地采集程序负责根据工作流对网页进行打开、抓取、采集数据，利用正则表达式与 XPath 原理，快速获取网页数据。

整个采集流程基于 Firefox 内核浏览器，模拟人的思维操作方式（打开网页，点击网页中的某个按钮），对网页内容进行全自动提取。完全可视化流程操作，无需专业知识，轻松实现数据采集。通过对网页源代码中各个数据 XPath 路径的准确定位，八爪鱼采集器可以批量化准确采集客户所需数据。

以完全自主研发的分布式云计算平台为核心，八爪鱼采集器可以在很短的时间内，轻松从各种不同的网站或者网页获取大量的规范化数据，帮助任何需要从网页获取信息的客户实现数据自动化采集、编辑、规范化处理，摆脱对人工搜索及收集数据的依赖，从而降低获取信息的成本，提高效率。它采集的数据涉及政府、高校、企业、银行、电商、科研、汽车、房产、媒体等众多行业及领域。

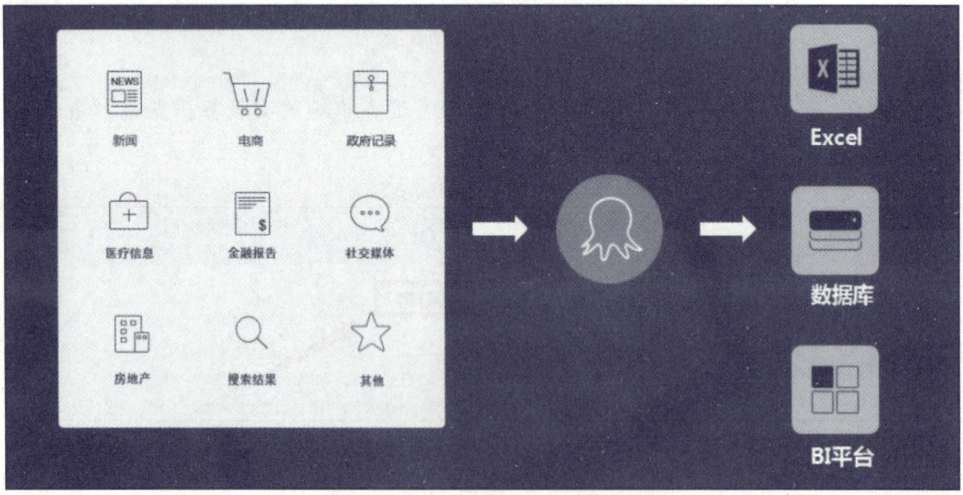

图 2-15　八爪鱼数据采集器

八爪鱼采集器能够采集网页上所能看到的或网页源代码中有的文本信息，市面上 98% 的网页都可以采集，具有本地采集和云采集两种功能。使用本地采集（单机采集），可以实现绝大多数网页数据的获取，并在采集过程中对数据进行初步清洗。使用程序自带的正则工具，利用正则表达式将数据格式化。在数据源头即可实现去除空格、筛选日期等多种操作。八爪鱼采集器还有提供分支判断的功能，可对网页中的信息进行是与否的逻辑判断，满足客户筛选需求。

云采集除具有本地采集（单机采集）的全部功能之外，还可以支持关机后通过云服务器运行采集，实现定时采集、实时监控、数据自动去重并入库、增量采集、自动识别验证码、API 接口多元化导出数据以及修改参数；同时云端多节点并发运行，采集速度将远超于本地采集（单机采集）；多 IP 在任务启动时自动切换还可避免网站的 IP 封锁，实现采集数据的最大化。其优势在于简单实用、功能齐全。

选择以上数据采集工具时需要具体考虑数据类型、适用范围及功能需求。

学思之窗

在当前互联网技术推动数字经济快速发展的时代背景下，数据资源成为重要的生产资料。大数据资源具有数据量巨大、数据变化快等特征，数据分析及应用场景日益复杂，国家和各行业对网络空间安全性的重视也在不断升级。信息安全的立法进程越来越快，国家相继出台和发布了一系列与数据安全保护相关的法律法规和政策。作为数据分析人员，在跨境电商数据采集过程中需要严格遵守法律法规及道德规范。

2012 年 12 月，针对数据应用过程中的个人信息保护问题，第十一届全国人民代表大会常务委员会第三十次会议通过了《全国人民代表大会常务委员会关于加强网络信息保护的决定》(以下简称《决定》),《决定》提出：国家保护能够识别公民个人身份和涉及公民个人隐私的电子信息。网络服务提供者和其他企业事业单位应当采取技术措施和其他必要措施，确保信息安全，防止在业务活动中收集的公民个人电子信息泄露、毁损、丢失。在发生或者可能发生信息泄露、毁损、丢失的情况时，应当立即采取补救措施。

2013 年 7 月 16 日中华人民共和国工业和信息化部令第 24 号公布了《电信和互联网客户个人信息保护规定》(以下简称《规定》)，自 2013 年 9 月 1 日起施行。《规定》的出台，进一步完善了电信和互联网行业个人信息保护制度，明确了信息业务经营者、互联网信息服务提供者收集、使用客户个人信息的规则和信息安全保障措施等。

2016 年 11 月 7 日全国人民代表大会常务委员会发布了《中华人民共和国网络安全法》(以下简称《网络安全法》)，自 2017 年 6 月 1 日起施行。《网络安全法》定义网络数据为通过网络收集、存储、传输、处理和产生的各种电子数据。《网络安全法》要求网络运营者采取数据分类、重要数据备份和加密等措施，防止网络数据泄露或者被窃取或者篡改，要求关键信息基础设施的运营者在中华人民共和国境内运营中收集和产生的个人信息和重要数据应当在境内存储。因业务需要，确需向境外提供的，应当按照国家网信部门会同国务院有关部门制定的办法进行安全评估；法律、行政法规另有规定的，依照执行。

工作任务三　撰写跨境电商数据采集方案

任务背景

某金公司长期经营女装服饰类产品，主营产品为外贸婚纱礼服。近期外贸婚纱礼服类产品市场低迷，公司月销售额连续下滑。为拓展公司业务，改善经营业绩，市场部决定在近期增加产品种类，计划在“女式运动卫衣”“女式休闲套装”“女式休闲风衣”三类产品中选择一种，选择依据主要是产品近一年的客户关注度高、目标客户群体基数大，数据分析人员针对该需求撰写数据采集与整理方案。

跨境电商数据采集整理方案

任务实施

一、跨境电商数据采集方案构成要点

首先，明确任务目标和任务背景后，我们只有明确涉及的主要数据指标，才能确定数据采集的渠道和方法，如表 2-2 所示。

表 2-2　数据采集整理方案内容要点

任务背景	描述运营过程中出现的具体问题，介绍数据分析的环境。如“某产品 11 月销量下降，业绩下滑”。
分析目标	数据分析的目标是解决业务问题，因此，要对运营部门出现的问题进行分析，找到问题产生的原因。运营部门发现店铺客户大量流失，则数据分析的目标是分析店铺客户流失的原因。
数据分析指标	明确进行本次数据分析所需要的指标类型和具体指标。
数据来源渠道及采集工具	明确数据的来源和具体采集工具，便于后期评估和复盘。流量类数据采用店铺后台数据；市场类数据采用生意参谋及谷歌趋势中的数据。

在工作本任务中，要求对“女式运动卫衣”“女式休闲套装”“女式休闲风衣”三类产品进行分析，分析依据为产品的客户关注度高、目标客户群体基数大。售卖以上三类产品的店铺在全球速卖通平台开设，全球速卖通平台的客户关注度数据可参考产品人气和搜索热度，目标客户群体基数可参考访客数，这些指标可以通过全球速卖通后台工具生意参谋获取，也可以通过谷歌趋势进行产品搜索热度和趋势分析。

二、跨境电商数据采集方案

根据数据采集和整理的主要流程，操作步骤和关键节点如下：

（一）明确数据分析目标

根据市场部的业务需求，可以确定本次数据分析任务的目标为：分析“女式运动卫衣”“女式休闲套装”“女式休闲风衣”三类产品的客户关注度及客户群体基数。

（二）确定数据指标

在数据分析中，客户关注度和客户群体基数不是一个实际的数据指标，需要将其转化为可采集的数据指标。搜索人气和搜索热度可以反映客户对于该产品的关注度，而访客数可以反映该类产品的客户群体基数。

（三）确定数据来源与数据采集工具

某金公司的女装店铺开设在全球速卖通平台，因此首先考虑通过生意参谋获取三类产品的搜索人气、搜索热度、访客数。查看生意参谋，在市场板块下，在“市场大盘”—“行业趋势”可以获取三类产品的数据指标，由此可确定使用生意参谋进行数据采集。

（四）撰写数据采集与整理方案

根据以上步骤，填写完成数据采集与整理方案，如表 2-3 所示。

表 2-3　数据采集与整理方案

任务背景介绍	本次任务来源于
数据分析目标	
数据分析指标	1. 2. 3.
数据采集渠道及工具	数据采集渠道： 数据采集工具：

工作任务四　掌握跨境电商数据整理方法

任务背景

数据采集完成后，在开始进行数据分析之前，首先要对数据进行整理。数据采集得到的只是原始数据。通常，原始数据比较杂乱，没有规律，如果不进行数据清洗、整理，运营人员很难找出数据的规律。因此，在采集原始数据后，必须先对数据进行整理，即对数据进行初加工。整理数据的常用工具是 Office 中的 Excel。

跨境电商数据整理方法

任务实施

一、跨境电商数据整理概述

数据整理也可以称为“数据处理”或“数据准备”，包含从原始数据到形成最终数据集的所有操作，包括数据清洗、数据转换、语义层定义以及数据集定义。数据整理是数据分析的前提条件，在对数据源进行清洗和转换等处理后方可对其进行分析。

数据整理有广义和狭义两种概念。广义的数据整理是指所有的数据采集、存储、加工、分析、挖掘和展示等工作；而狭义的数据整理仅仅包括从存储的数据中提取、筛选有用数据。对有用数据进行加工是为数据分析、数据挖掘模型的建立所做的准备工作。

通常所说的跨境电商数据整理是狭义的，即对跨境电商数据进行增加、删除、改动、查询等操作。在目前大数据的背景下，数据整理工作往往是通过技术手段实现的，利用数据库的处理能力，对数据进行增加、删除、改动、查询。在实践中，数据处理最主要的工作是对数据进行清洗，即对“脏数据”进行清洗，为下一步数据分析做预处理。跨境电商数据清洗是发现并纠正数据错误和不规范的重要程序，包括检查数据异质性、处理数据无效值和缺失值等。这是因为采集到的数据可能有不同的来源和渠道，而这些数据并不是专门为数据分析提供的，数据的口径、格式和标准不同，有些数据可能会存在重复或者空缺。因此，在正式进行数据分析之前，首先要对数据进行清洗和整理，具体做法是将数据进行重新审查和校验，目的在于删除重复信息、纠正存在的错误，并保证数据的一致性。

跨境电商数据清洗要遵循一定的规范和原则，这个规范和原则是数据分析人员根据业务需求制定的。同时，数据清洗是一个反复进行的过程，需要在清洗过程中不断地发现问题、处理问题，直到将“脏数据”转化为满足数据质量要求、能够服务于数据分析目标的数据。

常见的数据清洗主要针对以下几种数据类型。

（一）残缺数据

这类数据主要是应该有的信息不完整，如供应商的名称、客户的区域信息、业务系统中主表与明细表不能匹配。将该类数据过滤出来后，应按缺失的内容分别写入不同文件向客户提交，并应在规定的时间内补全。

（二）错误数据

这类数据产生的原因是业务系统不够健全，在输入数据后没有进行判断就直接写入后台数据库。

（三）重复数据

这类数据需要将重复记录的所有字段导出，让客户确认并整理。

针对以上 3 种需要清洗的数据类型，清洗的方式主要有缺失值填补、重复值删除等。

二、跨境电商数据整理流程

跨境电商数据整理流程如下：

（一）选择子集

选中需要做数据分析的数据列。当数据列比较多时，可以使用隐藏功能把不需要分析的数据列隐藏起来。

（二）重命名列名

如果原字段名不适合，可以更改字段名称。

（三）删除重复项

选中要分析的数据范围，利用 Excel 的“删除重复项”功能删除重复项。

（四）缺失值处理

在 Excel 中选中某一列，查看右下角显示的统计数目，通过和其他列的数据做对比可得知该列是否有缺失。

（五）一致化处理

一致化是指数据有统一的命名方式。可以对数据进行拆分从而实现命名的一致化。

（六）数据排序

利用 Excel 的函数功能计算数据的平均值或者求和，从而对数据进行排序。

（七）异常值查看处理

通过 Excel 的筛选功能查看数据是否有误。在“筛选”下拉菜单所列出的数据类型中，可以查看是否有异常的数值。

三、跨境电商数据整理工具

跨境电商数据整理的工作很多，Excel 是最基本也是最常用的一种数据整理工具，其功能非常强大。通过 Excel 进行数据整理，包括对数据进行排序、筛选、去除重复项、分列、处理异常值、制作透视表等。除了 Excel 之外，常用的数据整理工具还有 SQL、Hive、Python、GrowingIO、BI 等工具。每种工具各有特点和技术要求，可以根据数据整理的不同需求结合实际情况灵活应用。

一般而言，在数据转换阶段，专业的 ETL 等工具可辅助完成数据的提取、转换和加载。

在数据存储和计算阶段，利用 Oracle、DB2、MySQL 等工具可对数据进行存储和计算。

在数据可视化阶段，利用 BIEE、MicroStrategy、Z-Suite 等工具可对数据的计算结果进行分析和展现。

整理数据的软件主要有 Excel、Origin 等，当前流行的图形可视化和数据分析软件有 MatLab、Mathematica 和 Maple 等。这些软件功能强大，可满足科技工作中的许多需要，但使用这些软件需要具备一定的计算机编程知识和矩阵知识，并熟悉其中大量的函数和命令。使用 Origin 就像使用 Excel 一样简单，只需单击鼠标，使用菜单命令即可以完成大多数工作任务。

四、跨境电商数据整理方法

（一）缺失数据查找处理

在数据采集过程中，缺失数据通常表示为空值或错误标识符（#DIV/0!）。为了保证数据的完整性，客户可以运用一些统计学方法查找缺失数据并对其进行清洗。在查找缺失数据时，按“Ctrl+G”组合键，打开 Excel 的定位功能，选择其中的错误单元格或空值单元格，进一步查找数据表中的错误值和空值。

在操作中，如果样本量较大，缺失数据较多，可以定位样本中的所有空值单元格，然后按“Ctrl+Enter”组合键，在选中的空值单元格中一次性输入样本的平均值。当缺失数据较少时，可以将缺失数据前后若干天数据的平均值作为代替数据。

（二）重复数据查找处理

为保证数据的一致性，需要对重复数据进行处理。首先要查找重复数据。关于重复数据的查找，一般有条件格式法、高级筛选法、函数法、数据透视表法 4 种处理方法。

1. 条件格式法

利用 Excel 条件格式中的突出显示重复值功能，可以将重复数据及其所在单元格突出显示为不同的颜色。

实战演练

采用条件格式法查找重复值

步骤 1 选中 A 列数据，在“开始”选项卡下的“样式”组中单击“条件格式”下拉按钮，选择“突出显示单元格规则”—“重复值”选项，如图 2-16 所示。

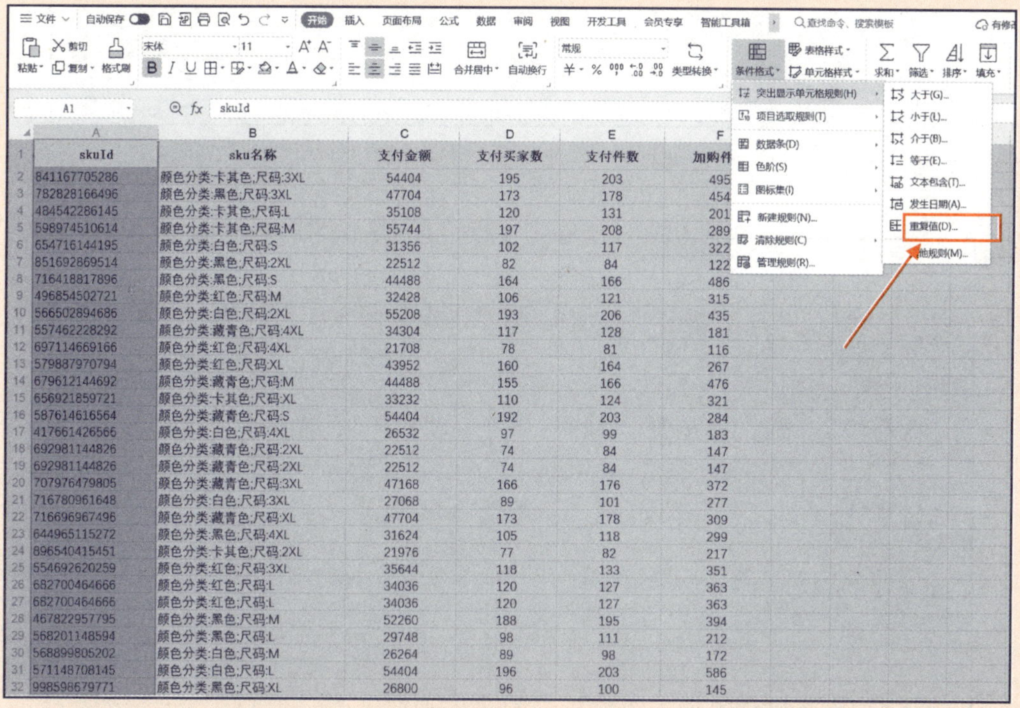

	skuId	sku名称	支付金额	支付买家数	支付件数	加购件
2	841167705286	颜色分类:卡其色;尺码:3XL	54404	195	203	495
3	782828166496	颜色分类:黑色;尺码:3XL	47704	173	178	454
4	484542286145	颜色分类:卡其色;尺码:L	35108	120	131	201
5	598974510614	颜色分类:卡其色;尺码:M	55744	197	208	289
6	654716144195	颜色分类:白色;尺码:S	31356	102	117	322
7	851692869514	颜色分类:黑色;尺码:2XL	22512	82	84	122
8	716418817896	颜色分类:黑色;尺码:S	44488	164	166	486
9	496854502721	颜色分类:红色;尺码:M	32428	106	121	315
10	566502894686	颜色分类:白色;尺码:2XL	55208	193	206	435
11	557462228292	颜色分类:藏青色;尺码:4XL	34304	117	128	181
12	697114669166	颜色分类:红色;尺码:4XL	21708	78	81	116
13	579887970794	颜色分类:红色;尺码:XL	43952	160	164	267
14	679612144692	颜色分类:藏青色;尺码:M	44488	155	166	476
15	656921859721	颜色分类:卡其色;尺码:XL	33232	110	124	321
16	587614616564	颜色分类:藏青色;尺码:S	54404	192	203	284
17	417661426566	颜色分类:白色;尺码:4XL	26532	97	99	183
18	692981144826	颜色分类:藏青色;尺码:2XL	22512	74	84	147
19	692981144826	颜色分类:藏青色;尺码:2XL	22512	74	84	147
20	707976479805	颜色分类:藏青色;尺码:3XL	47168	166	176	372
21	716780961648	颜色分类:白色;尺码:3XL	27068	89	101	277
22	716696967496	颜色分类:藏青色;尺码:XL	47704	173	178	309
23	644965115272	颜色分类:黑色;尺码:4XL	31624	105	118	299
24	896540415451	颜色分类:卡其色;尺码:2XL	21976	77	82	217
25	554692620259	颜色分类:红色;尺码:3XL	35644	118	133	351
26	682700464666	颜色分类:红色;尺码:L	34036	120	127	363
27	682700464666	颜色分类:红色;尺码:L	34036	120	127	363
28	467822957795	颜色分类:黑色;尺码:M	52260	188	195	394
29	568201148594	颜色分类:黑色;尺码:L	29748	98	111	212
30	568899805202	颜色分类:白色;尺码:M	26264	89	98	172
31	571148708145	颜色分类:白色;尺码:L	54404	196	203	586
32	998598679771	颜色分类:黑色;尺码:XL	26800	96	100	145

图 2-16 选择“重复值”

步骤 2 弹出“重复值”对话框，在“设置为”下拉列表框中选择“浅红填充色深红色文本”，如图 2-17 所示。

步骤 3 单击“确定”按钮，即可标记所有重复的 SKU 编号，如图 2-18 所示。

步骤 4 选中重复的 SKU 编号“692981144826”一行，按住键盘上“Ctrl”键的同时单击选中重复的 SKU 编号“682700464666”一行，单击鼠标右键，在弹出菜单中选择“删除”，即可将重复数据，如图 2-19 所示。

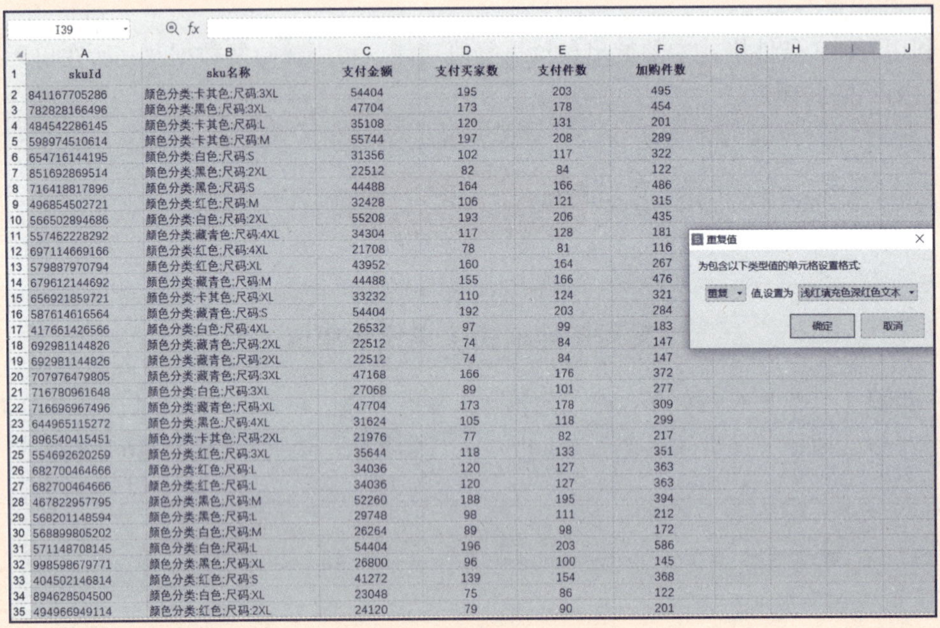

skuId	sku名称	支付金额	支付买家数	支付件数	加购件数
841167705286	颜色分类:卡其色;尺码:3XL	54404	195	203	495
782828166496	颜色分类:黑色;尺码:3XL	47704	173	178	454
484542286145	颜色分类:卡其色;尺码:L	35108	120	131	201
598974510614	颜色分类:卡其色;尺码:M	55744	197	208	289
654716144195	颜色分类:白色;尺码:S	31356	102	117	322
851692869514	颜色分类:黑色;尺码:2XL	22512	82	84	122
716418817896	颜色分类:黑色;尺码:S	44488	164	166	486
496854502721	颜色分类:红色;尺码:M	32428	106	121	315
566502894686	颜色分类:白色;尺码:2XL	55208	193	206	435
557462228292	颜色分类:藏青色;尺码:4XL	34304	117	128	181
697114669166	颜色分类:红色;尺码:4XL	21708	78	81	116
579887970794	颜色分类:红色;尺码:XL	43952	160	164	267
679612144692	颜色分类:藏青色;尺码:M	44488	155	166	476
656921859721	颜色分类:卡其色;尺码:XL	33232	110	124	321
587614616564	颜色分类:藏青色;尺码:S	54404	192	203	284
417661426566	颜色分类:白色;尺码:4XL	26532	97	99	183
692981144826	颜色分类:藏青色;尺码:2XL	22512	74	84	147
692981144826	颜色分类:藏青色;尺码:2XL	22512	74	84	147
707976479805	颜色分类:藏青色;尺码:3XL	47168	166	176	372
716780961648	颜色分类:白色;尺码:3XL	27068	89	101	277
716696967496	颜色分类:藏青色;尺码:XL	47704	173	178	309
644965115272	颜色分类:黑色;尺码:4XL	31624	105	118	299
896540415451	颜色分类:卡其色;尺码:2XL	21976	77	82	217
554692620259	颜色分类:红色;尺码:3XL	35644	118	133	351
682700464666	颜色分类:红色;尺码:L	34036	120	127	363
682700464666	颜色分类:红色;尺码:L	34036	120	127	363
467822957795	颜色分类:黑色;尺码:M	52260	188	195	394
568201148594	颜色分类:黑色;尺码:L	29748	98	111	212
568899805202	颜色分类:白色;尺码:M	26264	89	98	172
571148708145	颜色分类:白色;尺码:L	54404	196	203	586
998598679771	颜色分类:黑色;尺码:XL	26800	96	100	145
404502146814	颜色分类:红色;尺码:S	41272	139	154	368
894628504500	颜色分类:白色;尺码:XL	23048	75	86	122
494966949114	颜色分类:红色;尺码:2XL	24120	79	90	201

图 2-17　突出显示“重复值”

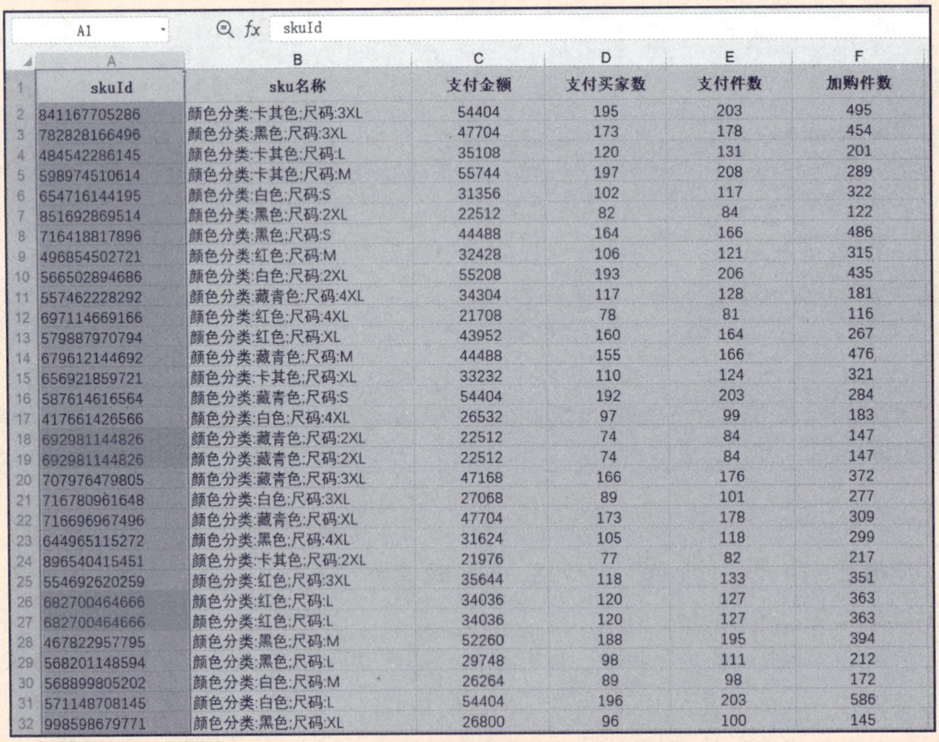

skuId	sku名称	支付金额	支付买家数	支付件数	加购件数
841167705286	颜色分类:卡其色;尺码:3XL	54404	195	203	495
782828166496	颜色分类:黑色;尺码:3XL	47704	173	178	454
484542286145	颜色分类:卡其色;尺码:L	35108	120	131	201
598974510614	颜色分类:卡其色;尺码:M	55744	197	208	289
654716144195	颜色分类:白色;尺码:S	31356	102	117	322
851692869514	颜色分类:黑色;尺码:2XL	22512	82	84	122
716418817896	颜色分类:黑色;尺码:S	44488	164	166	486
496854502721	颜色分类:红色;尺码:M	32428	106	121	315
566502894686	颜色分类:白色;尺码:2XL	55208	193	206	435
557462228292	颜色分类:藏青色;尺码:4XL	34304	117	128	181
697114669166	颜色分类:红色;尺码:4XL	21708	78	81	116
579887970794	颜色分类:红色;尺码:XL	43952	160	164	267
679612144692	颜色分类:藏青色;尺码:M	44488	155	166	476
656921859721	颜色分类:卡其色;尺码:XL	33232	110	124	321
587614616564	颜色分类:藏青色;尺码:S	54404	192	203	284
417661426566	颜色分类:白色;尺码:4XL	26532	97	99	183
692981144826	颜色分类:藏青色;尺码:2XL	22512	74	84	147
692981144826	颜色分类:藏青色;尺码:2XL	22512	74	84	147
707976479805	颜色分类:藏青色;尺码:3XL	47168	166	176	372
716780961648	颜色分类:白色;尺码:3XL	27068	89	101	277
716696967496	颜色分类:藏青色;尺码:XL	47704	173	178	309
644965115272	颜色分类:黑色;尺码:4XL	31624	105	118	299
896540415451	颜色分类:卡其色;尺码:2XL	21976	77	82	217
554692620259	颜色分类:红色;尺码:3XL	35644	118	133	351
682700464666	颜色分类:红色;尺码:L	34036	120	127	363
682700464666	颜色分类:红色;尺码:L	34036	120	127	363
467822957795	颜色分类:黑色;尺码:M	52260	188	195	394
568201148594	颜色分类:黑色;尺码:L	29748	98	111	212
568899805202	颜色分类:白色;尺码:M	26264	89	98	172
571148708145	颜色分类:白色;尺码:L	54404	196	203	586
998598679771	颜色分类:黑色;尺码:XL	26800	96	100	145

图 2-18　突出显示重复的 SKU 编号

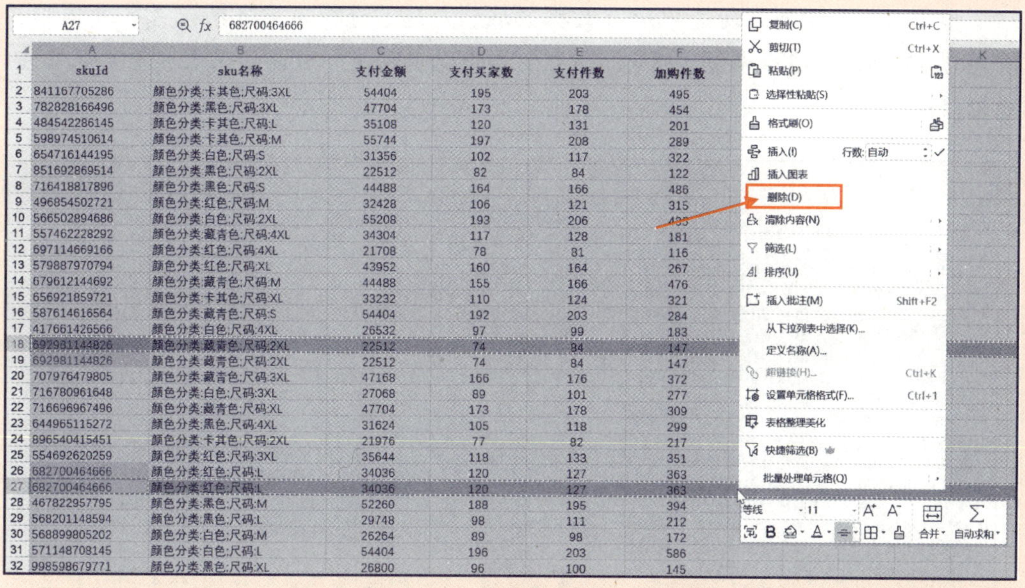

	A	B	C	D	E	F
1	skuId	sku名称	支付金额	支付买家数	支付件数	加购件数
2	841167705286	颜色分类:卡其色;尺码:3XL	54404	195	203	495
3	782828166496	颜色分类:黑色;尺码:3XL	47704	173	178	454
4	484542286145	颜色分类:卡其色;尺码:L	35108	120	131	201
5	598974510614	颜色分类:卡其色;尺码:M	55744	197	208	289
6	654716144195	颜色分类:白色;尺码:S	31356	102	117	322
7	851692869514	颜色分类:黑色;尺码:2XL	22512	82	84	122
8	716418817896	颜色分类:黑色;尺码:S	44488	164	166	486
9	496854502721	颜色分类:红色;尺码:M	32428	106	121	315
10	566502894686	颜色分类:白色;尺码:2XL	55208	193	206	435
11	557462228292	颜色分类:藏青色;尺码:4XL	34304	117	128	181
12	697114669166	颜色分类:红色;尺码:4XL	21708	78	81	116
13	579887970794	颜色分类:红色;尺码:XL	43952	160	164	267
14	679612144692	颜色分类:藏青色;尺码:M	44488	155	166	476
15	656921859721	颜色分类:卡其色;尺码:XL	33232	110	124	321
16	587614616564	颜色分类:藏青色;尺码:S	54404	192	203	284
17	417661426566	颜色分类:白色;尺码:4XL	26532	97	99	183
18	692981144826	颜色分类:藏青色;尺码:2XL	22512	74	84	147
19	692981144826	颜色分类:藏青色;尺码:2XL	22512	74	84	147
20	707976479805	颜色分类:藏青色;尺码:3XL	47168	166	176	372
21	716780961648	颜色分类:白色;尺码:3XL	27068	89	101	277
22	716696967496	颜色分类:藏青色;尺码:XL	47704	173	178	309
23	644965115272	颜色分类:黑色;尺码:4XL	31624	105	118	299
24	896540415451	颜色分类:卡其色;尺码:2XL	21976	77	82	217
25	554692620259	颜色分类:红色;尺码:3XL	35644	118	133	351
26	682700464666	颜色分类:红色;尺码:L	34036	120	127	363
27	682700464666	颜色分类:红色;尺码:L	34036	120	127	363
28	467822957795	颜色分类:黑色;尺码:M	52260	188	195	394
29	568201148594	颜色分类:黑色;尺码:L	29748	98	111	212
30	568899805202	颜色分类:白色;尺码:M	26264	89	98	172
31	571148708145	颜色分类:白色;尺码:L	54404	196	203	586
32	998598679771	颜色分类:黑色;尺码:XL	26800	96	100	145

图 2-19 选中并清除重复的 SKU 数据

2. 高级筛选法

使用 Excel 的“高级筛选”功能可以快速筛选不重复的记录。

实战演练

采用高级筛选法筛选重复数据

步骤 1 选择任一数据单元格，在“数据”选项卡下的“排序和筛选”组中单击“高级”按钮，弹出“高级筛选”对话框，如图 2-20 所示。

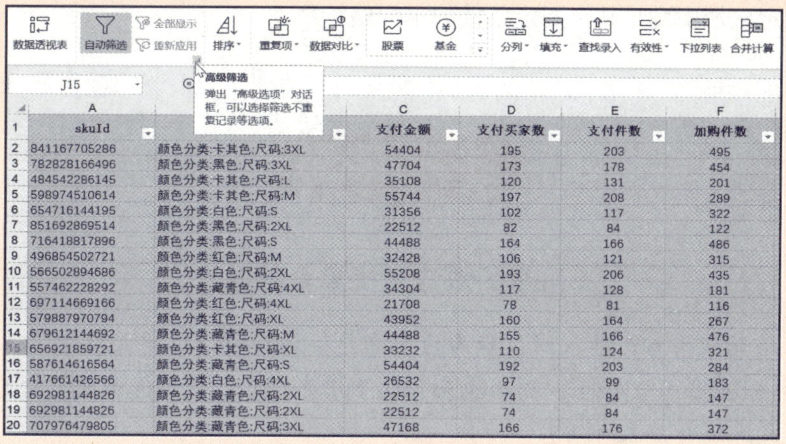

	A	B	C	D	E	F
1	skuId		支付金额	支付买家数	支付件数	加购件数
2	841167705286	颜色分类:卡其色;尺码:3XL	54404	195	203	495
3	782828166496	颜色分类:黑色;尺码:3XL	47704	173	178	454
4	484542286145	颜色分类:卡其色;尺码:L	35108	120	131	201
5	598974510614	颜色分类:卡其色;尺码:M	55744	197	208	289
6	654716144195	颜色分类:白色;尺码:S	31356	102	117	322
7	851692869514	颜色分类:黑色;尺码:2XL	22512	82	84	122
8	716418817896	颜色分类:黑色;尺码:S	44488	164	166	486
9	496854502721	颜色分类:红色;尺码:M	32428	106	121	315
10	566502894686	颜色分类:白色;尺码:2XL	55208	193	206	435
11	557462228292	颜色分类:藏青色;尺码:4XL	34304	117	128	181
12	697114669166	颜色分类:红色;尺码:4XL	21708	78	81	116
13	579887970794	颜色分类:红色;尺码:XL	43952	160	164	267
14	679612144692	颜色分类:藏青色;尺码:M	44488	155	166	476
15	656921859721	颜色分类:卡其色;尺码:XL	33232	110	124	321
16	587614616564	颜色分类:藏青色;尺码:S	54404	192	203	284
17	417661426566	颜色分类:白色;尺码:4XL	26532	97	99	183
18	692981144826	颜色分类:藏青色;尺码:2XL	22512	74	84	147
19	692981144826	颜色分类:藏青色;尺码:2XL	22512	74	84	147
20	707976479805	颜色分类:藏青色;尺码:3XL	47168	166	176	372

图 2-20 高级筛选

步骤 2 系统会自动选中所有数据区域，勾选“选择不重复的记录”复选框，如图 2–21 所示，然后单击“确定”按钮，即可筛选所有不重复的记录，重复记录被自动隐藏。

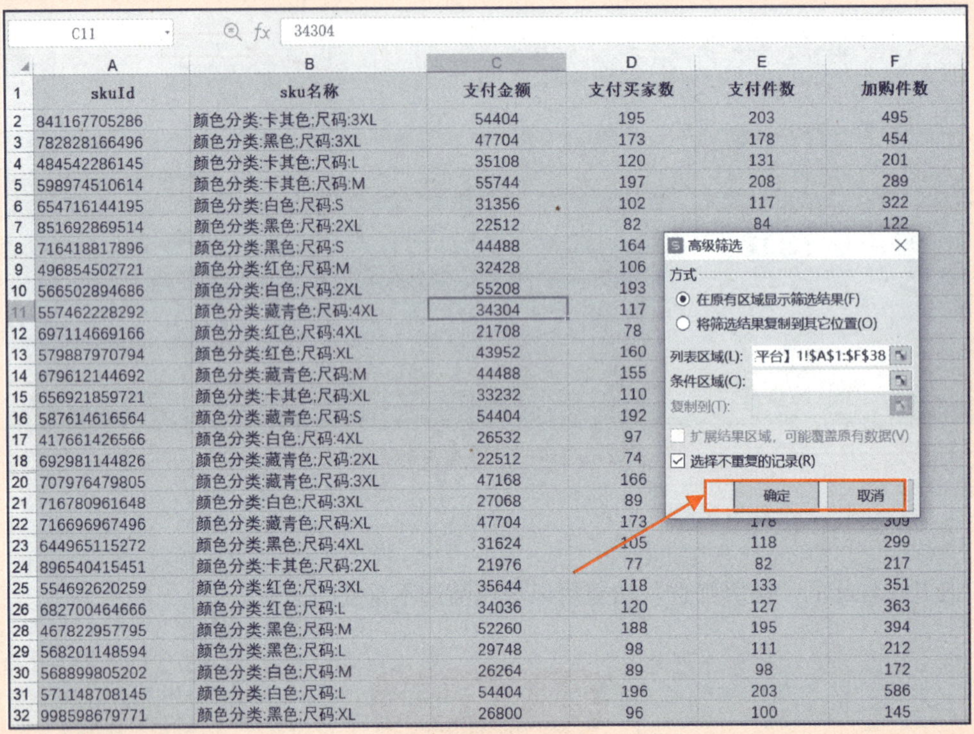

图 2–21　设置“高级筛选”

3. 函数法

除了以上两种方法之外，也可使用函数法筛选重复数据。Excel 数据分析工具最大的优势在于其自带的功能完善的函数库。该处使用的是 COUNTIF 函数。COUNTIF 函数可以对指定区域中满足某个指定条件的单元格计数。

实战演练

采用函数法查找重复数据

在“skuId”列右侧插入列，命名为“重复标记”，在 B2 单元格中输入公式“=COUNTIF（$A$2:A32,A2）”，利用填充柄向下填充公式，即可得出相同的 SKU 编号出现了几次，如图 2–22 所示。

B2 　=COUNTIF($A$2:A2, A2)

	A	B	C	D	E	F	G
1	skuId	重复标记	sku名称	支付金额	支付买家数	支付件数	加购件数
2	841167705286	1	颜色分类:卡其色;尺码:3XL	54404	195	203	495
3	782828166496	1	颜色分类:黑色;尺码:3XL	47704	173	178	454
4	484542286145	1	颜色分类:卡其色;尺码:L	35108	120	131	201
5	598974510614	1	颜色分类:卡其色;尺码:M	55744	197	208	289
6	654716144195	1	颜色分类:白色;尺码:S	31356	102	117	322
7	851692869514	1	颜色分类:黑色;尺码:2XL	22512	82	84	122
8	716418817896	1	颜色分类:黑色;尺码:S	44488	164	166	486
9	496854502721	1	颜色分类:红色;尺码:M	32428	106	121	315
10	566502894686	1	颜色分类:白色;尺码:2XL	55208	193	206	435
11	557462228292	1	颜色分类:藏青色;尺码:4XL	34304	117	128	181
12	697114669166	1	颜色分类:红色;尺码:4XL	21708	78	81	116
13	579887970794	1	颜色分类:红色;尺码:XL	43952	160	164	267
14	679612144692	1	颜色分类:藏青色;尺码:M	44488	155	166	476
15	656921859721	1	颜色分类:卡其色;尺码:XL	33232	110	124	321
16	587614616564	1	颜色分类:藏青色;尺码:S	54404	192	203	284
17	417661426566	1	颜色分类:白色;尺码:4XL	26532	97	99	183
18	692981144826	1	颜色分类:藏青色;尺码:2XL	22512	74	84	147
19	692981144826	2	颜色分类:藏青色;尺码:2XL	22512	74	84	147
20	707976479805	1	颜色分类:藏青色;尺码:3XL	47168	166	176	372
21	716780961648	1	颜色分类:白色;尺码:3XL	27068	89	101	277
22	716696967496	1	颜色分类:藏青色;尺码:XL	47704	173	178	309
23	644965115272	1	颜色分类:黑色;尺码:4XL	31624	105	118	299
24	896540415451	1	颜色分类:卡其色;尺码:2XL	21976	77	82	217
25	554692620259	1	颜色分类:红色;尺码:3XL	35644	118	133	351
26	682700464666	1	颜色分类:红色;尺码:L	34036	120	127	363
27	682700464666	2	颜色分类:红色;尺码:L	34036	120	127	363
28	467822957795	1	颜色分类:黑色;尺码:M	52260	188	195	394
29	568201148594	1	颜色分类:黑色;尺码:L	29748	98	111	212
30	568899805202	1	颜色分类:白色;尺码:M	26264	89	98	172
31	571148708145	1	颜色分类:白色;尺码:L	54404	196	203	586
32	998598679771	1	颜色分类:黑色;尺码:XL	26800	96	100	145

图 2–22　识别重复数据

4. 数据透视表法

采用“数据透视表法”可完成重复数据的清洗整理工作。

实战演练

采用“数据透视表法”完成重复数据的清洗整理

步骤 1　下载源数据，找到“A 店铺 SKU 销售详情表.xlsx”文件并下载，如图 2–23 所示。

步骤 2　选择“插入”选项卡，在“表格”组中单击“数据透视表”按钮，如图 2–24 所示，即可创建一个空的数据透视表。

	A	B	C	D	E	F
1	skuId	sku名称	支付金额	支付买家数	支付件数	加购件数
2	841167705286	颜色分类:卡其色;尺码:3XL	54404	195	203	495
3	782828166496	颜色分类:黑色;尺码:3XL	47704	173	178	454
4	484542286145	颜色分类:卡其色;尺码:L	35108	120	131	201
5	598974510614	颜色分类:卡其色;尺码:M	55744	197	208	289
6	654716144195	颜色分类:白色;尺码:S	31356	102	117	322
7	851692869514	颜色分类:黑色;尺码:2XL	22512	82	84	122
8	716418817896	颜色分类:黑色;尺码:S	44488	164	166	486
9	496854502721	颜色分类:红色;尺码:M	32428	106	121	315
10	566502894686	颜色分类:白色;尺码:2XL	55208	193	206	435
11	557462228292	颜色分类:藏青色;尺码:4XL	34304	117	128	181
12	697114669166	颜色分类:红色;尺码:4XL	21708	78	81	116
13	579887970794	颜色分类:红色;尺码:XL	43952	160	164	267
14	679612144692	颜色分类:藏青色;尺码:M	44488	155	166	476
15	656921859721	颜色分类:卡其色;尺码:XL	33232	110	124	321
16	587614616564	颜色分类:藏青色;尺码:S	54404	192	203	284
17	417661426566	颜色分类:白色;尺码:4XL	26532	97	99	183
18	692981144826	颜色分类:藏青色;尺码:2XL	22512	74	84	147
19	707976479805	颜色分类:藏青色;尺码:3XL	47168	166	176	372
20	716780961648	颜色分类:白色;尺码:3XL	27068	89	101	277
21	716696967496	颜色分类:藏青色;尺码:XL	47704	173	178	309
22	644965115272	颜色分类:黑色;尺码:4XL	31624	105	118	299
23	896540415451	颜色分类:卡其色;尺码:2XL	21976	77	82	217
24	554692620259	颜色分类:红色;尺码:3XL	35644	118	133	351
25	682700464666	颜色分类:红色;尺码:L	34036	120	127	363
26	467822957795	颜色分类:黑色;尺码:M	52260	188	195	394
27	568201148594	颜色分类:黑色;尺码:L	29748	98	111	212
28	568899805202	颜色分类:白色;尺码:M	26264	89	98	172
29	571148708145	颜色分类:白色;尺码:L	54404	196	203	586
30	998598679771	颜色分类:黑色;尺码:XL	26800	96	100	145
31	404502146814	颜色分类:红色;尺码:S	41272	139	154	368
32	894628504500	颜色分类:白色;尺码:XL	23048	75	86	122
33	494966949114	颜色分类:红色;尺码:2XL	24120	79	90	201
34	696766914256	颜色分类:藏青色;尺码:L	34840	128	130	348
35	696756951565	颜色分类:卡其色;尺码:4XL	30016	97	112	195
36	461657169140	颜色分类:卡其色;尺码:S	50384	173	188	409

图 2-23　A 店铺 SKU 销售详情表

步骤 3　在“字段列表”中将“skuId”字段分别拖入“行”和“值”区域，即可对“skuId”进行计数，如图 2-25 所示。

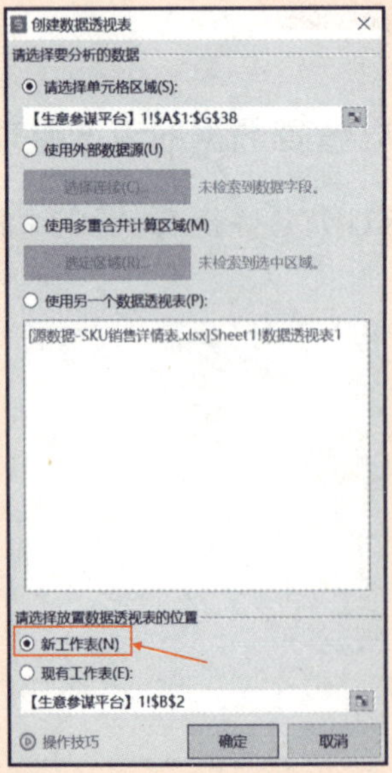

图 2-24　创建数据透视表

图 2-25　字段列表

步骤4 对“计数项：skuId”列进行降序排序。选中“计数项：skuId”，点击鼠标右键，在弹出菜单中将鼠标移动至“值显示方式”，右侧出现的菜单点击“降序”，如图2-26所示。

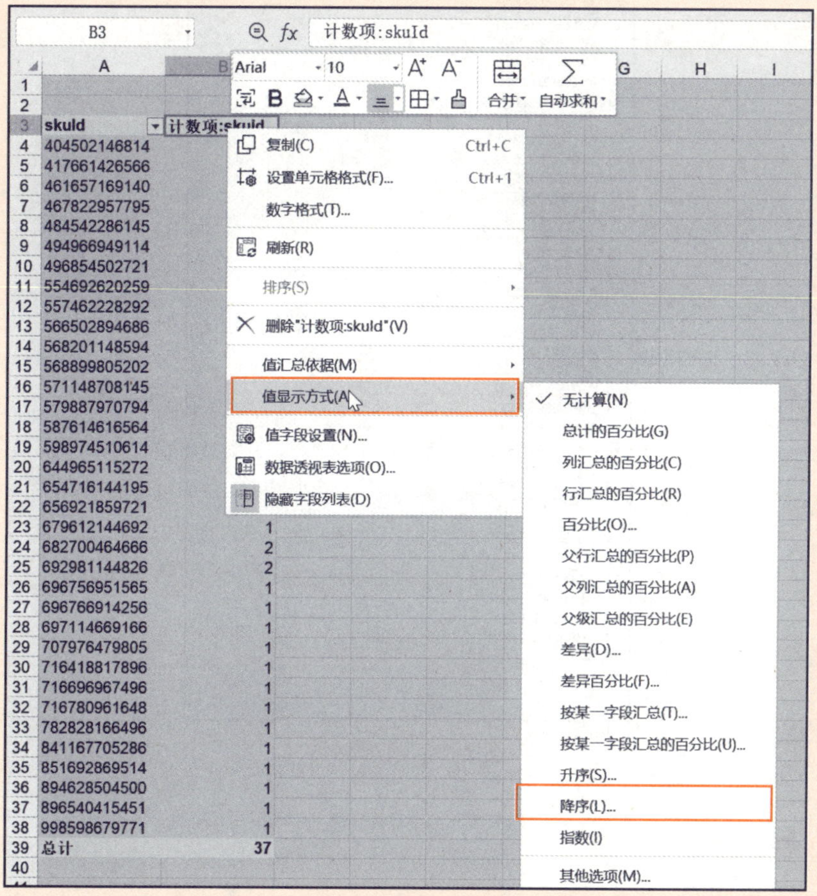

图2-26 降序排列

在弹出的“值显示方式”窗口中点击“确定”，如图2-27所示。

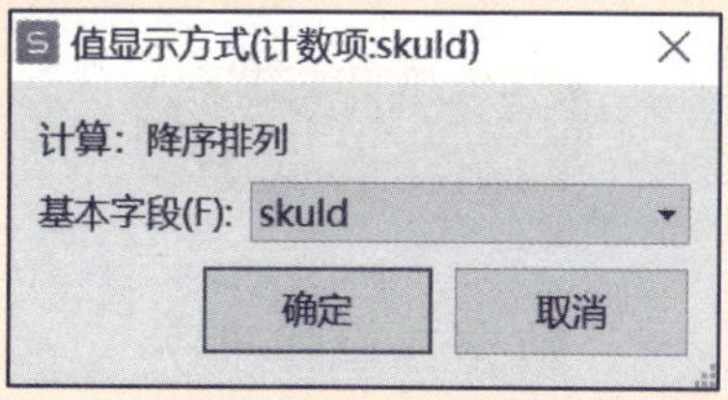

图2-27 弹出对话框

查看重复的SKU编号，次数大于1的编号即为重复数据，如图2-28所示。

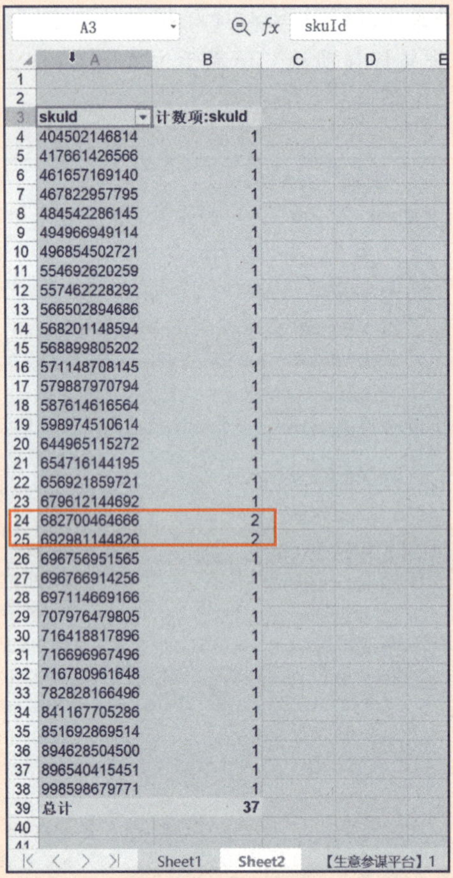

图 2–28 重复数据

（三）数据排序

数据排序是按一定顺序将数据排列，以便研究者通过浏览数据发现一些明显的特征或趋势，找到解决问题的线索。除此之外，数据排序还有助于检查纠错，以及为重新归类或分组提供方便。

实战演练

数据去重和排序

步骤 1 下载并打开数据文件。打开源数据“企业 2019 年中大促销售数据表.xlsx”，如图 2–29 所示。

步骤 2 选择数据区域。鼠标移至 C 列，单击选中“浏览量”指标，如图 2–30 所示。

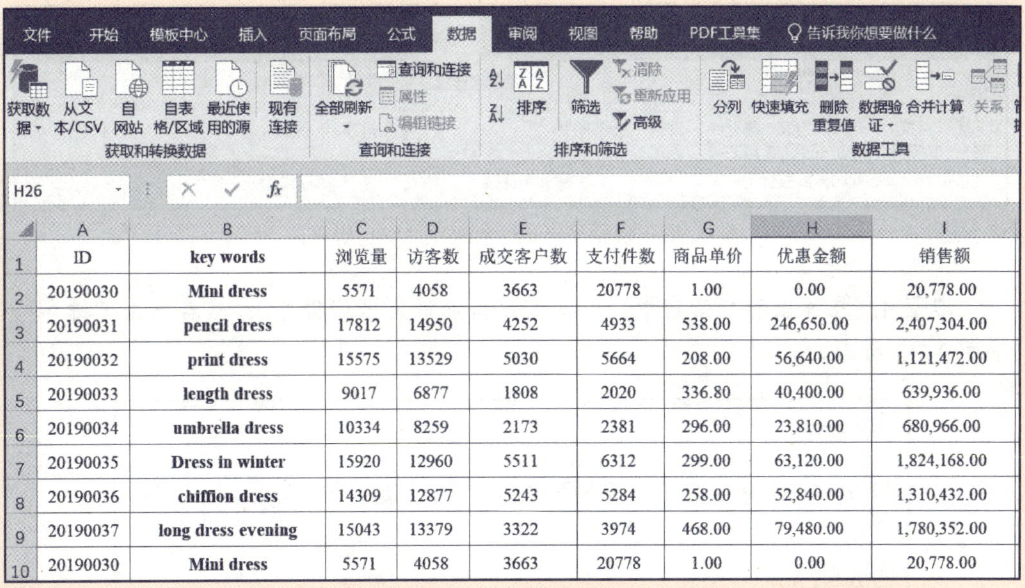

ID	key words	浏览量	访客数	成交客户数	支付件数	商品单价	优惠金额	销售额
20190030	Mini dress	5571	4058	3663	20778	1.00	0.00	20,778.00
20190031	pencil dress	17812	14950	4252	4933	538.00	246,650.00	2,407,304.00
20190032	print dress	15575	13529	5030	5664	208.00	56,640.00	1,121,472.00
20190033	length dress	9017	6877	1808	2020	336.80	40,400.00	639,936.00
20190034	umbrella dress	10334	8259	2173	2381	296.00	23,810.00	680,966.00
20190035	Dress in winter	15920	12960	5511	6312	299.00	63,120.00	1,824,168.00
20190036	chiffion dress	14309	12877	5243	5284	258.00	52,840.00	1,310,432.00
20190037	long dress evening	15043	13379	3322	3974	468.00	79,480.00	1,780,352.00
20190030	Mini dress	5571	4058	3663	20778	1.00	0.00	20,778.00

图 2-29 打开源数据

ID	key words	浏览量	访客数
20190030	Mini dress	5571	4058
20190031	pencil dress	17812	14950
20190032	print dress	15575	13529
20190033	length dress	9017	6877
20190034	umbrella dress	10334	8259
20190035	Dress in winter	15920	12960
20190036	chiffion dress	14309	12877
20190037	long dress evening	15043	13379
20190030	Mini dress	5571	4058
20190034	umbrella dress	10334	8259

图 2-30 选择数据区域

步骤 3 单击“数据”选项卡，选择降序符号 Z↓A ，如图 2-31 所示。

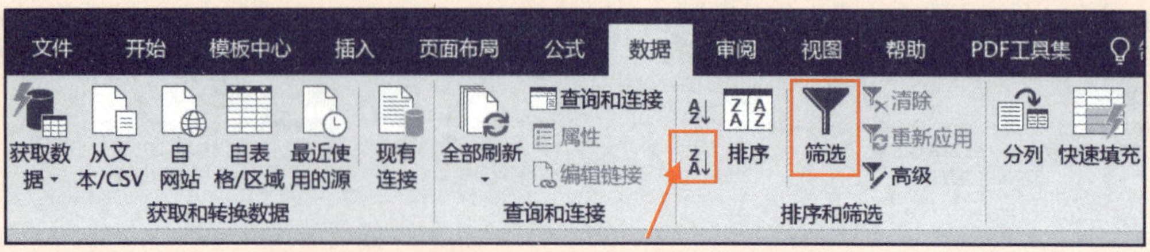

图 2-31　选择“数据”选项卡下的降序功能

步骤 4　在弹出的对话框中，选择“以当前选定区域排序”，然后点击“排序”，如图 2-32 所示。

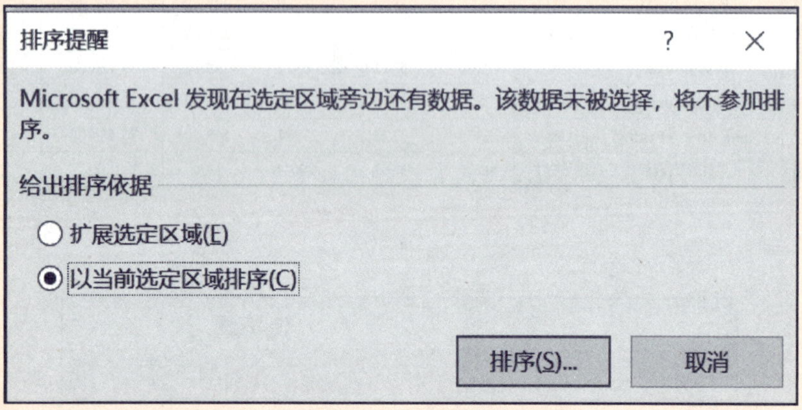

图 2-32　选择“以当前选定区域排序”

步骤 5　浏览量数据排序结果如图 2-33 所示。

C2　17812

	A	B	C	D
1	ID	key words	浏览量	访客数
2	20190031	pencil dress	17812	14950
3	20190035	Dress in winter	15920	12960
4	20190032	print dress	15575	13529
5	20190037	long dress evening	15043	13379
6	20190036	chiffion dress	14309	12877
7	20190034	umbrella dress	10334	8259
8	20190034	umbrella dress	10334	8259
9	20190033	length dress	9017	6877
10	20190030	Mini dress	5571	4058
11	20190030	Mini dress	5571	4058

图 2-33　浏览量数据排序结果

（四）错误数据处理

除了缺失数据和重复数据外，还会出现一些数据不规范的情况，如错误数据。对错误数据的处理，首先需要查找和识别产生数据错误的原因。

学思之窗

《中华人民共和国数据安全法》于2021年6月10日第十三届全国人民代表大会常务委员会第二十九次会议通过。该法规定，在中华人民共和国境外开展数据处理活动，损害中华人民共和国国家安全、公共利益或者公民、组织合法权益的，依法追究法律责任。每一个中国公民都要遵守我们国家的法律法规，作为跨境电商从业人员，每一天都要跟数据打交道，要让数据分析更好地服务于跨境电商事业。《中华人民共和国数据安全法》对于跨境电商从业人员更有着和其他行业的人员不同的意义。

首先，关于什么是“数据”？看看法律是如何定义的。

《中华人民共和国数据安全法》第三条指出：“本法所称数据，是指任何以电子或者其他方式对信息的记录。”数据处理，包括数据的收集、存储、使用、加工、传输、提供、公开等。

第七条 国家保护个人、组织与数据有关的权益，鼓励数据依法合理有效利用，保障数据依法有序自由流动，促进以数据为关键要素的数字经济发展。

第八条 开展数据处理活动，应当遵守法律、法规，尊重社会公德和伦理，遵守商业道德和职业道德，诚实守信，履行数据安全保护义务，承担社会责任，不得危害国家安全、公共利益，不得损害个人、组织的合法权益。

第十九条 国家建立健全数据交易管理制度，规范数据交易行为，培育数据交易市场。

第二十条 国家支持教育、科研机构和企业等开展数据开发利用技术和数据安全相关教育和培训，采取多种方式培养数据开发利用技术和数据安全专业人才，促进人才交流。

第二十一条 国家建立数据分类分级保护制度，根据数据在经济社会发展中的重要程度，以及一旦遭到篡改、破坏、泄露或者非法获取、非法利用，对国家安全、公共利益或者个人、组织合法权益造成的危害程度，对数据实行分类分级保护。国家数据安全工作协调机制统筹协调有关部门制定重要数据目录，加强对重要数据的保护。

关系国家安全、国民经济命脉、重要民生、重大公共利益等数据属于国家核心数据，实行更加严格的管理制度。

各地区、各部门应当按照数据分类分级保护制度，确定本地区、本部门以及相关行业、领域的重要数据具体目录，对列入目录的数据进行重点保护。

第二十七条 开展数据处理活动应当依照法律、法规的规定，建立健全全流程数据安全管理制度，组织开展数据安全教育培训，采取相应的技术措施和其他必要措施，保障数据安全。利用互联网等信息网络开展数据处理活动，应当在网络安全等级保护制度的基础上，履行上述数据安全保护义务。

重要数据的处理者应当明确数据安全负责人和管理机构，落实数据安全保护责任。

第二十八条 开展数据处理活动以及研究开发数据新技术，应当有利于促进经济社会发展，增进人民福祉，符合社会公德和伦理。

第三十二条 任何组织、个人收集数据，应当采取合法、正当的方式，不得窃取或者以其他非法方式获取数据。

项目小结

通过本项目的学习，重点掌握以下知识和技能：

● 跨境电商二手数据主要包括内部数据及外部数据两类。其中，内部数据主要是指跨境电商平台可以直接获取的数据；外部数据包括谷歌趋势等搜索数据，其他跨境电商平台数据以及第三方研究机构发布的数据等。

● 跨境电商数据采集方法主要有人工采集、报表采集、自动抓取，为数据分析工作任务的具体实施做好预处理准备。

● 跨境电商数据清洗整理方法：主要针对缺失数据、错误数据、重复数据等数据类型进行相应的清洗整理。

课后练习

一、单选题

1. 在需要清洗的数据类型中，信息不完整的数据属于（　　）。

A. 残缺数据　　B. 重复数据　　C. 错误数据　　D. 冗余数据

2. 通过问卷调查得到的数据，属于（　　）。

A. 二手数据　　B. 实验数据　　C. 一手数据　　D. 外部数据

二、多选题

1. 跨境电商数据采集应遵循（　　）。

A. 及时性原则　　B. 有效性原则　　C. 准确性原则　　D. 合法性原则

2. 重复数据的处理方法包括（　　）。

A. 条件格式法　　B. 高级筛选法　　C. 函数法　　D. 数据透视表法

三、判断题

1. 跨境电商数据整理流程包括：选择数据子集—删除重复项—缺失值处理—一致化处理—数据排序—异常值查看处理。（　　）

2. 数据采集完成后，通常无须做任何预处理，直接进行分析。（　　）

四、思考题

1. 通过本工作任务的学习，同学们掌握了哪几种数据采集的常用方法？

2. 如何正确选择数据采集渠道？试着用思维导图进行梳理和总结。

项目三
跨境电商市场数据分析

技能目标

1. 能够使用生意参谋及 Excel 分析行业趋势；
2. 能够进行行业市场容量分析及预测；
3. 能够开展跨境电商市场潜力分析；
4. 能够采用多种数据分析方法和工具综合判断市场行情。

知识目标

1. 了解跨境电商市场数据分析的目的及作用；
2. 熟悉市场数据的主要来源渠道；
3. 熟悉跨境电商行业趋势的分析方法；
4. 熟悉跨境电商市场容量的分析方法；
5. 熟悉跨境电商市场潜力的分析方法。

素质目标

1. 关注国际贸易形势和行业发展趋势，培养敏锐的市场意识；
2. 调查各国文化习俗和风土人情，树立文化自信；
3. 分析各国海外客户消费特征，增强国货品牌意识。

任务导图

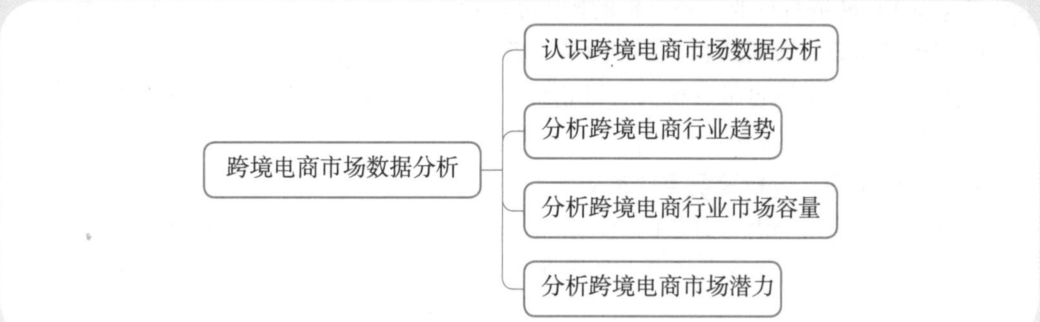

导入案例

跨境电商市场日渐蓬勃，许多传统企业纷纷出海。甲公司是一家服饰类企业，主营婚纱礼服，计划在全球速卖通平台开店，进军海外市场，继续经营婚纱礼服。甲公司了解到某金公司具有成熟的跨境电商运营经验并从事代运营服务，特委托某金公司代理其全球速卖通店铺的运营工作。在接下代理项目后，某金公司运营部门立即组织数据分析团队针对甲公司的目标市场进行市场数据分析。

从事跨境电商行业，关键要选对发展的赛道，即圈定目标市场。首先，要观察整个跨境电商市场内销售热度比较高的产品领域，例如：若“3C数码产品”和“服饰箱包”是跨境电商中火爆的产品，则应优先选择这类产品。其次，由于跨境电商面对的是海外市场，不同国家和地区客户的消费习惯、消费能力、消费偏好是不同的，相同的产品在不同国家，不同区域的受欢迎程度也是不一样的，因此要找到产品的最佳投放市场。如果没有对市场进行全面的了解，仅凭感觉选择行业或品类，那么成功的机会就会非常渺茫。

结合案例，思考以下问题：

（1）新卖家开店之前，为什么要开展市场数据分析工作？

（2）假设你是一名数据分析人员，你认为新卖家开店前的市场数据分析工作都包括哪些内容？

- **工作任务一：认识跨境电商市场数据分析**

通过市场数据分析具体项目的实操练习，明确跨境电商市场数据分析的目标和作用，熟悉跨境电商市场数据分析的主要工作内容，掌握跨境电商市场数据的来源渠道、站内外分析工具的使用，并通过实战演练站外工具，掌握分析市场数据的思路与方法，形成对跨境电商市场数据分析的整体认知，并强化市场数据分析的操作技能。

- **工作任务二：分析跨境电商行业趋势**

熟悉行业发展趋势分析的关键指标和方法，熟练掌握使用全球速卖通卖家后台工具生意参谋及Excel进行行业趋势分析的操作步骤。

- **工作任务三：分析跨境电商行业市场容量**

熟悉跨境电商市场容量分析的关键指标和方法，熟练掌握使用全球速卖通卖家后台工具生意参谋及Excel分析市场容量的操作步骤。

- **工作任务四：分析跨境电商市场潜力**

熟悉跨境电商市场潜力分析的关键指标和方法，熟练掌握使用全球速卖通卖家后台工具生意参谋及Excel分析市场潜力的操作步骤。

工作任务一　认识跨境电商市场数据分析

任务背景

进入市场之前，通过全面的市场数据收集、调研，从宏观环境和微观行业发展基础入手，对行业发展趋势、行业容量、发展前景、竞争程度等市场数据进行系统分析，能够帮助企业准确把握市场行情，预估潜在风险，降低企业经营风险，获得经营效益的提升。

跨境电商市场数据分析认知

任务实施

一、市场数据分析概述

市场数据分析是对市场供需变化的各类因素及其动态、趋势的分析，跨境电商企业在进入跨境电商市场之前均需要开展该项工作，通过对拟选择的行业历史数据进行分析，预判未来发展前景，把握整个行业的发展趋势和市场行情，从而决定是否进入该行业，并对细分行业类目进行详细调查和了解，为入驻跨境电商、选择经营类目提供依据。在进入跨境电商市场之后，同样要密切关注所选择行业的规模、需求、潮流等市场变化，及时根据市场变化调整店铺的产品布局、价格和运营推广策略，确保在瞬息万变的市场中稳健经营。

通过对海外市场进行调查研究和深入分析，可以了解目标市场区域的发展潜力和目标国家客户的消费特征，为科学制定产品布局和运营推广计划提供参考。

（一）市场数据分析的目的

市场数据分析是指通过对市场容量、行业趋势、市场需求、目标客户、竞争形态等数据进行全方位的综合分析，掌握全面的市场发展数据，为店铺进行行业定位、打开选品思路和运营优化提供数据支撑。对于跨境电商而言，市场数据分析的目的主要是了解市场规模、确定行业发展方向、把握行业发展周期、瞄准目标市场。

（1）了解市场规模：跨境电商市场规模的变化非常迅速，通过市场容量分析，可以了解整个行业的天花板，为跨境电商企业制定市场发展目标提供参考。当市场规模变大时，可以抓住时机作出积极的应对；当市场规模变小时，也应及时制定对应的措施。

（2）确定行业发展方向：通过行业发展趋势的分析，可以发现消费者的需求情况，了解行业在整个跨境电商市场的发展前景，分析跨境电商平台的主导方向以及整个市场的竞争状况，从而为跨境电商企业选择经营品类。

（3）把握行业发展周期：行业发展存在周期性变化的规律和特点，跨境电商企业需要考虑淡旺季的问题，如服装品类与季节变化、潮流趋势密切相关。通过市场数据分析，准确把握行业的周期变化规律，帮助跨境电商企业适时调整运营节奏和产品布局。

（4）瞄准目标市场：按照不同国家地区、不同年龄层次、不同职业划分目标市场，将消费者划分为不同的消费群体，不同的消费群体存在巨大的消费偏好差异。要实现跨境电商市场个性化和差异化营销，跨境电商企业需要通过市场数据分析，准确地找到跨境电商主要的目标市场和区域，进行有针对性的运营、管理和维护。

（二）市场数据分析的作用

市场数据分析的作用主要有以下几个方面：

（1）预测行情。通过行业发展趋势的分析判断，帮助进入跨境电商市场的新卖家找到具有潜力和有待开发的蓝海市场。

（2）提供信息。市场数据分析包括宏观市场环境、行业发展前景及微观产品类目的全方位调查分析，为跨境电商企业制定经营目标和优化店铺运营策略提供数据支撑。

（3）发现机会。通过细致的市场数据分析，层层剖析，找出细分行业类目，对运营方向做出正确决策，找到适合自身的发展机会。例如，蓝海市场就是消费者需求还没有被充分满足的、有潜力打造高利润增长空间的市场。

二、市场数据分析的主要工作内容

跨境电商市场数据分析的主要工作内容

市场数据分析的主要工作内容包括以下几个方面：

（一）市场容量分析

市场容量，即市场规模，市场容量分析主要是研究目标市场的整体规模。市场容量分析对跨境电商的运营非常重要。通过市场容量分析，可以帮助跨境电商企业了解行业的市场前景，从而做出行业选择。此外，行业的市场容量分析可以帮助跨境电商企业制定销售目标和计划。因为，行业市场容量的大小决定了行业的“天花板”，而跨境电商企业的销售目标应该根据行业“天花板”来制定，过高或者过低都不利于发展。

通过对行业市场容量的分析，可以帮助跨境电商企业找准目标，确定可以入驻的类目。但是在具体运营过程中，跨境电商企业还需要了解大类目下所有子类目的市场容量及发展趋势，从中选出市场容量大、最具销售前景的子类目，从而在运营过程中制订合理的上新计划，做好产品品类布局。

（二）行业趋势分析

行业趋势，即一个行业在一定时间周期内的变化情况。通过对行业趋势的分析，根据行业数据判断行业目前所处的发展阶段以及之后的发展前景，找到进入行业的最佳时期。一般而言，一个行业在发展的过程中，会经历萌芽期、成长期、爆发期和衰退期4个阶段。通常，企业会选择在一个行业处于萌芽期、成长期的阶段进入，甚至爆发期也可以顶风进入，但是不会在行业处于衰退期的时候进入。

（三）市场需求分析

市场需求是指一定的消费者在一定的地区、一定的时间、一定的市场营销环境和一定的市场营销计划下对某种商品或服务愿意购买并且能够购买的数量。市场需求主要受到消费者的消费偏好、消费者的收入水平、消费者对该商品的预期以及相关商品的价格等因素的影响。

分析市场需求变化趋势时，需要结合全球速卖通平台一段时间内的数据进行分析，重点观察分析搜索指数和供需指数两组数据。

（1）搜索指数：统计时间内，所选类目下搜索次数的指数化指标。搜索指数就是访客搜索特定商品的次数的一个指标，并不是指数多少就是被搜多少次，是一个比例，如图 3–1 所示。这个指数能够反映该商品的竞争程度和冷热门情况。也就意味着，统计时间内搜索指数越高，消费者的需求越大。

（2）供需指数：统计时间内，所选类目的需求指数 / 供给指数。供需指数大，代表市场需求大于供给；供需指数小，代表市场需求小于供给。

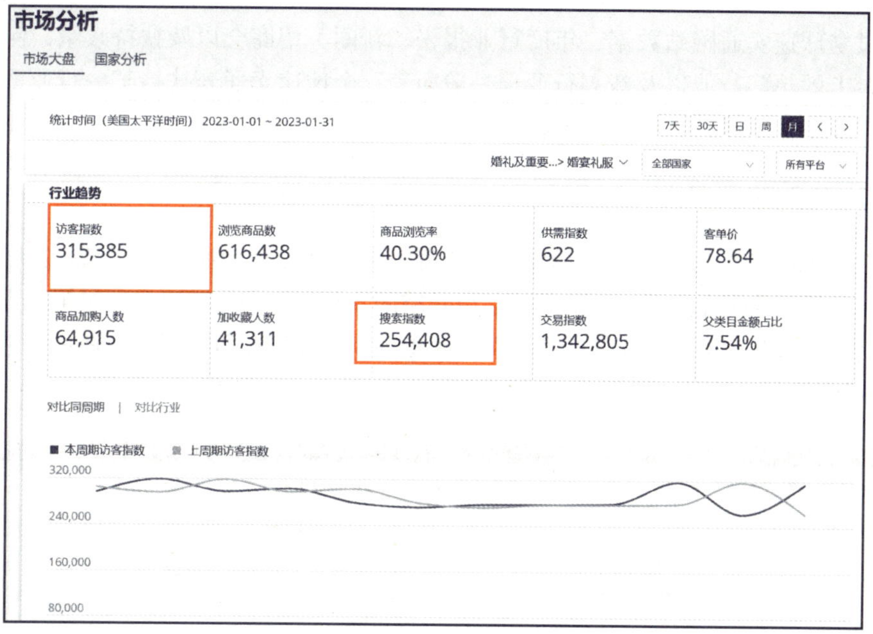

图 3–1 搜索指数

市场需求的变化可以帮助跨境电商企业了解消费者需求的变化，从而能够及时调整店铺商品布局。同时，根据市场需求量变化趋势，结合自身店铺的商品开发、生产供应情况规划商品上架时间。

三、市场数据的主要来源渠道

分析市场数据需要了解市场的过去，并通过过去预测未来的发展走向。因此，市场数据分析工作要求跨境电商企业持续、长期收集关于市场与行业发展的相关数据。

收集市场数据的主要途径包括：全球速卖通平台、行业研究报告和其他跨境电商平台，如图 3–2 所示。由于本书案例中的店铺开设在全球速卖通平台，因此，市场数据的首要来源就是全球速卖通平台。

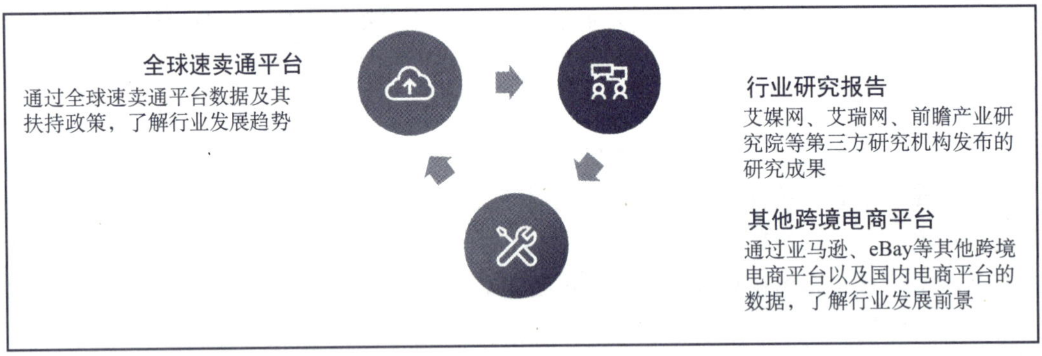

图 3–2　收集市场数据的主要途径

（一）全球速卖通平台

通过全球速卖通网站数据、年度行业报告、新闻、招商会以及扶持政策，侧面了解目前平台上的热门行业以及新兴行业。一般而言，全球速卖通若扶持某一行业，则说明该行业目前正在发展，跨境电商企业可以考虑进入。

（二）行业研究报告

行业研究报告是通过对特定行业长期跟踪监测，然后对行业整体情况和发展趋势进行分析，包括行业生命周期、行业趋势、成长空间、盈利空间等。可以通过第三方调研机构，如艾媒网、艾瑞网，搜索与行业相关的关键词，查看行业研究报告，通过关键数据分析，预测行业内的发展机会，如图 3–3 所示。

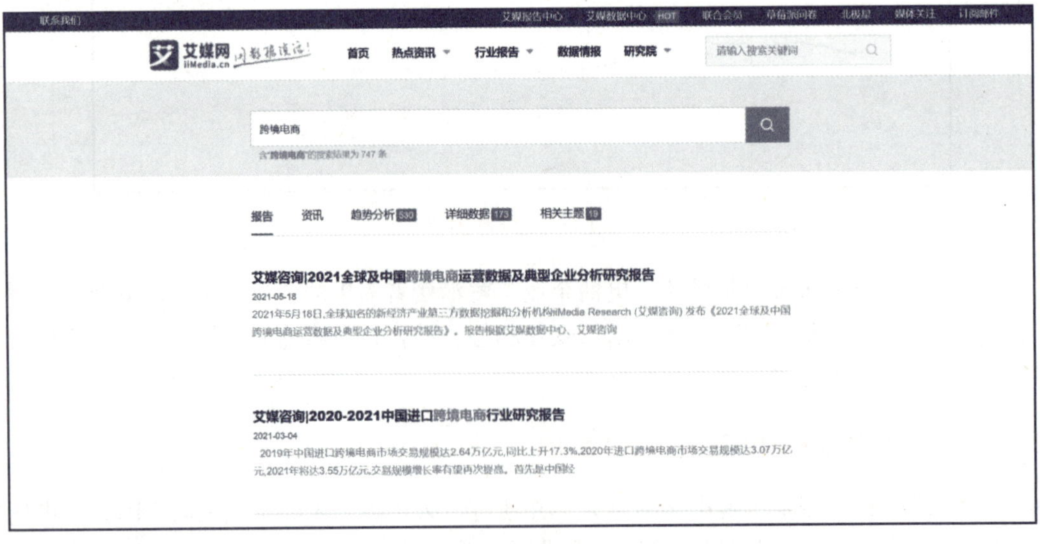

图 3–3　艾媒网

（三）其他跨境电商平台

通过观察亚马逊、eBay 等其他跨境电商平台上的热门行业以及新兴行业的数据，了解这些行业的发展前景。

使用站外工具分析行业趋势

工作任务二　分析跨境电商行业趋势

任务背景

从事跨境电商，关键要对市场作出准确的预判，选对发展的赛道。全球速卖通行业类目众多，市场竞争日益激烈，对于卖家而言，要尽可能选择处于上升阶段的行业。行业趋势可以理解为行业的生命周期，即行业在什么时候是萌芽期、成长期、爆发期和衰退期。只有充分了解目标行业趋势，才能知道应该在何时准备、何时引爆、何时收割。

使用全球速卖通卖家工具分析行业趋势

任务实施

一、使用全球速卖通卖家工具分析行业趋势

全球速卖通平台行业趋势分析涉及 3 个关键指标：供需指数、交易指数和搜索指数。

顾名思义，供需指数表达的是跨境电商市场供需状况。需要注意的是，全球速卖通平台的供需指数实际是“需供指数”。数值高，说明市场需求旺盛，供应商家不足；数值低，说明需求量少或供应商家过多。因此，全球速卖通的供需指数高，表明需求大、供给少，该市场易于进入。这是跨境电商企业判断行业竞争热度的一个关键指标。

交易指数和搜索指数是买家交易和搜索量经过平台处理以后的数据，分别是买家支付金额及搜索次数指数化后的结果，因此，交易指数 / 搜索指数可以理解为每一次的搜索产生的交易金额，可以用这个数据表示搜索价值。某个类目的搜索价值高，意味着该类目值得投入。跨境电商企业可以通过对感兴趣的目标行业进行数据指标的对比分析，找到市场需求大、供给小的行业。对行业类目逐步拆分、细化，找到可以进入的细分领域。

跨境电商企业可以采用全球速卖通卖家后台工具生意参谋采集以上指标数据，整理后使用 Excel 进行数据透视分析。

知识链接

卖家后台工具

卖家后台工具是店铺自身数据的主要来源。跨境电商企业采用全球速卖通卖家后台工具生意参谋采集店铺所在行业的数据；使用 Excel 对采集到的源数据进行整理后，使用数据透视表和数据透视图功能进行深入分析。

全球速卖通卖家后台工具生意参谋中，查看、分析市场数据的功能板块是市场分析中的市场大盘，在市场大盘板块中，可以查看与店铺行业定位相关的行业数据。具体操作如下。

（一）选择行业及时间

登录全球速卖通卖家后台，切换至生意参谋的市场大盘板块，点击“行业栏”选择“婚礼及重要场合”，并在下一级展开的子行业类目中选择“婚纱”。全球速卖通平台支持以日、周、月为单位的统计周期，选择“30 天”，如图 3–4 所示。

图 3–4　选择行业及时间

（二）查看行业趋势指标数据

完成上述操作后，即可看到平台上展示的最近 30 天婚纱行业趋势数据，包括“访客指数”“浏览商品数”“商品浏览率”“供需指数”“客单价”“商品加购人数”“加收藏人数”“搜索指数”“交易指数”“父类目金额占比”指标数据。这几项指标具体含义如下：

访客指数：统计时间内，所选类目下访客数的指数化指标。访客指数不同于访客数，它表达一个比例关系，能够反映对应商品类目的冷热门情况。

浏览商品数：统计时间内，所选类目下被浏览的商品数量。注意去重，如果一个商品被同一访客浏览多次，浏览商品数只算一个。

商品浏览率：浏览商品数 / 曝光商品数。

供需指数：统计时间内，所选类目的需求指数 / 供给指数。

客单价：统计时间内，所选类目的支付金额 / 支付买家数。

商品加购人数：统计时间内，所选类目中成功添加购物车的去重人数，同一访客在统计时间内加购多次只计为一个。如加购后从购物车移除，仍然计数。

加收藏人数：统计时间内，所选类目中成功收藏商品的去重人数，先收藏再取消收藏，仍然计数。

知识链接

商品加购人数和加收藏人数

商品加购人数和加收藏人数越多，说明对该商品类目感兴趣的人越多，对于想要涉足该行业的企业来说是一个重要参考指标。

搜索指数：统计时间内，所选类目下搜索次数的指数化指标。搜索指数就是某一特定商品被访客搜索的次数的一个指标。并非指数是多少就是被搜索多少次，它表示一定的比例关系，能够反映商品的竞争程度和冷热门情况。

交易指数：统计时间内，所选类目下累计成交订单的支付金额的指数化指标。

父类目金额占比：统计时间内，所选类目支付金额在上一级父类目支付金额中的占比。

在“行业趋势”板块中可以看到各项数据指标的变化趋势折线图，并且可以选择“对比同周期”或“对比行业”。例如：点击“供需指数”，即显示本周期供需指数与上周期供需指数的对比折线图。如图 3-5 所示，5 月 23 日婚纱礼服的本周期供需指数为 611，上周期供需指数为 653；从时间变化上看，婚纱礼服的市场需求与上一周期基本持平，略微显示下降趋势。

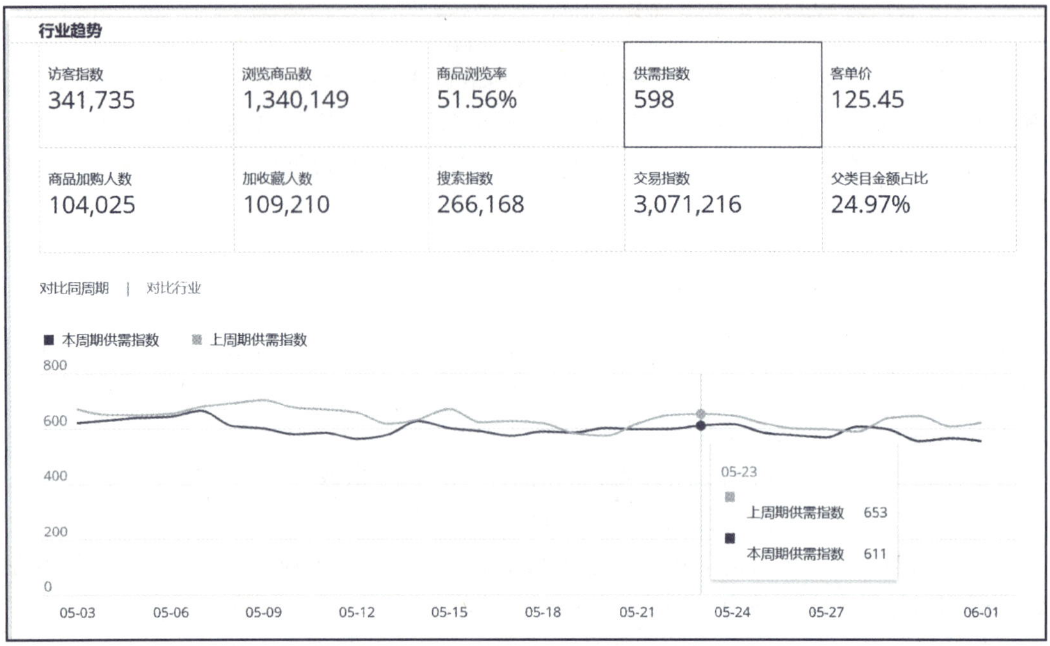

图 3-5　供需指数对比折线图

（三）对比不同行业趋势

切换查看“对比行业”，进行行业之间数据的横向比较。点击“对比行业”标签，根据店铺定位，当前行业默认是“婚礼及重要场合>婚纱”。在当前行业右边的下拉框中依次选择“珠宝饰品及精品配件>精品珠宝”，点击“精品珠宝”，即对比行业选择成功，如图 3-6 所示。

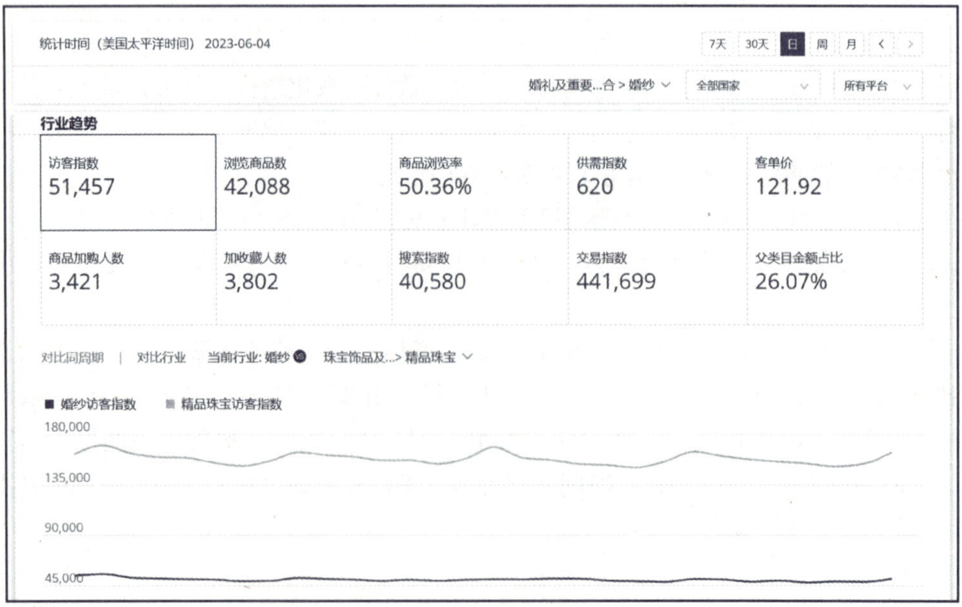

图 3-6　对比不同行业趋势

如图 3-7 所示，婚纱供需指数在 500 ～ 700，精品珠宝供需指数基本在 750 ～ 1 000，说明二者相比较，精品珠宝的市场需求远远高于供给商家，且远高于婚纱。从这个指标来看，精品珠宝与婚纱相比，选择精品珠宝市场更有利。

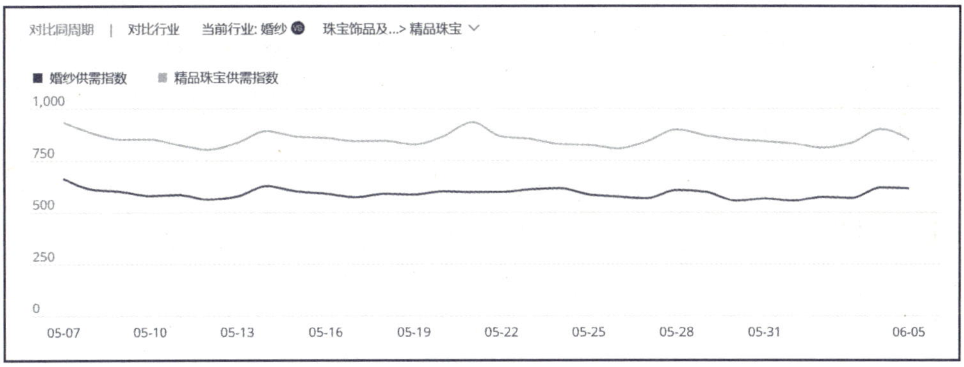

图 3-7 婚纱与精品珠宝供需指数对比折线图

可以采用同样的方法，选择“访客指数”“搜索指数”等其他指标进行对比查看；也可以切换其他行业，对比行业趋势。

二、使用生意参谋寻找目标市场

（一）查看国家构成

进入全球速卖通卖家后台工具生意参谋，在“市场>市场大盘>国家构成”板块，查看所选行业主要目标市场的数据，可以看到访客指数、浏览商品数、商品浏览率、供需指数、客单价、商品加购人数、加收藏人数 7 项指标数据及增长浮动比率，可以选择某项指标数据进行降序排列，方便对比查看。以二级类目“定制婚纱及礼服”为例，查看近 7 天的指标数据，如图 3-8 所示。点击“访客指数”，可以看到访客指数最高的国家是美国，美国也是商品加购人数和加收藏人数最多的国家，说明美国是定制婚纱及礼服的主流市场。客单价最高的国家是沙特阿拉伯，说明沙特阿拉伯的买家购买力强。访客指数、客单价排第二位的是法国。综合来看，法国的访客指数、商品浏览数、供需指数、客单价、商品加购人数及加收藏人数在近一周均有明显的上升趋势，因此，跨境电商企业近期可以将法国作为目标市场，优先布局符合该国买家需求的产品。

（二）分析机会国家

全球速卖通面向全球各国，市场广阔。跨境电商卖家需要从中选择潜力最大的国家作为主要目标市场进行重点推广，才能够将有限的资源精准投放，以获取最高的投入产出比。进入生意参谋“市场>国家分析>机会国家”板块，可以看到高 GMV 高增速、高 GMV 低增速、低 GMV 高增速、低 GMV 低增速 4 个象限。对行业和时间周期进行设置，分别选择“30 天”“婚礼及重要场合>定制婚纱及礼服”，如图 3-9 所示。

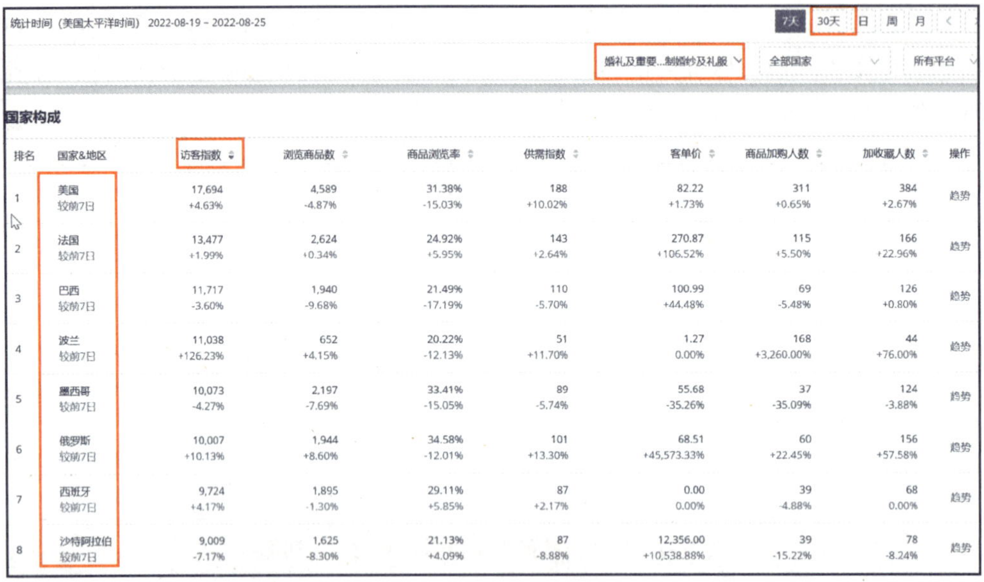

排名	国家&地区	访客指数	浏览商品数	商品浏览率	供需指数	客单价	商品加购人数	加收藏人数	操作
1	美国 较前7日	17,694 +4.63%	4,589 -4.87%	31.38% -15.03%	188 +10.02%	82.22 +1.73%	311 +0.65%	384 +2.67%	趋势
2	法国 较前7日	13,477 +1.99%	2,624 +0.34%	24.92% +5.95%	143 +2.64%	270.87 +106.52%	115 +5.50%	166 +22.96%	趋势
3	巴西 较前7日	11,717 -3.60%	1,940 -9.68%	21.49% -17.19%	110 -5.70%	100.99 +44.48%	69 -5.48%	126 +0.80%	趋势
4	波兰 较前7日	11,038 +126.23%	652 +4.15%	20.22% -12.13%	51 +11.70%	1.27 0.00%	168 +3,260.00%	44 +76.00%	趋势
5	墨西哥 较前7日	10,073 -4.27%	2,197 -7.69%	33.41% -15.05%	89 -5.74%	55.68 -35.26%	37 -35.09%	124 -3.88%	趋势
6	俄罗斯 较前7日	10,007 +10.13%	1,944 +8.60%	34.58% -12.01%	101 +13.30%	68.51 +45,573.33%	60 +22.45%	156 +57.58%	趋势
7	西班牙 较前7日	9,724 +4.17%	1,895 -1.30%	29.11% +5.85%	87 +2.17%	0.00 0.00%	39 -4.88%	68 0.00%	趋势
8	沙特阿拉伯 较前7日	9,009 -7.17%	1,625 -8.30%	21.13% +4.09%	87 -8.88%	12,356.00 +10,538.88%	39 -15.22%	78 -8.24%	趋势

图 3–8　查看指标数据

图 3–9　设置行业和时间周期

全球速卖通提供每一类目排名前 10 位的国家的数据，跨境电商企业通过查看这些国家的支付金额占比、上升指数，可以找到潜力较大的国家作为主要目标市场。首先将高 GMV 高增速国家作为重点关注对象，它们通常是该类目的主流销售国家。如图 3–10 所示，查看定制婚纱礼服类目近 30 天数据，排名第一的国家是巴西，支付金额占比达到 33.51%，上升指数 1 369，物流天数 17 天；其次是美国。在高 GMV 低增速的国家当中，可以挑选一些上升指数较高的国家进行商品布局，低 GMV 高增速的国家也存在成为新兴市场的机会，跨境电商企业可以跟踪观察这些国家的数据变化情况，发现数据处于上升时提前布局。

知识链接

GMV

GMV（Gross Merchandise Volume），即电商网站成交金额。这里的成交金额实际指的是拍下订单金额，包含付款和未付款的部分。尽管 GMV 并不是最终成交金额，但该指标可以反映客户的购买意向。

上升指数，指的是统计时间内所选类目下的某个国家交易增速的指数化指标。

高GMV高增速

国家&地区	支付金额占比	上升指数	物流天数
巴西	33.51%	1,369	17
美国	15.62%	1,376	16
科威特	0.64%	9,509	33
德国	1.01%	4,157	14
比利时	0.45%	5,515	14
法国	1.58%	1,422	13
澳大利亚	0.76%	1,735	14
墨西哥	0.96%	1,210	15
以色列	0.86%	1,209	16
南非	0.60%	1,440	67

图 3-10　高 GMV 高增速

（三）分析单个国家

分析单个国家数据，可以具体了解某个国家市场的详细情况，如图 3-11 所示。

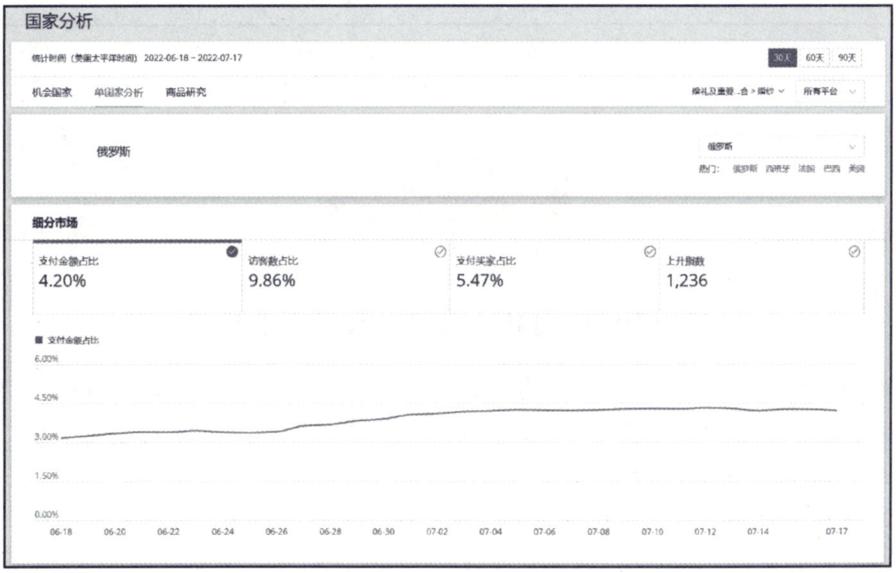

图 3-11　单个国家数据

通过查看城市分布、子订单均价分布、购买次数、年龄分布等信息，可以对某个国家的买家属性进行分析，建立客户画像，了解客户的潜在需求和购物行为偏好，以更好地开展产品推广，如图 3-12 所示。

买家属性

城市分布

城市	支付买家占比
Москва г	16.67%
Санкт-Петербург г	12.50%
Самара г	8.33%
Шушенский р-н, Шушенское пгт	4.17%
Ленинск-Кузнецкий г	4.17%
Ростов-на-Дону г	4.17%
Орехово-Зуево г	4.17%
Армавир г	4.17%
Одинцово	4.17%
Сочи г	4.17%

子订单均价分布

笔单价	支付买家占比
0~13.18	0.00%
13.18~44.9	38.46%
44.9~72.93	5.13%
72.93~316.88	41.03%
316.88~999999.99	15.38%

年龄分布

年龄	支付买家占比
18~24	0.00%
25~34	60.00%
35~44	31.43%
45~54	2.86%
55~64	5.71%

性别分布

图 3–12　某个国家的买家属性

实战演练

使用 Excel 分析女装细分市场行业趋势

跨境电商市场竞争日益激烈，每一个行业下都有众多卖家入驻，想要从中胜出，需要在继续向下细分。通过对行业的细分，找到具体品类。以女装行业为例，女装的子行业众多，包括连衣裙、衬衫、T 恤、毛衣等几十个行业。因此，经营女装行业的跨境电商卖家，可以在众多的子行业中找到发展趋势好、市场容量大的子行业作为店铺经营商品的类目。

在进行子行业发展趋势分析时，卖家可以通过查看整个年度子行业支付金额在父行业的占比来进行分析；可以采用全球速卖通卖家后台工具生意参谋采集以上指标数据，整理后使用 Excel 进行数据透视分析。

步骤 1　明确数据分析目标。通过分析目标行业下子行业的市场容量，从中选出发展趋势好的子行业进入。

步骤2 采集并整理数据。考虑到女装行业下各个子行业受季节性因素影响，运营部计划采集一个完整年度的数据综合比较分析。进入全球速卖通后台工具生意参谋，在市场功能板块采集2021年女装子行业构成数据。采集源数据后，使用Excel进行整理，整理结果如表3-1所示。

表3-1 源数据

日期	类目名	交易增长幅度	支付金额在父行业占比	支付子订单数在父行业占比
1月	down jacket women	−34.85%	12.64%	4.30%
1月	woollen coat	−27.25%	11.33%	4.45%
1月	one-piece dress	−0.52%	8.35%	8.24%
1月	trousers women	−36.54%	7.96%	16.05%
1月	cotton clothes	−45.27%	7.03%	6.21%
1月	fur	−21.25%	6.69%	1.06%
1月	sweater women	−32.31%	6.49%	9.01%
1月	Wool knitwear women	−27.93%	5.32%	6.62%
1月	Femle Short Jacket	−6.88%	4.26%	3.28%
1月	jeans	−20.92%	3.52%	5.61%
1月	Senior Ladies' Wear	1.01%	3.51%	3.11%
1月	Dress Suits	−17.18%	3.40%	3.58%
1月	women hoodies sweatshirt	−28.29%	3.03%	4.57%
1月	skirt	−19.21%	2.96%	5.18%
1月	T-shirt	−15.01%	2.39%	6.25%
1月	lady's shirt	13.27%	2.14%	3.08%
1月	wedding dress	−9.33%	1.97%	1.25%
1月	Large size ladies'	−12.85%	1.74%	2.38%
1月	laceshirt	−9.96%	1.09%	1.07%
1月	Leather Jacket Women	−15.80%	0.95%	0.37%
1月	long trench	−2.44%	0.93%	0.55%
1月	Waistcoat Vest	13.77%	0.78%	0.50%

步骤3 创建数据透视表。通过整理后的数据可以了解女装各个子行业“支付金额在父行业占比”，反映子行业的发展情况。为了更加直观地观察数据结果，通常使用Excel的数据透视表功能进行分析。根据前面项目中学习过的方法，在整理后的Excel中创建一个数据透视表。

（1）创建数据透视表。在 Excel 中打开“女装子行业 2021 年构成数据.xlsx”，点击“插入”选项卡，在出现的功能菜单中选择“数据透视表”，如图 3-13 所示。

图 3-13　在 Excel 中创建数据透视表

（2）选择数据透视表位置。在弹出的“创建数据透视表”对话框中，选择数据区域及数据表放置位置。在“表 / 区域”输入框中输入数据区域，或单击数据勾选按钮，在表格中选中“A:E”单元格区域。点击“新工作表”，即选择新建工作表，放置即将生成的数据透视表；也可以选择“现有工作表”，将数据透视表放置在源数据所在的工作表内。本例中选择“现有工作表”，在“位置”输入框输入存放位置，或单击按钮，数据透视表放置位置选择“G21”，单击“确定”按钮，如图 3-14 所示。

（3）设置数据透视表字段。Excel 将自动建立空白的数据透视表。在显示的“数据透视表字段”对话框中，通过拖拽的方式，分别将“日期”添加到“行”，将“列目名”添加到“列”，将“支付金额较父行业占比”添加到“值”，如图 3-15 所示。点击“确定”，即可完成数据透视表的创建，如图 3-16 所示。

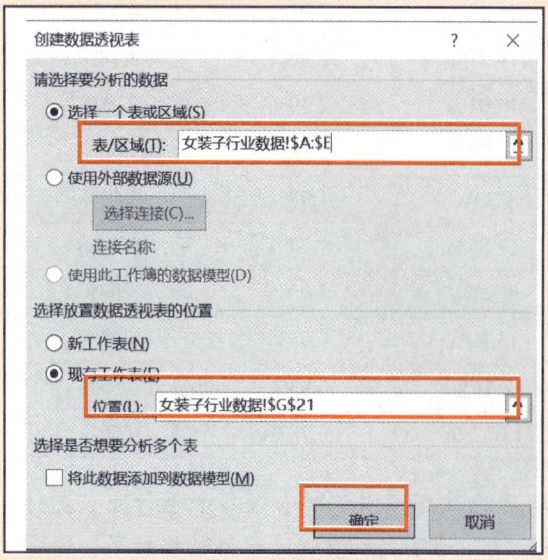

图 3-14　创建数据透视表

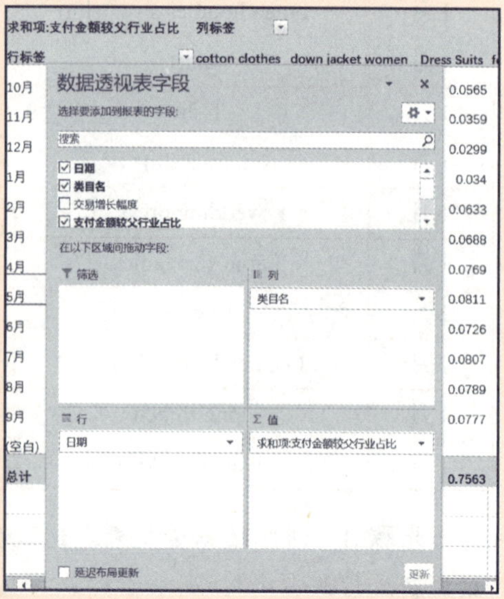

图 3-15　设置数据透视表字段

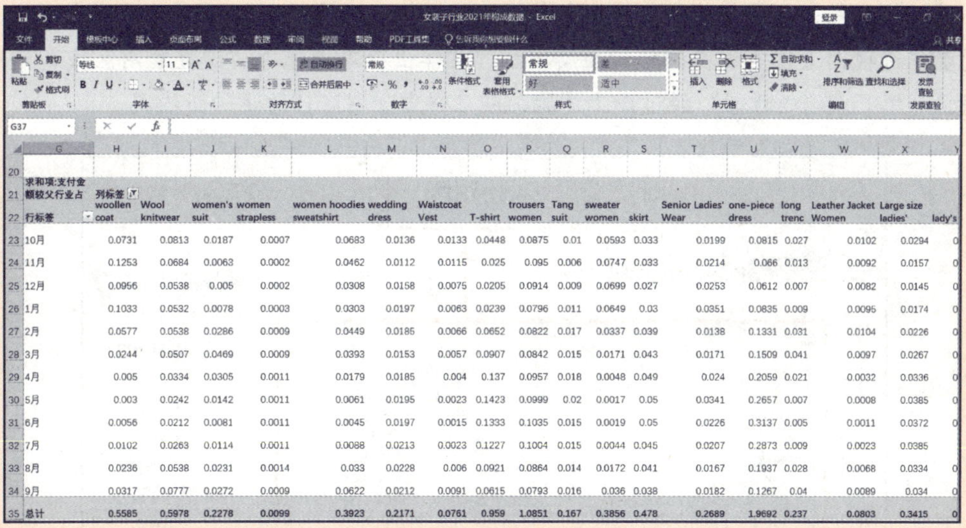

求和项:支付金额较父行业占 行标签	列标签 woollen coat	Wool knitwear	women's suit	women strapless	women hoodies sweatshirt	wedding dress	Waistcoat Vest	T-shirt	trousers women	Tang suit	sweater women	skirt	Senior Wear	Ladies' one-piece dress	long trenc	Leather Jacket Women	Large size ladies'	lady's
10月	0.0731	0.0813	0.0187	0.0007	0.0683	0.0136	0.0133	0.0448	0.0875	0.01	0.0593	0.033	0.0199	0.0815	0.027	0.0102	0.0294	0
11月	0.1253	0.0684	0.0063	0.0002	0.0462	0.0112	0.0115	0.025	0.095	0.006	0.0747	0.033	0.0214	0.066	0.013	0.0092	0.0157	0
12月	0.0956	0.0538	0.005	0.0002	0.0308	0.0158	0.0075	0.0205	0.0914	0.009	0.0699	0.027	0.0253	0.0612	0.007	0.0082	0.0145	0
1月	0.1033	0.0532	0.0078	0.0003	0.0303	0.0197	0.0063	0.0239	0.0796	0.011	0.0649	0.03	0.0351	0.0835	0.009	0.0095	0.0174	0
2月	0.0577	0.0538	0.0286	0.0009	0.0449	0.0185	0.0066	0.0652	0.0822	0.017	0.0337	0.039	0.0138	0.1331	0.031	0.0104	0.0226	0
3月	0.0244	0.0507	0.0469	0.0009	0.0393	0.0153	0.0057	0.0907	0.0842	0.015	0.0171	0.043	0.0171	0.1509	0.041	0.0097	0.0267	0
4月	0.005	0.0334	0.0305	0.0011	0.0179	0.0185	0.004	0.137	0.0957	0.018	0.0048	0.049	0.024	0.2059	0.021	0.0032	0.0336	0
5月	0.003	0.0242	0.0142	0.0011	0.0061	0.0195	0.0023	0.1423	0.0999	0.02	0.0017	0.05	0.0341	0.2657	0.007	0.0008	0.0385	0
6月	0.0056	0.0212	0.0081	0.0011	0.0045	0.0197	0.0015	0.1333	0.1035	0.015	0.0019	0.05	0.0226	0.3137	0.005	0.0011	0.0372	0
7月	0.0102	0.0263	0.0114	0.0011	0.0088	0.0213	0.0023	0.1227	0.1004	0.015	0.0044	0.045	0.0207	0.2873	0.009	0.0023	0.0385	
8月	0.0236	0.0538	0.0231	0.0014	0.033	0.0228	0.006	0.0921	0.0864	0.014	0.0172	0.041	0.0167	0.1937	0.028	0.0068	0.0334	0
9月	0.0317	0.0777	0.0272	0.0009	0.0622	0.0212	0.0091	0.0615	0.0793	0.016	0.036	0.038	0.0182	0.1267	0.04	0.0089	0.034	0
总计	0.5585	0.5978	0.2278	0.0099	0.3923	0.2171	0.0761	0.959	1.0851	0.167	0.3856	0.478	0.2689	1.9692	0.237	0.0803	0.3415	0

图 3-16 数据透视表

步骤 4 插入数据透视图。为了让数据更加直观，可以通过数据透视图来表现。如图 3-17 所示，选中数据透视表中任意数据，点击插入“数据透视图”，选择“折

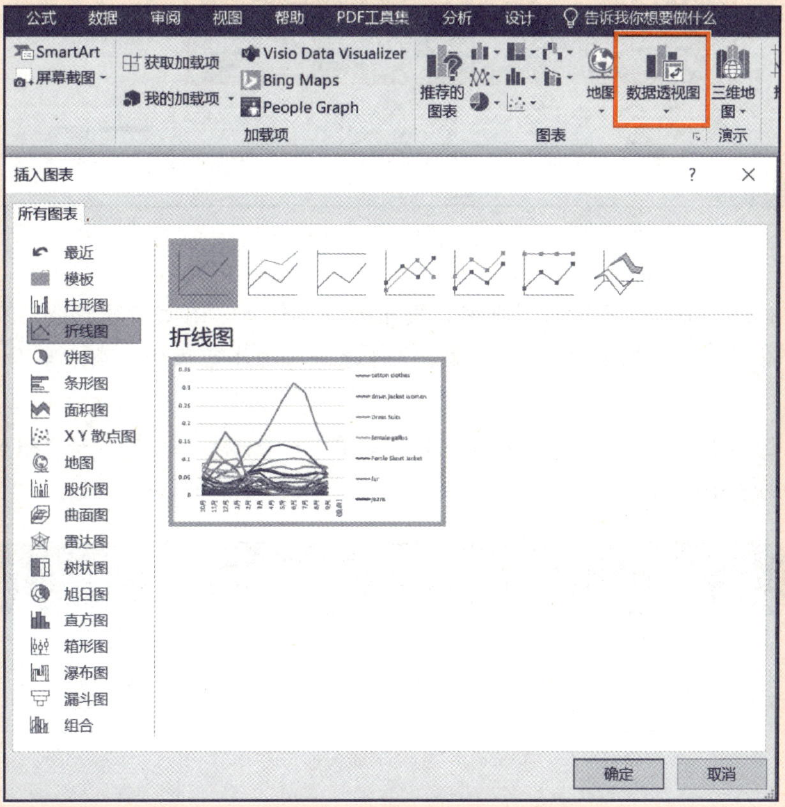

图 3-17 创建数据透视图

线图”（数据变化趋势情况多选用折线图表示），即可完成数据透视图的创建。可以对数据透视图进行美化，例如：在绘图区，在弹出菜单中选中“设置绘图区格式”进行区域填充或边框设置。经过以上步骤，即可得出如图3-18所示的折线图。

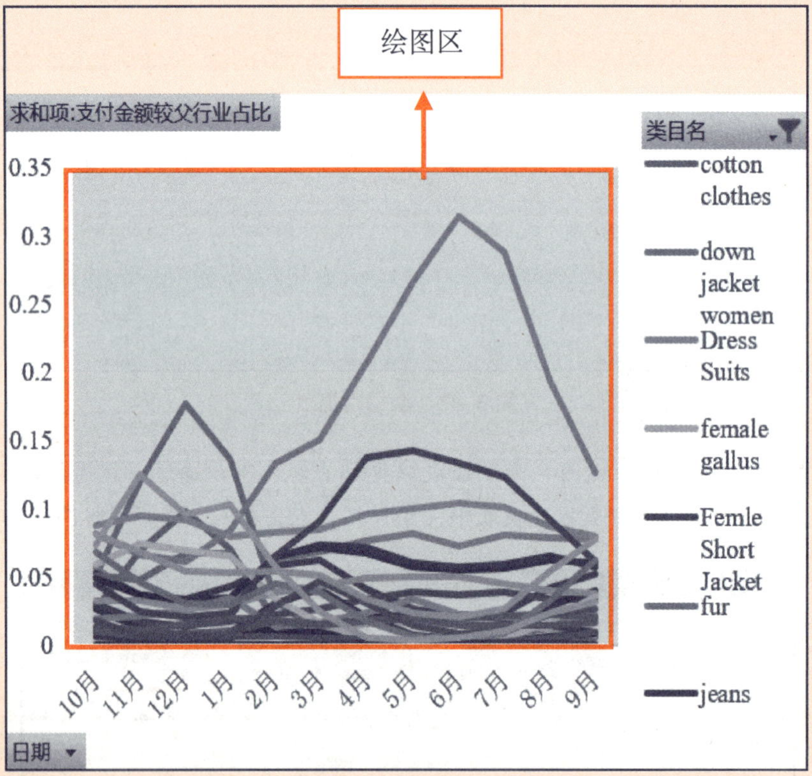

图 3-18　折线图

可以看出，由于女装子行业多样，图中的折线较多，图面内容混杂，不易对比，为了更加准确地查看图表数据，这时可以通过插入切片器来切换查看单个子行业的发展趋势。

步骤 5　插入切片器。在“数据透视图工具”—“分析”组中单击“插入切片器”按钮，如图 3-19 所示。

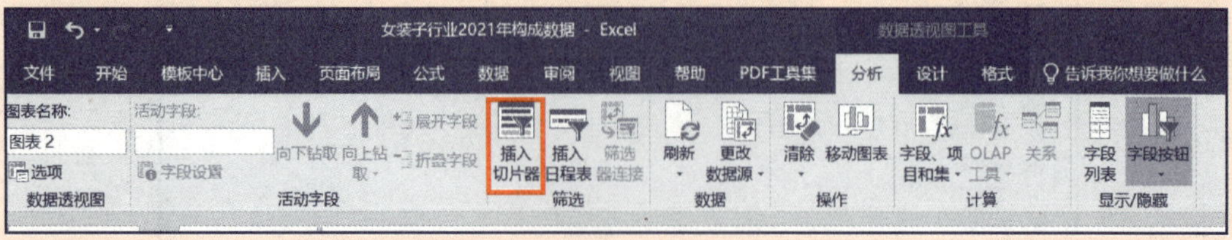

图 3-19　选择“插入切片器”

在弹出的“插入切片器”对话框中，选择“类目名”，即可按类目分别查看 2021

年度女装行业下各个子行业的发展趋势，如图 3-20、图 3-21 所示。

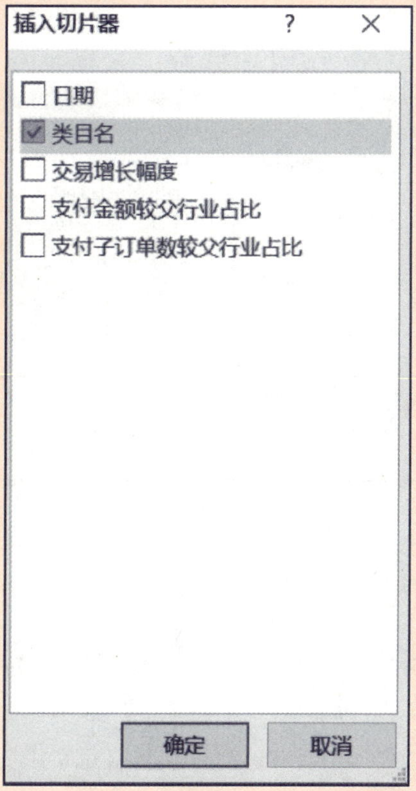

图 3-20 “插入切片器”对话框

图 3-21 类目名切片器

步骤 6 对比查看女装子行业发展趋势。通过折线图中的切片器可灵活查看每个子行业的变化趋势。例如：选中类目名“jeans”（牛仔裤），就能看到在 2021 年 2 月时 jeans 的销售额开始迅速上升，到 3 月时进入销售旺季，并保持了近 7 个月的时间，10 月后略有下降。可以看出，jeans 对季节变化的敏感性相比其他服装较低，如图 3-22 所示。

使用切片器时也可以同时选中多个切片进行对比分析。具体操作细节如下：

（1）在点击“切片”时，按住“Ctrl”键，同时单击其他切片选项，即可同时选中多个切片。

（2）也可按住“Shift”键单击第一个切片，同时单击最后一个切片选项，即可同时选中多个连续的切片。

通过创建数据透视图，使用切片器详细查看每一个女装子行业的变化趋势，为合理制定商品开发、上架和营销计划提供依据，如图 3-23、图 3-24 所示。

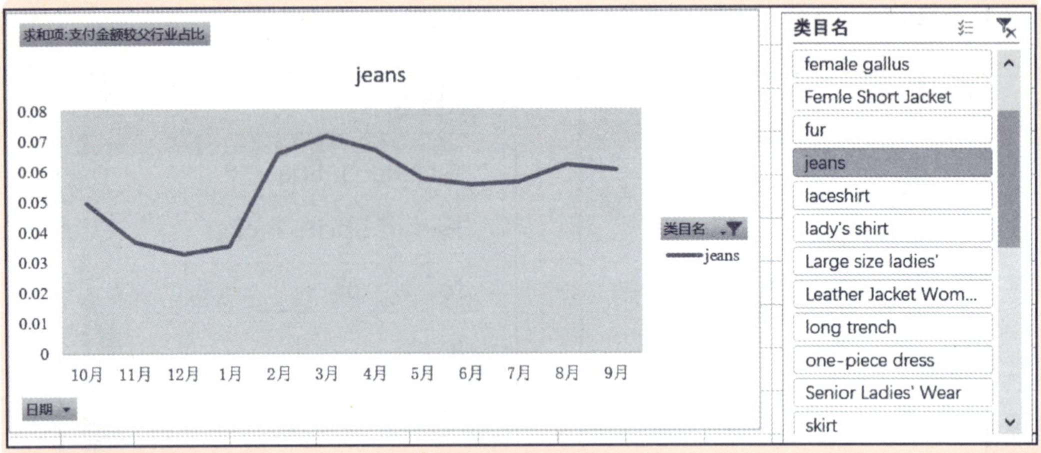

图 3-22 jeans 的变化趋势

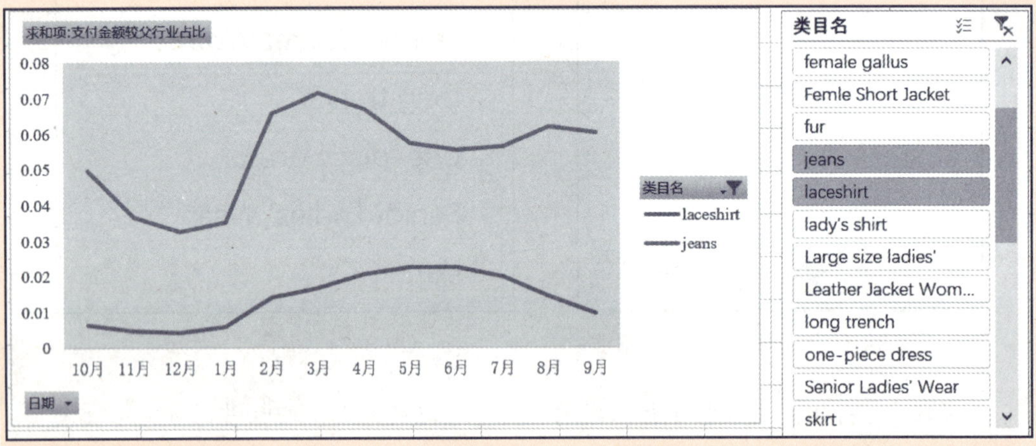

图 3-23 jeans 和 laceshirt 的变化趋势

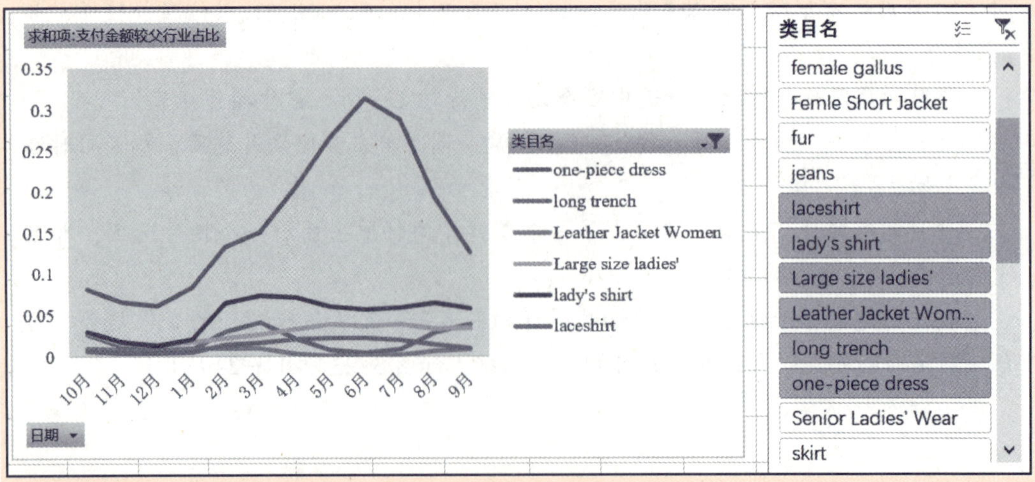

图 3-24 jeans 和其他子行业的变化趋势

工作任务三　分析跨境电商行业市场容量

任务背景

跨境电商企业在进入市场之前，需要对所进入行业和所选产品等进行前期调研、分析和规划，以全面了解行业的发展状况，选择潜力大和市场前景好的蓝海市场，避免进入红海市场或处于衰退期的行业。

某金公司是一家以经营女装产品为主的服饰类公司，目前帮助准备进入跨境电商的甲公司开展代运营服务。甲公司根据自身的产品资源和行业经验，计划继续进入女装行业，并从中选择市场容量大、销售前景好的子行业进入。某金公司召集数据分析人员，对女装海外市场数据进行市场容量分析，了解女装行业海外市场变化趋势，明确该行业的饱和度及市场集中程度，为公司决策提供支撑。

任务实施

一、行业市场容量概述

选择产品类目的首要环节即要考虑市场容量。通常，我们选择的产品类目必须具有一定市场容量，才能够保证其有充足的发展空间。在考虑市场容量的时候还需要注意市场的竞争性，如果盲目地跟卖热销产品可能会由于竞争过于激烈、市场空间拥挤导致利润增长不乐观。所以，巧妙地挖掘蓝海市场是理想的办法。女装行业为服装行业的子行业，在进行子行业市场容量分析时，需要了解子行业支付金额在父行业的占比。

二、行业市场容量分析内容

行业容量分析主要包括以下环节：（1）了解父行业下的子行业。以女装行业为例，女装行业下有连衣裙、半裙、泳衣 / 沙滩服、女士套装、连体裤、外套等子行业。（2）采集子行业数据。通过生意参谋，可以对所有子行业的数据进行查询和分析，包括子行业的市场容量、支付数据、供需指数等。（3）分析子行业数据。采集数据并进行分析，可以了解所有子行业的优势。

实战演练

分析女装子行业市场容量

市场行情数据的采集和分析，其操作步骤和关键节点如下：

步骤1 明确数据分析目标。通过分析目标行业下子行业的市场容量，选出市场容量大、销售前景好的子行业。

步骤2 采集并整理数据。考虑到女装行业下各个子行业受季节性因素影响，运营部计划采集一个完整年度的数据综合比较分析。某金公司计划入驻全球速卖通平台，因此进入全球速卖通卖家后台工具生意参谋，在市场功能板块下采集2021年女装子行业构成数据。采集源数据后通过Excel进行整理，整理后结果如表3-2所示。

使用Excel分析行业市场容量

表3-2 2021年女装子行业构成数据

日期	类目名	交易增长幅度	支付金额在父行业占比	支付子订单数在父行业占比
1月	down jacket women	−34.85%	12.64%	4.30%
1月	woollen coat	−27.25%	11.33%	4.45%
1月	one-piece dress	−0.52%	8.35%	8.24%
1月	trousers women	−36.54%	7.96%	16.05%
1月	cotton clothes	−45.27%	7.03%	6.21%
1月	fur	−21.25%	6.69%	1.06%
1月	sweater women	−32.31%	6.49%	9.01%
1月	Wool knitwear women	−27.93%	5.32%	6.62%
1月	Femle Short Jacket	−6.88%	4.26%	3.28%
1月	jeans	−20.92%	3.52%	5.61%
1月	Senior Ladies' Wear	1.01%	3.51%	3.11%
1月	Dress Suits	−17.18%	3.40%	3.58%
1月	women hoodies sweatshirt	−28.29%	3.03%	4.57%
1月	skirt	−19.21%	2.96%	5.18%
1月	T-shirt	−15.01%	2.39%	6.25%
1月	lady's shirt	13.27%	2.14%	3.08%
1月	wedding dress	−9.33%	1.97%	1.25%

续表

日期	类目名	交易增长幅度	支付金额在父行业占比	支付子订单数在父行业占比
1月	Large size ladies’	−12.85%	1.74%	2.38%
1月	laceshirt	−9.96%	1.09%	1.07%
1月	Leather Jacket Women	−15.80%	0.95%	0.37%
1月	long trench	−2.44%	0.93%	0.55%
1月	Waistcoat Vest	13.77%	0.78%	0.50%

步骤3 创建数据透视表。通过整理后的数据表格可以了解到女装各个子行业“支付金额在父行业占比”，反映子行业的市场容量情况。为了更加直观地观察数据结果，通常可以利用Excel的数据透视表功能进行分析。在整理后的Excel中创建一个数据透视表。将“类目名”添加到“行”；将“支付金额占父行业占比”添加到“值”，并更改“值字段设置”中“计算类型”为求和，点击“确定”即可完成，如表3-25所示。

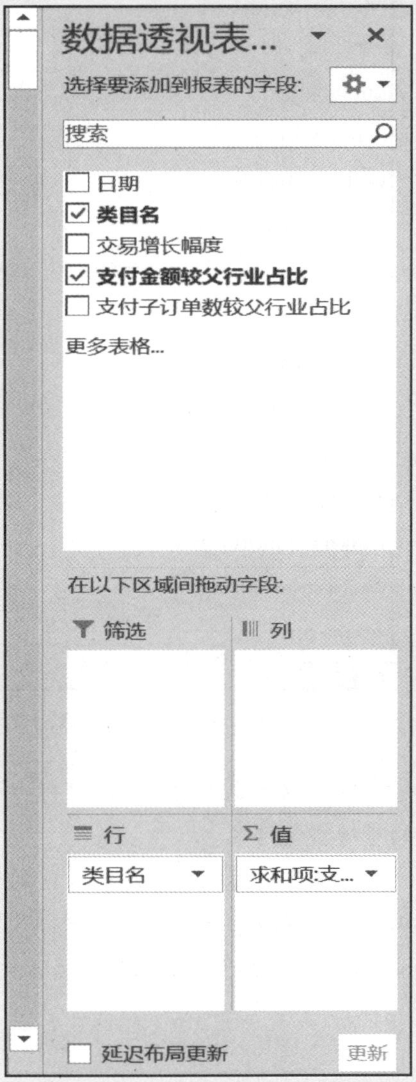

图3-25 设置数据透视表字段

步骤4 插入数据透视图。展示数据占比情况通常选用饼图。同样地，为了让数据更加直观，可以通过数据透视图来表示。如图3-26所示的数据透视表中，在“求和项：支付金额在父行业占比”下选择任意数据，在弹出的菜单栏中选择“排序”—“降序”，并设置“值显示方式”为“总计的百分比”。随后选择数据透视表中的任意数据，点击“数据透视图”，选择“饼图”，点击“插入”，即可完成数据透视图的创建。

可以对图表进行适当调整修饰，例如：可以选择任意扇形，在弹出菜单中选择“添加数据标签”，并设置数据标签格式，在标签选项中勾选“类别名称”“值”“显示引导线”等选项，如图3-27所示。

行标签	求和项:支付金额在父行业占比
laceshirt	0.0109
long trench	0.0093
Waistcoat Vest	0.0078
cotton clothes	0.0703
down jacket women	0.1264
Dress Suits	0.034
Femle Short Jacket	0.0426
fur	0.0669
jeans	0.0352
lady's shirt	0.0214
Large size ladies'	0.0174
Leather Jacket Women	0.0095
one-piece dress	0.0835
Senior Ladies' Wear	0.0351
skirt	0.0296
sweater women	0.0649
trousers women	0.0796
T-shirt	0.0239
wedding dress	0.0197
women hoodies sweatshirt	0.0303
Wool knitwear women	0.0532
woollen coat	0.1133
总计	**0.9848**

图 3-26　完成数据透视表创建

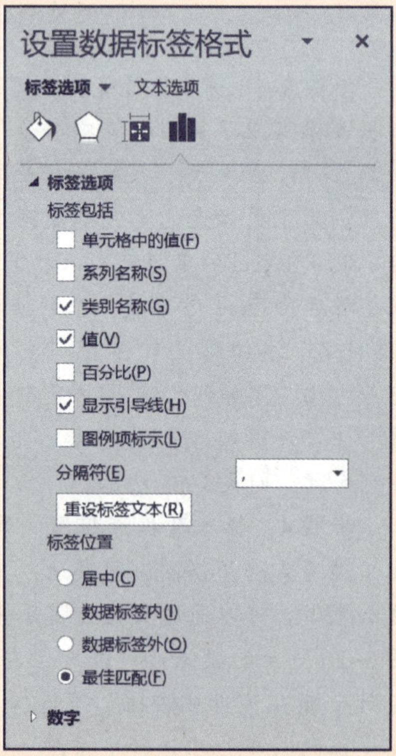

图 3-27　设置数据标签格式

经过以上操作步骤，即可得出如图 3-28 所示的饼图，可以查看当月女装子行业的市场容量情况。

步骤 5　插入切片器。考虑到女装具有一定的季节性，为了更加准确地分析数据，可以通过在数据透视图中插入切片器工具，选择“日期”，即可按月查看女装行业 2020 年度各个子行业的市场容量情况，如图 3-29、图 3-30 所示。

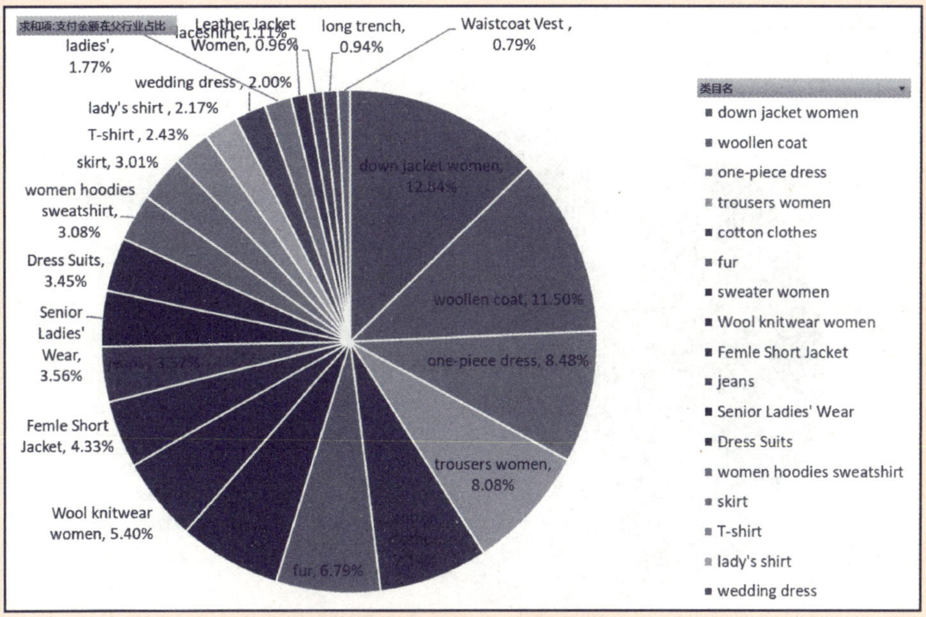

图 3-28　女装子行业支付金额在父行业占比

步骤 6　分析女装子行业市场容量。通过饼图中的切片器可灵活查看每个月子行业的市场容量情况，通过对全年的数据进行分析，帮助企业选出其中市场容量大的子行业。通过切片器可以很方便地查看女装各个子行业在每个月的市场容量情况：10 月市场容量最大的是 laceshirt（蕾丝衬衫）、Leather Jacket Women（皮夹克）和 long trench（长款风衣），分别占整个女装市场的 14.68%、13.80%、13.42%。

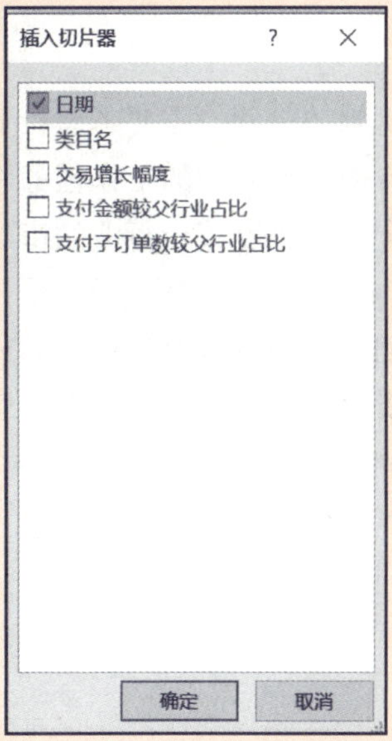

图 3-29　插入切片器

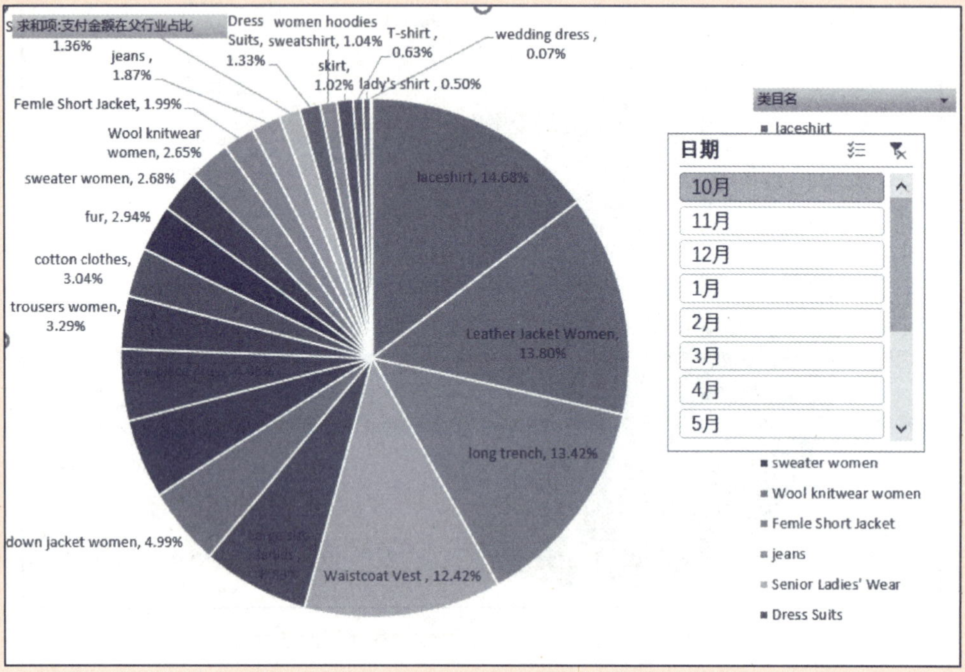

图 3-30 利用切片器查看女装子行业市场容量情况

工作任务四 分析跨境电商市场潜力

任务背景

市场数据分析是一个综合研判的过程，需要考虑行业趋势、行业市场容量、行业市场需求及市场竞争程度等多个方面。在之前的工作任务中我们分析了行业趋势、行业市场容量，本工作任务首先从单个指标维度分析行业的市场需求状况，再综合分析行业的市场潜力。

市场需求是指在一定的时期内，消费者对某种商品或服务愿意购买并具有货币支付能力的需求总量。对于全球速卖通卖家而言，在日常运营过程中需要时刻关注市场需求的变化，从而能够及时调整店铺商品布局。全球速卖通卖家可以通过浏览和分析搜索指数、交易指数、供需指数进行市场需求变化趋势分析。

任务实施

一、搜索指数

搜索指数是指在统计时间内，所选类目下搜索次数的指数化指标。搜索指数是衡量访客搜索特定商品的次数的一个指标，并不是指数是多少就是商品被搜索多少次，它是一个比例。搜索指数能够反映商品的竞争程度和冷热门情况。统计时间内搜索指数越高，也就意味着消费者的需求越大。

以婚纱礼服类目下的定制婚纱为例，在生意参谋的市场大盘板块查看搜索指数，如图 3–31 所示。近一年来，定制婚纱行业的搜索指数基本处于稳定的趋势状态，增减幅度不大。一般服饰类商品的季节性较强，但定制婚纱受到季节变化影响较小。

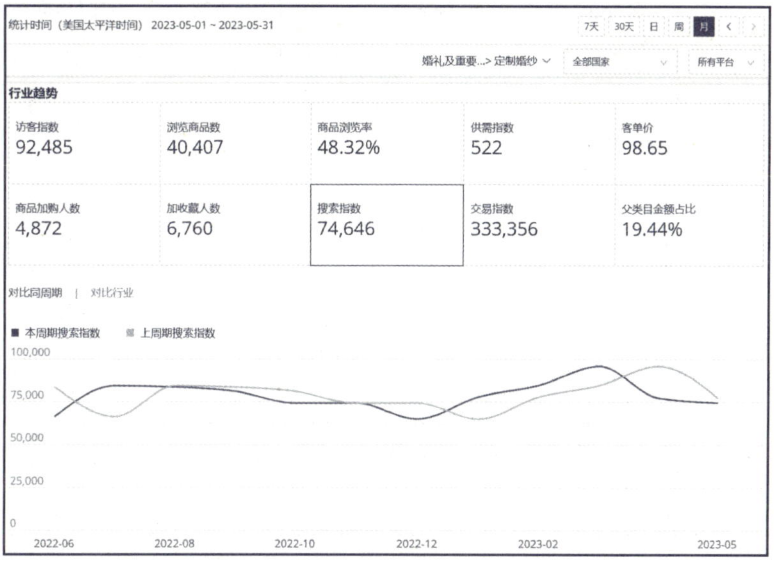

图 3–31　定制婚纱搜索指数

二、交易指数

交易指数是指统计时间内，所选类目下累计成交订单的支付金额的指数化指标，其数值越大，反映交易的热度越大。它不等同于支付金额，但与支付金额有对应关系，交易指数越大意味着支付金额越大。它能够反映市场上消费者的支付意愿，也能够反映消费者的需求情况。

运营人员可以通过交易指数的变化趋势来分析定制婚纱市场需求的变化趋势。在生意参谋的市场大盘板块查看交易指数，如图 3–32 所示，全球速卖通定制婚纱的交易指数从 2022 年 6 月逐渐上升，到 2022 年 10 月渐下降，但整体上变化幅度不大，和搜索指数趋势基本保持一致。

三、供需指数

供需指数是指在商品的统计时间内，所选类目的需求人数与供给商家数的比值，是商品在平台需求热度的体现。一般而言，供需指数越大，代表商品的市场需求越大，也就意味着该商品的市场前景好。在全球速卖通平台通常可通过商品供需指数来分析商品的市场需求趋势。

定制婚纱的供需指数趋势，如图 3-33 所示，它与前面的搜索指数、交易指数趋势保持在相同的水平。

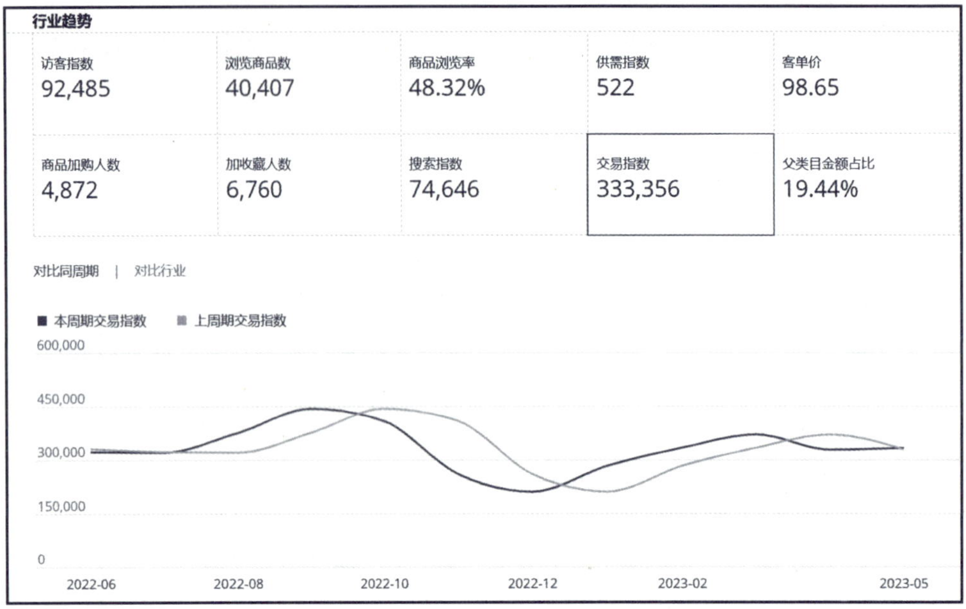

图 3-32　定制婚纱交易指数趋势

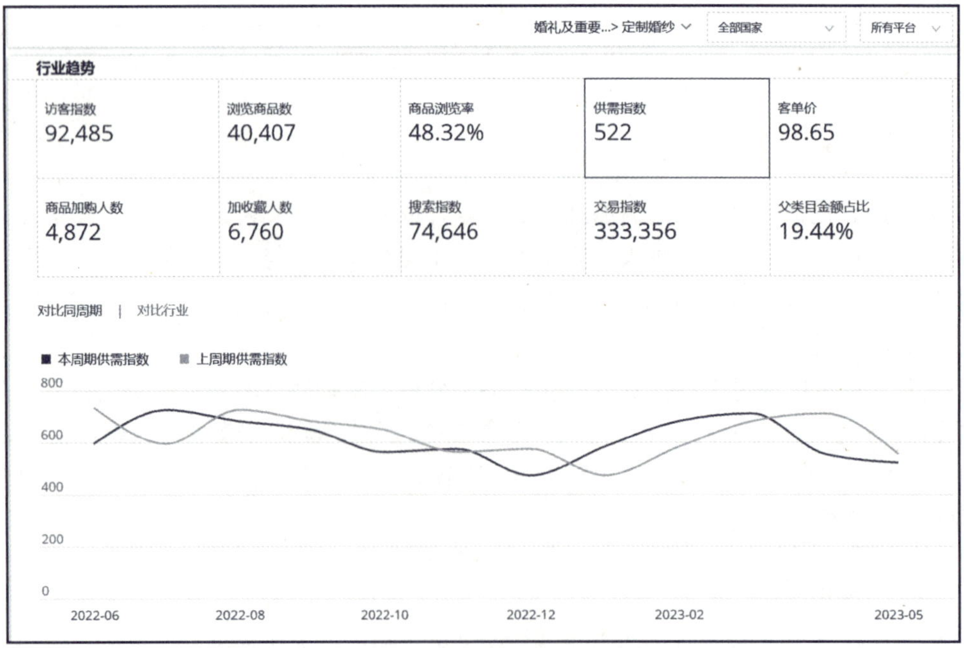

图 3-33　定制婚纱供需指数趋势

实战演练

预测分析供需指数

公司计划新开设一家经营“female knitwear”（女式针织衫）的女装店铺，近期组织数据分析人员对行业的供需指数进行分析，找到商品的淡旺季变化规律，为制定年度运营规划提供数据支撑。

根据任务，可在生意参谋的市场大盘板块中查看以月度为单位的近一年的供需指数，通过对月度供需指数求和计算得出年度供需指数，根据计算所得数据，采用预测分析法预测下一年的行业供需指数范围。

步骤 1 数据获取。在生意参谋中的市场大盘板块，逐一抓取“female knitwear”子行业下最近 3 年的月度供需指数，并将其整理到一个 Excel 表格中。整理后的数据，如图 3-34 所示。

步骤 2 制作折线图。选择数据区域，插入折线图，并完成对图表的基本设置，如修改图表标题、设置坐标轴格式等，即可得到最终结果，如图 3-35 所示。

	A	B
1	统计时间	供需指数
2	2019年1月	1,934,874
3	2019年2月	4,162,383
4	2019年3月	4,691,471
5	2019年4月	4,582,464
6	2019年5月	4,604,403
7	2019年6月	1,868,376
8	2019年7月	2,215,371
9	2019年8月	2,069,972
10	2019年9月	1,743,353
11	2019年10月	4,417,295
12	2019年11月	4,049,890
13	2019年12月	3,361,650
14	2020年1月	2,389,059
15	2020年2月	2,917,522
16	2020年3月	3,834,324
17	2020年4月	4,685,176
18	2020年5月	4,968,999
19	2020年6月	4,324,006
20	2020年7月	4,027,758
21	2020年8月	3,285,716
22	2020年9月	2,466,511
23	2020年10月	1,867,301
24	2020年11月	2,296,907
25	2020年12月	1,794,304

图 3-34 “female knitwear”供需指数表

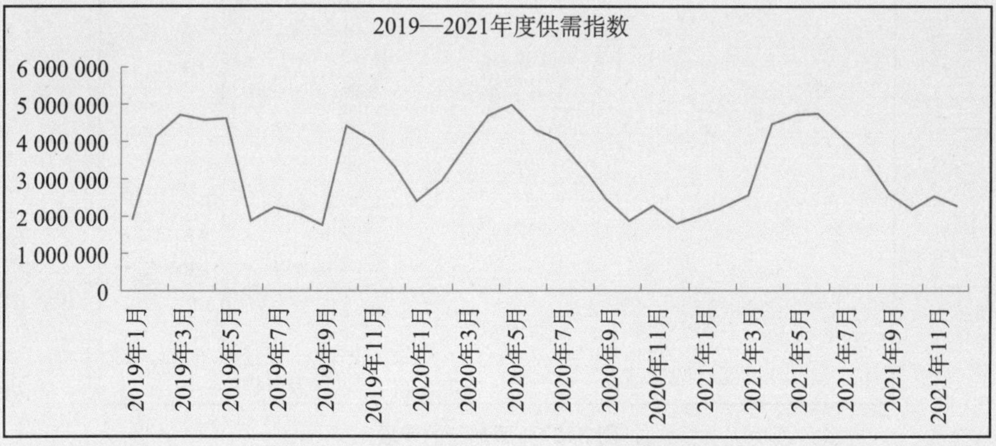

图 3-35 “female knitwear”供需指数折线图

步骤 3 趋势分析。通过查看图 3-35 所示的 2019—2021 年度供需指数折线图，能够发现“female knitwear”子行业的供需指数呈现出明显的随季节变化的特点，为商品开发、上架节奏的把握提供了参考依据。

步骤 4 年度供需指数计算。利用数据透视表，对 2019 年、2020 年、2021 年的月度供需指数分别进行求和计算，得出这 3 个年度的年度供需指数，结果如图 3-36 所示。

行标签	求和项:供需指数
⊞<2019/1/1	
⊞2019年	39701502
⊞2020年	38857583
⊞2021年	37910866
总计	116469951

图 3-36　年度供需指数计算

步骤 5 供需指数预测。在右侧“数据透视表字段”编辑区中将“供需指数”添加到“值”，在数据透视表选中新添加的“求和项：供需指数 2”单元格并点击鼠标右键，选择“值显示方式”—“百分比”，在弹出的“值显示方式”编辑框中的“基本字段”选择“年”，“基本项”选择“2019”，即可得出以 2019 年的供需指数为基数的比率，如图 3-37 所示。

图 3-37　添加新的字段

用 2019—2021 年的平均比例乘以基数，得到 2022 年的第一个供需指数预测值，如图 3-38 至图 3-40 所示。

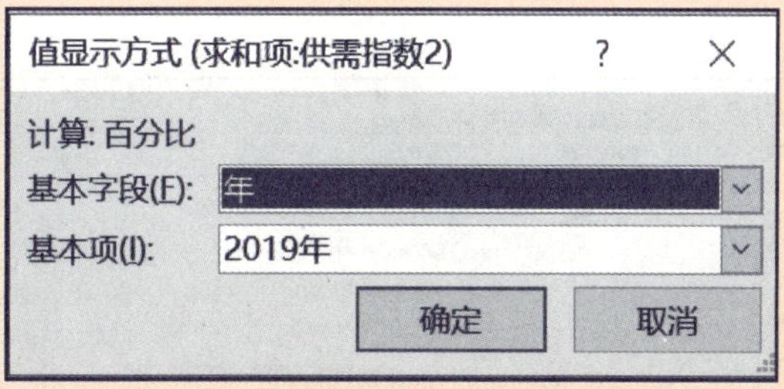

图 3-38 供需指数 2 的基本字段设置

行标签	求和项:供需指数	求和项:供需指数2
⊞2019年	39701502	100.00%
⊞2020年	38857583	97.87%
⊞2021年	37910866	95.49%
总计	116469951	

图 3-39 以 2019 年供需指数为基数测算的比率（1）

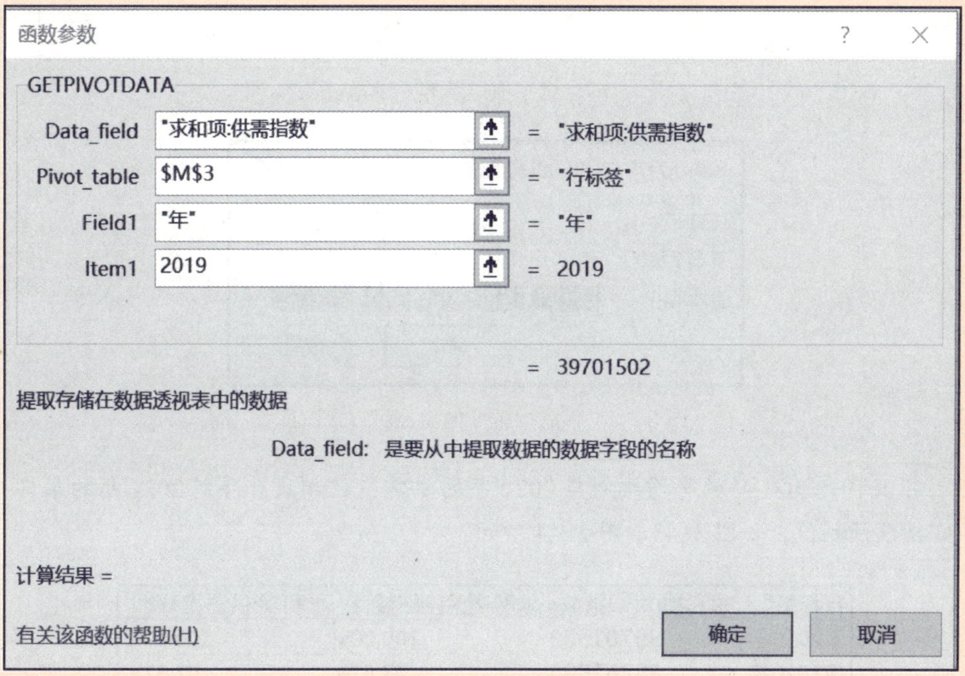

图 3-40 函数参数设置

同上，继续为数据透视表添加新的字段“供需指数 3”，“值显示方式”为“百分比”，在弹出的“值显示方式”编辑框中的“基本字段”选择“年”，“基本项”选择“上一个”，如图 3-41 所示，即可得出每年的供需指数同上一年的供需指数的比率，如图 3-42 所示。

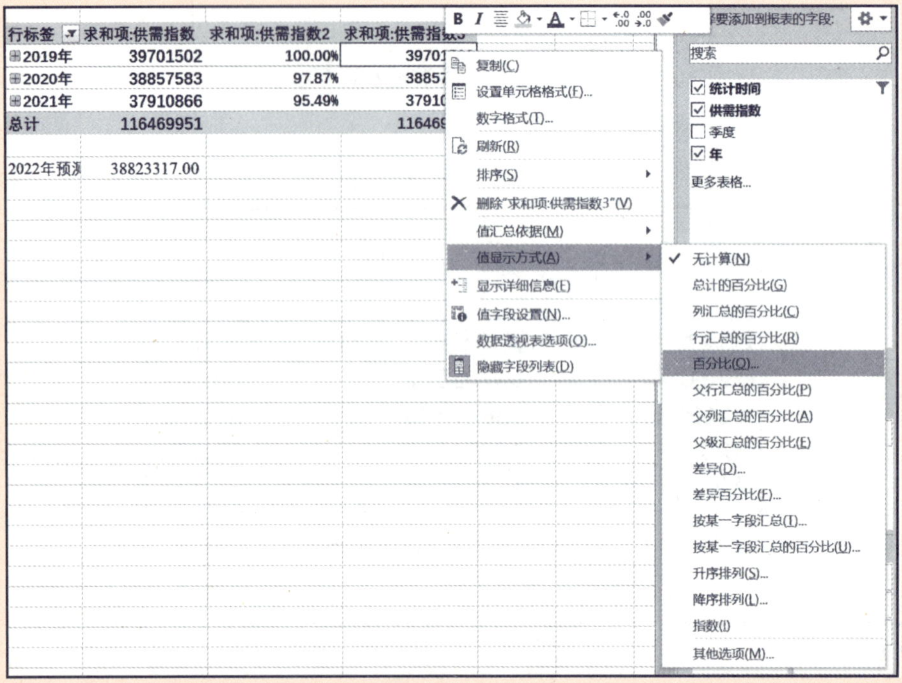

图 3-41　值显示方式设置

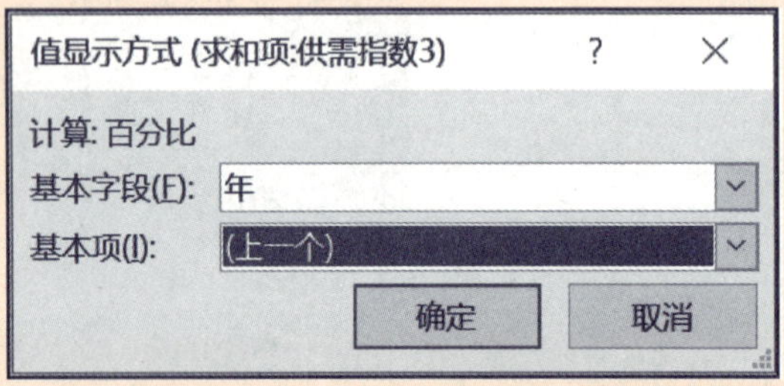

图 3-42　供需指数 3 的值显示方式设置

用 2019—2021 年的平均比例与 2020 年的供需指数相乘，得到 2022 年的第二个供需指数预测值，如图 3-43、图 3-44 所示。

行标签	求和项:供需指数	求和项:供需指数2	求和项:供需指数3
⊞2019年	39701502	100.00%	100.00%
⊞2020年	38857583	97.87%	97.87%
⊞2021年	37910866	95.49%	97.56%
总计	116469951		

图 3-43　以 2019 年供需指数为基数测算的比率（2）

fx =AVERAGE(L4:L6)*GETPIVOTDATA("求和项:供需指数",$I$3,"年",2020)

行标签	求和项:供需指数	求和项:供需指数2	求和项:供需指数3
⊞2019年	39701502	100.00%	100.00%
⊞2020年	38857583	97.87%	97.87%
⊞2021年	37910866	95.49%	97.56%
总计	116469951		
2022年预测值	38823317.00	38266683.95	

图 3-44　2022 年供需指数 2 预测值

四、综合分析市场潜力

分析市场行情的目的是要找到属于卖家自己的蓝海市场。所谓蓝海市场，就是指具有开发潜力、竞争较小、具有利润空间的增量市场。因此，引入“蓝海指数”这一综合指数概念，分析市场潜力。

实战演练

测算蓝海指数，综合分析婚纱礼服市场潜力

通过综合测算不同子行业的“蓝海指数”，用数据说话，帮助寻找婚纱礼服行业中的蓝海市场。

使用蓝海指数分析市场潜力

步骤 1　采集指标数据。登录全球速卖通卖家后台，进入生意参谋中的市场大盘板块，选择“婚礼及重要场合”—“定制婚纱及礼服”，在该类目下有两个细分类目，分别是“定制礼服”和“定制婚纱”，如图 3-45 所示。时间周期可以选择“30 日”。分别选择这两个类目，采集相关的指标数据。

图 3-45　选择婚纱礼服细分类目

以"定制礼服"为例，点击"定制礼服"，可以看到该类目的市场数据，包括交易指数、搜索指数和供需指数 3 项数据，如图 3-46 所示，将数据复制到 Excel 表格中。

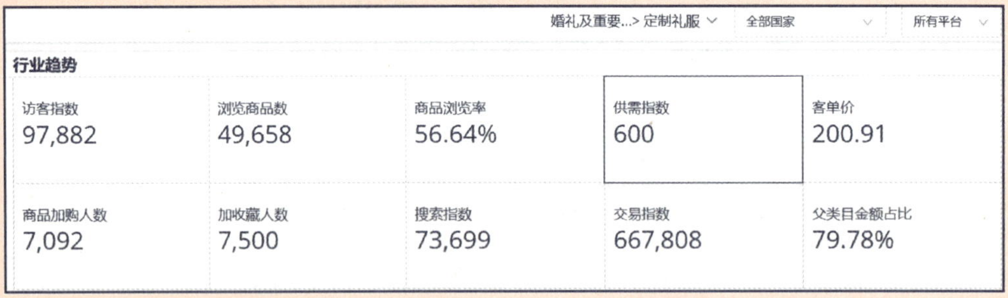

图 3-46 "定制礼服"类目的市场数据

步骤 2 整理数据。新建一个 Excel 表格，在第一行输入所需字段：搜索指数、交易指数、供需指数、搜索价值和蓝海指数，在左列添加"定制礼服"和"定制婚纱"两个类目，为接下来的数据测算做好准备，如图 3-47 所示。

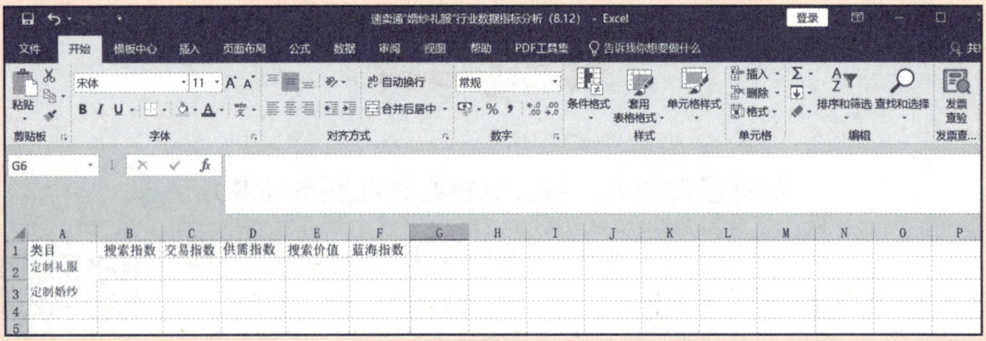

图 3-47 新建 Excel 表格

采集数据并整理。将市场大盘板块中"定制礼服"和"定制婚纱"两个类目下的有关指标数据分别复制到新建表格中，如图 3-48 所示。

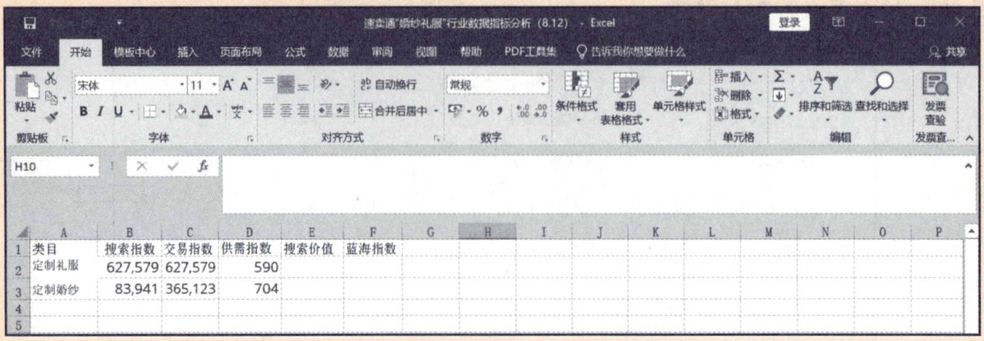

图 3-48 采集数据

步骤 3 测算搜索价值。交易指数与搜索指标的比值可以表示每一次搜索能够产生的销售额，即搜索价值，其计算公式为：

搜索价值 = 交易指数 / 搜索指数

搜索价值数值越高，意味着所选类目带来的利润越大。

接下来，将搜索价值的计算公式输入表格中进行计算。首先，在 E2 单元格中输入“=C2/B2”，点击 ✔ 即完成自动计算，将鼠标移至单元格右下角，当出现“+”光标样式时，向下拖拽可自动填充计算公式，完成搜索价值的计算，如图 3-49 所示。

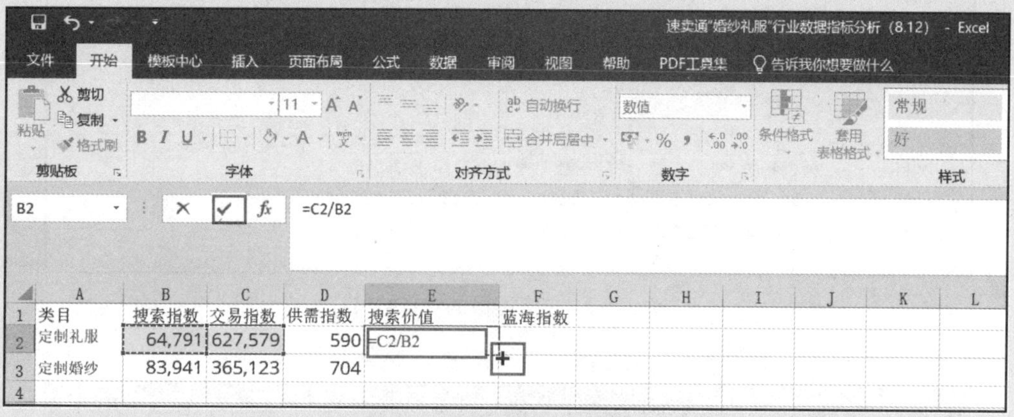

图 3-49 输入计算公式

步骤 4 测算蓝海指数。搜索价值和供需指数的积，反映所选类目的蓝海指数，蓝海指数计算公式如下：

蓝海指数 = 搜索价值 × 供需指数

当然，也可以直接用公式：

蓝海指数 = 供需指数 × 交易指数 / 搜索指数

与前述方法相同，将蓝海指数的计算公式输入表格中进行计算。首先，在 F2 单元格中输入“=D2×E2”，点击 ✔ 即完成自动计算，将鼠标移至单元格右下角，当出现“+”光标样式时，向下拖拽可自动填充计算公式，完成蓝海指数的计算，计算结果如图 3-50 所示。

步骤 5 分析测算结果。从最终的数据测算结果可以看到，定制礼服的搜索指数为 64 791，远低于定制婚纱的搜索指数 83 941，表明定制婚纱比定制礼服在海外市场的热度高很多，但是交易指数显示定制婚纱的销售金额情况远不如定制礼服，那么仅从这两个指标来看，跨境电商卖家是很难做出明确选择的。首先引入搜索价值这个指标，测算结果显示，定制礼服的搜索价值为 9.69，远高于定制婚纱的搜索价值。其次，参考供需指数，通过市场竞争情况来综合判断。定制婚纱的供需指数为 704，定制礼服的供需指数为 590，表明定制婚纱的市场竞争态势比定制礼服要平缓。

最后，将几方面的因素综合考虑，引入蓝海指数这一指标进行综合测算，结果表明，定制礼服的蓝海指数（5714.86）高于定制婚纱的蓝海指数（3062.23），即定制礼服对于跨境电商卖家而言，是一个竞争小、利润高的蓝海市场，如图 3-51 所示。

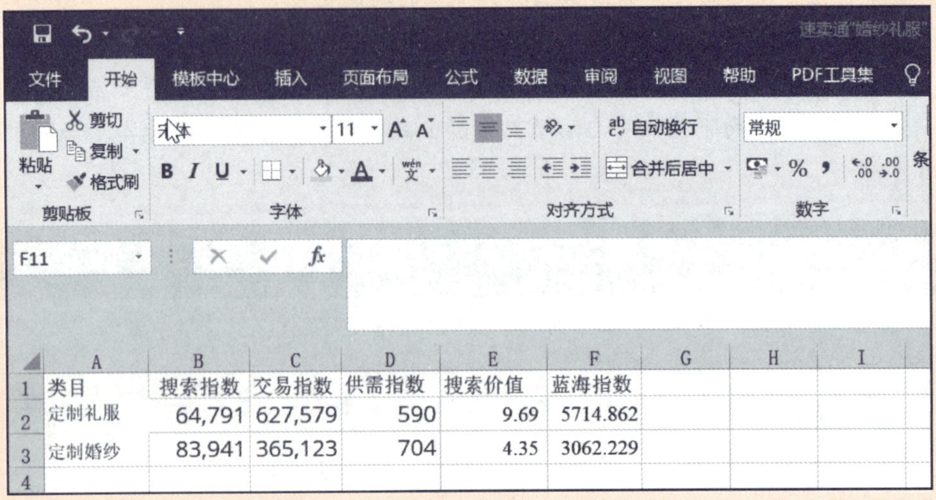

	A	B	C	D	E	F
1	类目	搜索指数	交易指数	供需指数	搜索价值	蓝海指数
2	定制礼服	64,791	627,579	590	9.69	5714.862
3	定制婚纱	83,941	365,123	704	4.35	3062.229

图 3-50　蓝海指数的计算结果

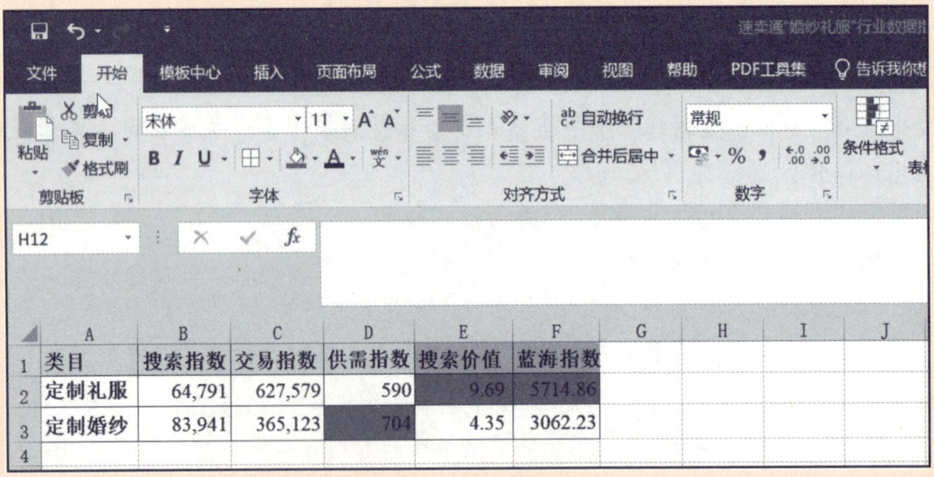

	A	B	C	D	E	F
1	类目	搜索指数	交易指数	供需指数	搜索价值	蓝海指数
2	定制礼服	64,791	627,579	590	9.69	5714.86
3	定制婚纱	83,941	365,123	704	4.35	3062.23

图 3-51　分析测算结果

数据测算完成后，可以通过字体、行高、单元格底色设置等对表格进行整饰，既利于清晰地对比数据，让表格看起来更美观，也有助于运营人员养成严谨、细致的工作作风和职业精神。

以上指标的测算结果也表明，判断和选择跨境电商市场或调整运营策略时，仅看一个单项指标往往是不准确、不充分的。在大数据的背景下，跨境电商卖家需要掌握综合分析数据的思路和能力，让每一个商业决策都有数据作为有力支撑。

项目小结

通过本项目的学习，重点掌握以下知识和技能：

- 跨境电商市场行情分析的主要内容，包括行业趋势、行业市场容量和市场潜力。
- 跨境电商市场行情分析的关键指标，包括供需指数、搜索指数和交易指数。
- 使用生意参谋分析行业趋势、市场容量与市场需求的方法，以及综合判断市场发展潜力的指标测算及分析方法。

课后练习

一、单选题

1. 需要观察市场供需状况时，我们可在全球速卖通平台查看和分析（ ）。

A. 交易指数　　B. 供需指数　　C. 搜索指数　　D. 访客指数

2. 选择目标市场时，我们首先会将（ ）国家作为重点关注对象，它们通常是该类目的主流销售国家。

A. 高 GMV 高增速　　B. 高 GMV 低增速

C. 低 GMV 高增速　　D. 低 GMV 低增速

二、多选题

1. 对于跨境电商而言，市场数据分析的目的包括（ ）。

A. 判断市场规模　　B. 确定发展方向　　C. 把握行业周期　　D. 瞄准目标市场

2.GMV（Gross Merchandise Volume），即电商网站成交金额，关于 GMV 的描述正确的是（ ）。

A.GMV 实际指的是拍下订单金额

B.GMV 指的是实际的最终成交金额

C.GMV 包含付款和未付款的部分

D.GMV 可以反映客户的购买意向

三、判断题

1. 访客指数是所选类目下访客数的指数化指标，能够反映对应产品类目的冷热门情况。（ ）

2. 访客指数等于访客数，指数的数量代表访客数数量。（ ）

3. 供需指数越大，代表市场竞争越激烈，市场越不容易进入。（ ）

4. 商品加购人数是指在统计时间内，所选类目下成功添加购物车的去重人数。(　　)

5. 交易指数是指在统计时间内，所选类目下支付金额的指数化指标。(　　)

四、思考题

1. 跨境电商企业开展市场数据分析的目的与意义是什么?

2. 开展跨境电商市场数据分析的工作流程及主要内容包括什么?

项目四
跨境电商竞争数据分析

技能目标

1. 能够准确识别竞争对手；
2. 能够熟练进行竞品数据的分析；
3. 能够熟练进行竞店数据的分析；
4. 能够制作竞店数据监控表。

知识目标

1. 了解全球速卖通店铺不同竞争对手的类型；
2. 理解全球速卖通店铺产品标题的构成；
3. 熟悉全球速卖通平台婚纱礼服产品的主图要求；
4. 理解全球速卖通店铺的产品结构；
5. 熟悉 SWOT 分析方法。

素质目标

1. 培养敏锐的市场意识和竞争意识；
2. 树立合法经营的理念；
3. 培养与竞争对手合作共赢的意识。

任务导图

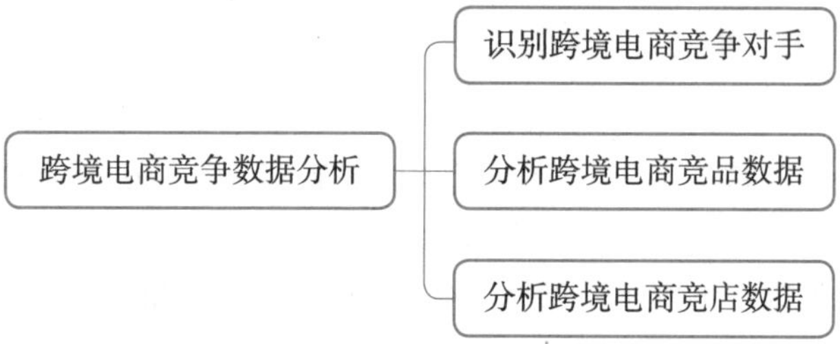

导入案例

跨境电商市场日渐蓬勃，许多传统企业纷纷出海。甲公司是一家婚纱礼服类生产企业，主营花童服，计划在全球速卖通平台开店，进军海外市场。该公司了解到某金公司具有成熟的跨境电商运营经验并从事代运营服务，特委托某金公司代理其全球速卖通店铺的运营工作。在接下代理项目后，某金公司运营部门立即组织数据分析团队，针对甲公司的竞争对手进行数据分析。从事跨境电商行业，分析竞争对手的数据非常重要，不仅可以模仿竞争对手的优秀做法，还能避免出现竞争对手出现过的问题。分析竞争对手，可以从竞品和竞店两个维度展开，全面了解竞争对手的数据信息。

结合案例，思考以下问题：

（1）如何才能找到合适的竞争对手？

（2）你认为需要分析竞争对手的哪些数据？

- **工作任务一：识别跨境电商竞争对手**

掌握竞争对手的内涵，熟悉跨境电商竞争对手的识别方法，能够根据店铺和产品的定位，通过经营类目、关键词、销量和价格维度快速识别竞争对手。

- **工作任务二：分析跨境电商竞品数据**

熟悉竞品数据分析的主要内容，掌握竞品数据分析的标题、主图、商品详情页、订单评价等内容，能够开展全球速卖通婚纱礼服竞品数据的采集和分析。

- **工作任务三：分析跨境电商竞店数据**

掌握对竞店的产品结构、销售及推广情况的分析方法，并采用 SWOT 分析模型进行竞店综合分析。

工作任务一　识别跨境电商竞争对手

任务背景

近几年，跨境电商快速发展，市场竞争更加激烈。跨境电商企业为了更好地生存下去，除了为自己在市场中找到一个精准的定位之外，还需要全面、深入地了解竞争对手，做到“知彼知己”。研究和分析竞争对手对跨境电商企业运营至关重要，这就需要进行竞争数据分析，而开展竞争数据分析的第一步就是准确界定和识别竞争对手。

识别竞争对手

任务实施

一、界定竞争对手

竞争对手是指那些和本店铺提供的产品类型相似或可以相互替代的店铺，通常指的是在市场上以同一类客户为目标的店铺，即品牌定位相似、产品功能相同、价格区间相近、目标客户类似的店铺。

根据争夺资源类型的不同，可以界定不同的竞争对手。竞争对手主要分为 3 类，即同类产品竞争者、替代类产品竞争者、客户资源竞争者。

同类产品竞争者：相同经营类目下现有的、与本店铺销售同样产品的店铺。这些店铺是直接竞争者。

替代类产品竞争者：与本店铺销售的产品非同类，但产品具有相同功能、能满足客户相同需求的店铺。替代类产品竞争者也会和本店铺构成激烈的竞争关系。

客户资源竞争者：提供不同产品，满足客户的不同愿望，但目标客户相同的店铺。争夺客户资源，这是竞争对手之间最本质的竞争。

二、识别竞争对手

识别竞争对手可以从多个维度入手，如经营类目、产品关键词、产品销量、产品价格。

（一）通过经营类目识别竞争对手

相同经营类目下的产品在满足客户需求上具有替代作用，这意味着彼此间存在最直接的竞争关系。全球速卖通平台根据所属行业将产品划分为不同的经营类目，平台首页左边“Categorise”下有 13 个经营类目，如图 4-1 所示。因此，可以通过全球速卖通的经营类目及子类目，结合本店铺所售产品类目，快捷地找到同一类目下的其他产品和店铺，通常这些产品和店铺就是竞争对手。以婚纱礼服为例，点击类目“Women’s Fashion”下的子类目“Wedding Dresses”，所展示的产品和店铺，就是初步确定的竞争对手。

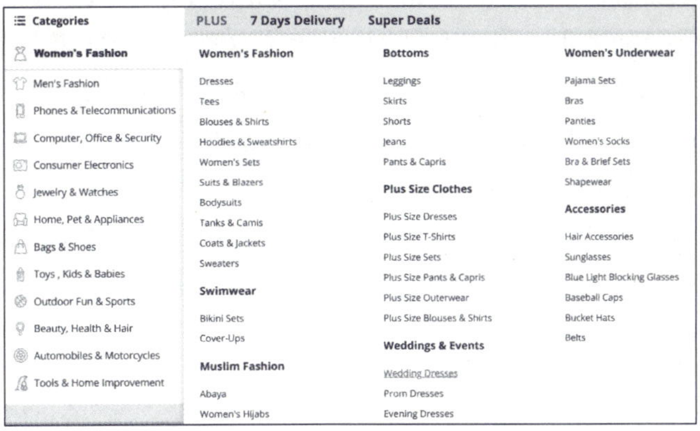

图 4-1 全球速卖通平台经营类目

（二）通过产品关键词识别竞争对手

在全球速卖通平台上，通过搜索产品的关键词，找到与本店铺经营的子类目最相似的店铺，再通过添加更具体的产品属性使查找的竞争对手更为精确。首先，进入全球速卖通首页，在搜索框内输入“wedding dresses”（婚纱礼服），可搜索到大量的婚纱礼服产品，这些产品就是同品类的潜在竞争对手，如图 4–2 所示。接下来，还可以勾选“Silhouette”（服装廓形）、“Color”（颜色）、“ Train”（下摆）、“Wedding Dress Fabric”（婚纱面料）、“Dresses Length”（裙长）等产品属性，进一步缩小范围，精准识别竞争对手。

图 4–2　婚纱礼服产品

（三）通过产品销量和价格识别竞争对手

竞争对手要和本店铺及产品在同一起跑线上，这样的竞争对手对于跨境电商企业开展竞争数据分析才更有实际意义。因此，在全球速卖通平台上搜索出数目庞大的相关店铺之后，可以通过产品销量和价格进一步地选择缩小范围，找出与本店铺产品定位更为接近的店铺作为竞争对手。以婚纱礼服产品为例，在全球速卖通首页搜索“wedding dresses”后，点击下方“Orders ”按钮，将订单按产品销量从高到低进行排序，可以找到那些比本产品销量略高的产品。和优秀的竞争对手相比，才有提高和优化的可能。还可以通过设置产品的价格范围进一步识别竞争对手。例如：本店铺主营的婚纱礼服产品价格在 90 ～ 160 美元，那么在全球速卖通搜索框下面“Price”（价格）区间输入“90 ～ 160”，将会在搜索婚纱礼服产品的基础上，根据价格进一步缩小范围，如图 4–3 所示，从而找到准确的竞争对手。

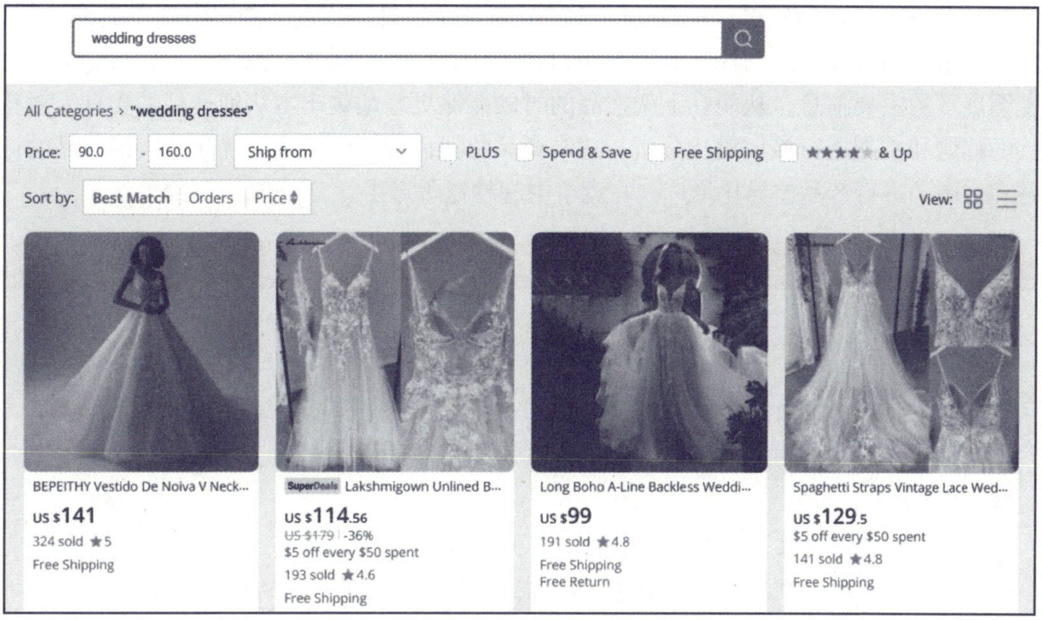

图 4-3　价格在 90～160 美元的婚纱礼服产品

学思之窗

识别竞争对手，不是模仿竞争对手，更不应该用不正当的手段打压竞争对手。

工作任务二　分析跨境电商竞品数据

任务背景

分析竞品数据，可以了解竞争对手的经营状况，根据数据判断竞争对手的战略意图和最新调整方向，并通过采取相应措施，保持本店铺产品在市场中的稳定性或快速提升市场占有率。分析竞品数据，还可以挖掘客户需求，为卖家制定产品销售目标、规划产品布局、开展营销推广活动等提供相对客观的参考依据。下面重点分析竞品的标题和主图、商品详情页、订单评价等。

分析竞品数据

任务实施

一、分析竞品的标题和主图

客户需要通过全球速卖通店铺产品的图片、视频和文字来获取对于产品的第一印象。产品标题与产品本身匹配度越高，越能增加客户下单的信心，提高下单转化率。如果标题展示的属性与产品不符，则会影响产品的转化率。产品的主图可以直观体现出产品款式及特点，而标题可以体现出该产品的属性及特性。因此，竞品分析的首要环节，就是观察产品的标题及图片，看到竞品的款式特点、产品属性以及优势，分析竞争对手主图展示的主要信息，从而在上架产品的时候能够更好地突出本店铺产品的卖点。对竞品的标题和主图进行横向对比分析，总结竞品的特色和优势，从而优化本店铺产品的标题和主图，进行产品差异化推广，在竞争中超越竞争对手。

知识链接

全球速卖通店铺的产品标题

全球速卖通店铺的产品标题一般由品牌词＋核心词＋属性词＋流量词组合而成。

品牌词：店铺产品的品牌，如果没有英文品牌也可以不用，但是一定不能使用别人的品牌。

核心词：能精准表达产品且字数比较少的词。

属性词：描述产品本身的功能、特点、颜色、材质等属性的词。

流量词：能够给产品带来流量的关键词，一般是产品的热搜词，可以通过平台推荐词、搜索下拉框词、选词专家、选品专家等渠道获得。

下面以婚纱礼服类目下的花童服为例，分析竞品的标题和主图。在全球速卖通首页搜索框内输入“flower girl dresses”，价格区间选择 30 ～ 60 美元，搜索后得到相应的竞品，选择其中 3 个竞品进行分析，如图 4-4 所示。

图 4-4　花童服的竞品

（1）分别点开 3 个竞品，可以得到以下 3 个不同的标题：

① FATAPAESE Lace Tulle Flower Girl Dress Up Bottons Bows Children's First Communion Ball Gown Wedding Party Bridesmaid Dresses Kids

② Gardenwed Lace Ivory Flower Girl Dresses Appliques Baby Girls Party Dress Cap Sleeves Puffy Princess Dress Bow First Communion

③ Lovely Kids Flower Girl Dresses For Wedding Long Sleeve Princess Floor Length Backless Ball Gown Junior Bridesmaid Girls Dress

前面 2 个标题有品牌词“FATAPAESE”和“Gardenwed”，而第 3 个标题没有品牌词。每个标题都有 2～3 个核心词，以及若干个属性词。通过分析竞品的标题，本店铺在优化产品标题时，可以借鉴竞品的标题，特别是竞品标题中好的词，可以摘录下来。

（2）分析竞品的主图。主要观察竞品主图的特点、6 张图片的组合方式等，从中找出可以借鉴的地方。另一方面，发现竞品主图的不当之处，在本店铺上传产品主图时避免发生此类错误。

知识链接

全球速卖通平台婚纱礼服产品的主图要求

（1）主图像素≥ 800×800，图片长宽比例保持 1:1；

（2）主图背景建议为纯色，白色或其他浅色；

（3）主图需达到 6 张，建议第一张为正面全身图，第二张为背面全身图，2～3 张细节图，1～2 张场景图；

（4）主图中的真人模特必须露出头和脸，禁止将头裁剪掉或者在脸上出现马赛克；

（5）主图不得拼接或者添加边框，不得出现除店铺编号以外的水印，不得包含促销、夸大描述等文字说明，品牌 Logo 可放置于主图左上角；

（6）产品大小占主图 80% 以上，多色产品主图禁止出现九宫格。

二、分析竞品的商品详情页

全球速卖通平台商品详情页包括关联营销、产品介绍、产品规格详情、公司实力展示、物流时效、售后保证等。在分析竞品的商品详情页时，主要分析关联营销、产品重要信息展示及商品详情页布局方式等。

关联营销是为了让买家有更多选择，降低跳失率，将店铺有优势或者主推的产品做关联营销，成交的概率可能会更高。分析竞品的关联营销可以了解该店铺的优势产品或主推产品，从而为关联营销的设置提供思路。关联营销可以选择放在商品详情页的顶部、中间和底部，一般对应地可以放置促销产品、互补产品和替代性产品。

分析竞品的商品详情页可以重点参考竞品的产品介绍图、规格尺寸图等产品重要信息展示，以及竞品的商品详情页布局方式，找出竞品的商品详情页突出的重点和卖点，为本店铺商品详情页布局提供借鉴。特别注意：产品尺码等信息可以做图表直接展示；重要信息直接用文字说明而不用图片展示，避免英文不好的买家因无法翻译而看不懂；如果展示买家秀，需要注意视觉效果、色差等问题；涉及使用说明，可以用图文的形式展示，更加形象。

实战演练

分析花童服竞品的商品详情页

步骤 1 分析竞品的关联营销。打开花童服竞品的商品详情页，可以看到商品详情页的顶部和尾部都有关联营销，如图 4-5 所示。分析竞品关联营销的作用，并对竞品关联营销提出改进建议。

图 4-5 花童服竞品的商品详情页关联营销

步骤 2 分析竞品的产品介绍图。打开花童服竞品的商品详情页，浏览商品详情页里面的产品介绍图片，从中截取有代表性的图片，如图 4-6 所示，分析这些图片的优缺点，并提出改进建议。

图 4-6 产品介绍图片

步骤 3 分析竞品的规格尺寸图。打开花童服竞品的商品详情页，浏览商品详情页里的规格尺寸图，如图 4-7 所示。分析竞品规格尺寸图的优缺点，并结合本店铺的目标人群年龄范围，制作规格尺寸图。

Size																									
US Size	2		3		4		5		6		7		8		9		10		11		12		13		14	
	cm	inch	cm	inch	cm	inch	cm	inch	cm	inch	cm	inch	cm	inch	cm	inch	cm	inch	cm	inch	cm	inch	cm	inch	cm	inch
Bust	53	21	56	22	58	23	61	24	64	25	66	26	69	27	71	28	74	29	77	30.5	81	32	84	33	86	34
Waist	51	20	53	21	56	22	58	23	61	24	65	25	66	26	69	27	71	28	74	29	76	30	79	31	81	32
Hips	51	20	53	21	56	22	58	23	64	25	66	26	69	27	74	29	79	31	84	33	86	34	88	34.5	89	35
Hollow to Floor	84	33	89	35	97	38	102	40	104	41	107	42	109	43	112	43	119	47	122	48	127	50	130	51	132	52

图 4-7 规格尺寸图

步骤 4 分析竞品的商品详情页的其他信息。打开花童服竞品的商品详情页，浏览商品详情页里的物流时效、Q&A 问答、五星好评等信息，分析竞品的商品详情页的布局方式以及特色之处。

三、分析竞品的订单评价

综合分析竞品的订单评价，从买家好评中可以了解买家认可的部分，提取竞争对手的卖点，从而取长补短，优化自身产品；在差评中，可以看出买家不满意的部分，这样在上架产品的时候可以提前规避可能给产品带来差评的风险；而在买家的买家秀中，还可以看出竞争对手的产品包装信息等，从而确定发货方式。

对比分析竞品和本店铺产品的订单评价，可以为本店铺产品或店铺服务优化创新提供思路。例如：对竞品的订单评价进行分析，发现部分买家不满意的地方在于产品的质量、尺寸等，有的买家表示裙子偏短，也有买家表示面料质量很差。在了解这些信息之后，总结买家的需求，再反观本店铺的产品，分析哪些地方是买家认可的，需要继续保持；哪些产品不够优秀，需要向竞品学习。

实战演练

分析花童服竞品的好评和差评

步骤 1 分析竞品的好评。打开花童服的竞品展示页面，找到并点击“CUSTOMER REVIEWS”按钮，并点击“5 Stars”后面的百分比，如图 4-8 所示。在所有展示的五星好评中，重点查看有照片的五星好评，并从中找出买家特别满意的地方，如图 4-9 所示，为本店铺优化改进提供参考。

步骤 2 分析竞品的差评。打开花童服的竞品展示页面，找到并点击

"CUSTOMER REVIEWS"按钮，点击"1 Stars"后面的百分比，查看差评的具体信息，如图 4–10 所示，分析买家给予差评的原因，避免犯同样的错误。分析评论时，遇到不熟悉的语言，可以借助翻译工具。例如：通过翻译可以得知，图 4–10 中买家给予差评的原因有：颜色不对、袖型不对、面料不好、到货太慢、退款不及时等。

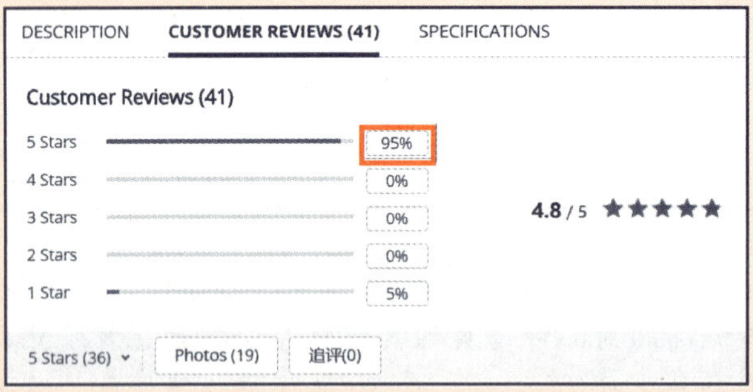

图 4–8　花童服的竞品展示页面

图 4–9　花童服竞品的五星好评

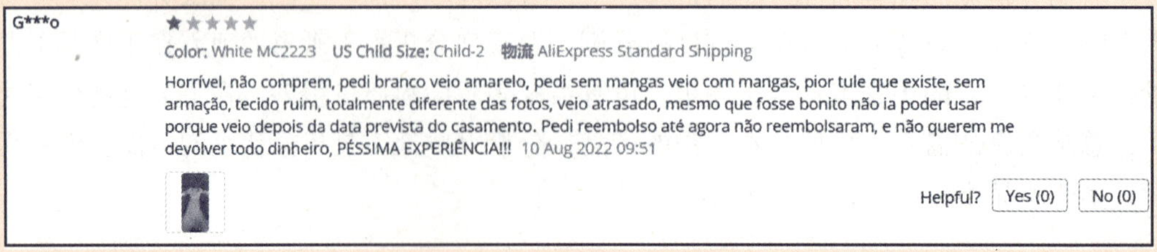

图 4–10　花童服竞品的差评

四、分析竞品的订单量和收藏数

进行竞品分析的目的是优化产品，提升产品的销量，因此产品订单量分析是竞品分析的重点。在商品详情页，可以直接看到产品近 6 个月的订单量，如图 4–11 所示。根据商品详情页展示的订单量，可以预测同类产品每天的出单量，为制定每天的出单目标提供参考。同时也要注意分析竞争对手有没有刷单，如买家评价内容、买家秀图片拍摄角度相似，那么极有可能是刷单的订单。

图 4-11 花童服竞品的订单量

收藏数指的是在浏览产品时点击收藏产品的买家数，它从侧面反映了产品受买家喜欢的程度。做竞品分析时，可以进入竞品的商品详情页，人工观察和采集竞品的收藏数，如图 4-12 所示，对比本店铺产品，找出差距。如果自身产品的收藏数过少，可以尝试设置店铺活动，如收藏有礼；或者参加平台活动，如试用；还可以优化产品主图、商品详情页，增加产品视频等。

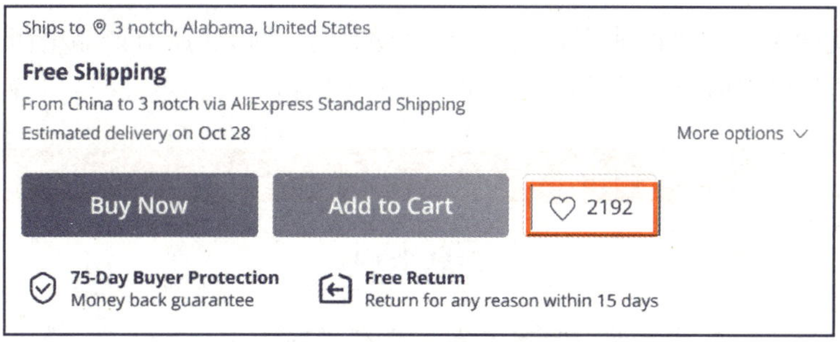

图 4-12 花童服竞品的收藏数

工作任务三 分析跨境电商竞店数据

任务背景

竞店就是竞争对手的店铺。通过观察和分析竞店的整体数据，可以对竞店的运营情况有更深入的了解，从而扬长避短，改善自身店铺的运营情况。

分析竞店数据

任务实施

一、分析竞店的产品结构

对于任何一个店铺，产品结构都是非常重要的，因为产品结构往往能够影响店铺整体的运营和发展。如果一开始产品结构没有设置好，选了过于冷门的产品，或者是产品结构优化差，那么就很难在后面的竞争中脱颖而出。设置店铺的产品结构要注意以下三点：

（一）做精品

没有不好的行业，只有不好的做法。尽量做消费者日常生活中需要的产品，而不是做一些“买回家就放着落灰”的产品。很多产品虽然新、奇、特，但消费者往往用一次就搁置了。

（二）做专注

做专注，就是一个店铺只做一件事情。有很多的店铺，一直缺乏流量、缺乏转化、缺乏规模，究其原因，十有八九是“多面手”。你能在他家看见牛仔裤，也能看见丝袜，甚至还能看见鞋子。这样就会让消费者对店铺的专业性产生疑惑。

（三）主推明确

全球速卖通平台的电商成交是消费者主导的，无法形成所有产品全面开花的局面。因此，卖家要设置好店铺产品的价格区间，把更多的精力放到主推产品上面。

知识链接

产品类型

爆款类产品：单量巨大、利润不高，具有“高曝光、高流量、高订单”特征。一个店铺有 5 款左右的爆款产品，就足够支撑整个店铺的销售额了。

引流类产品：消费频次高、价格敏感度高的产品，通常购买频率偏高，可以长期保持活跃度，提升忠诚度。引流类产品可以给店铺带来流量。

盈利类产品：具有较高利润率的产品，如别人没有的产品。该产品往往具有较高的利润，以此来弥补引流类产品在利润上的不足。此外，盈利类产品的销售往往由引流类产品来推动。

基于上面的注意点，我们可以分析竞店的产品结构，包括产品品类分布、产品价格分布等。分析竞店产品结构主要有两种方法：人工统计和借助第三方工具。人工统计是打开竞争对手的店铺，查看竞争对手店铺的所有产品，将产品名称、类别、价格等汇总到表格中，进行统计分析，得出竞争对手的产品结构。而借助第三方工具可以实现对竞争对手店铺的实时跟踪，通过与竞争对手进行对比，从而发现本店铺与竞争对手店铺主推产品和主推子类目的差异性，找到本店铺的短板。

实战演练

分析花童服竞店的产品结构

步骤 1 分析竞店的产品列表。打开花童服竞店首页，找到并点击“Products”按钮，可以看到左边有产品品类的列表，如图 4-13 所示。分析这两家竞店的产品列表各有什么特色。

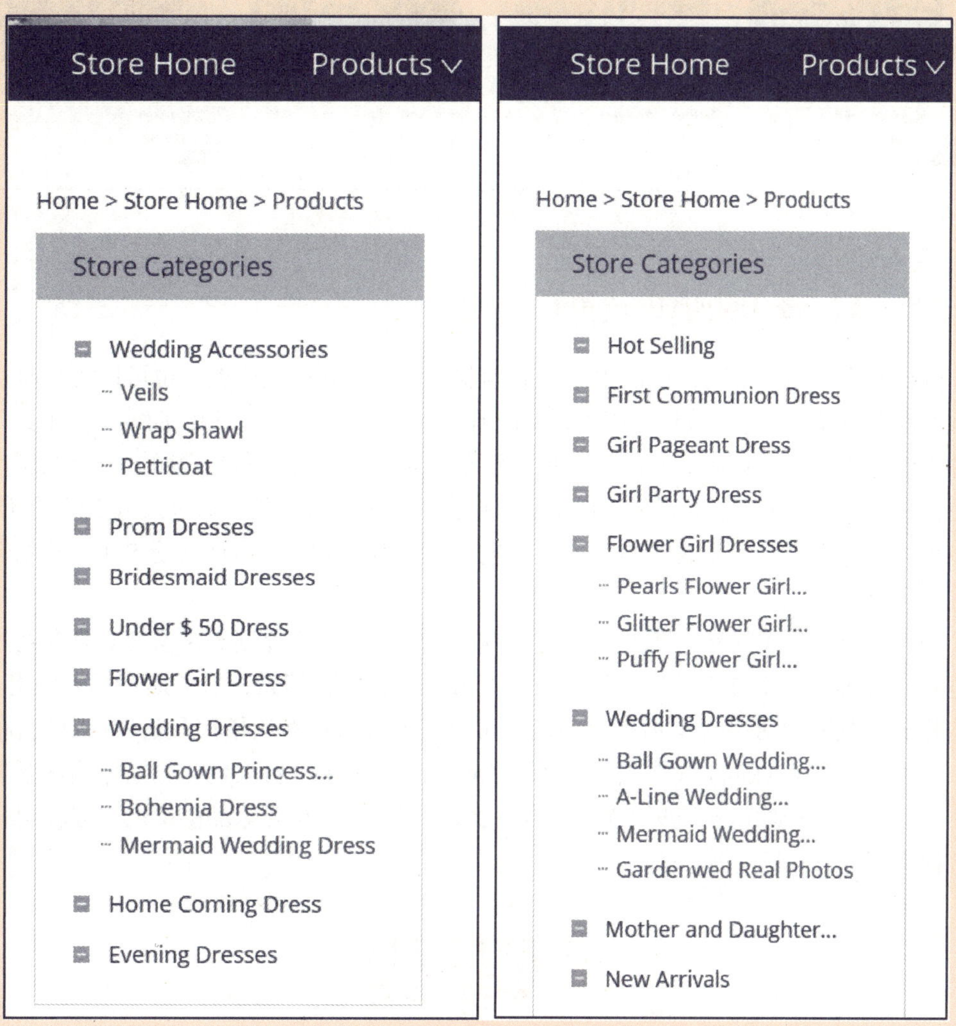

图 4-13 花童服竞店的产品列表

步骤 2 分析竞店的产品价格。打开花童服竞店首页，找到并点击产品品类列表里的“Flower Girl Dresses”，并点击“Price”按钮，让产品价格从高到低排列。如图 4-14 所示，可以看到所售产品的最高价格和最低价格，以及产品的整体价格分布，还可以看到有销量产品的最高价格和最低价格，以及销量最高的产品价格。分析花童服竞店的价格区间以及主推产品的价格情况，提出改进建议。

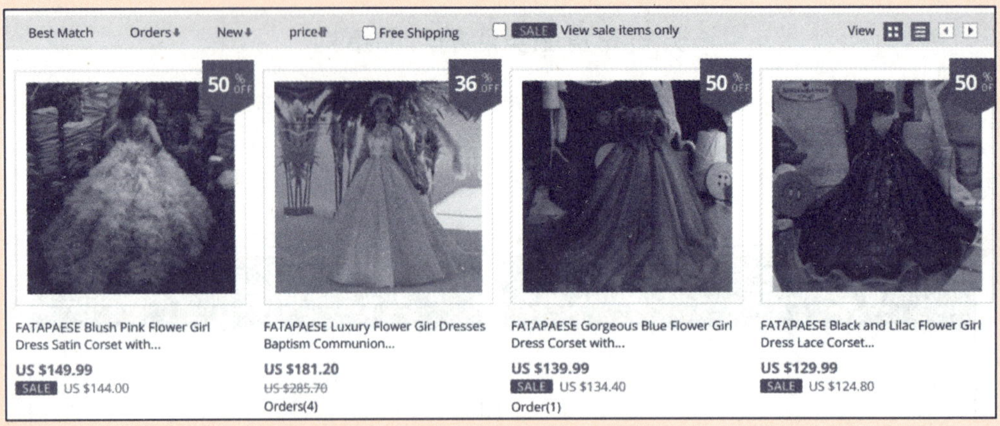

图 4-14　花童服竞店的产品价格

二、分析竞店的销售及推广情况

分析竞店的销售情况，可以为自身店铺制定销量目标提供依据，也可以为自身店铺设置主推产品提供参考。分析竞店销售情况有两种方法：人工统计和借助第三方工具。第一种方法是手动统计竞店产品的销售量，汇总竞店的总销售量和销售额，分析竞店产品的销售情况。第二种方法是借助 AE 竞品监控插件等第三方工具，通过最近 30 天销量 × 客单价，估算出每个产品的月均销售额，进而估算出整个竞店的月均销售额、日均销售额等。

同样，分析竞店的推广情况也可以为自身店铺制订推广计划提供参考。判断竞店是否进行广告推广：用竞店链接的类目关键词或标题关键词搜索，看竞店产品有没有 AD 广告标志。判断竞店是否参加平台活动：可以用插件监控竞店链接最近 90 天的价格变化，如果在平台活动期间价格明显下降，说明竞店参加了平台大促。判断竞店联盟佣金比例：注册一个全球速卖通买家账号，登录联盟网站，再点开竞品链接的时候就可以看佣金比例了。

实战演练

打开花童服竞店首页，找到并点击“Top Selling”按钮，可以看到竞店近 6 个月有销量的所有产品，并且销售量已经由高到低进行了排列，如图 4-15 所示。分析花童服竞店的销售情况，并讨论部分产品销售情况不佳的原因。

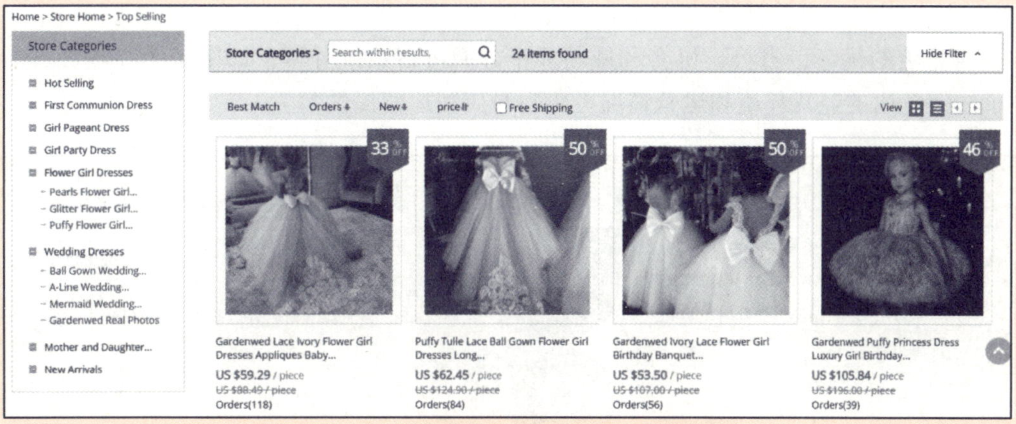

图 4-15 花童服竞店的部分产品销售情况

三、对竞店进行SWOT分析

竞争数据分析的基本方法与模型

SWOT 分析指的是基于内外部竞争环境和竞争条件下的态势分析。将与竞店密切相关的优势、劣势、机会和威胁等，通过调查列举出来，并依照矩阵形式排列，然后用系统分析的思想，把各种因素相互匹配并加以分析，从中得出一系列相应的结论。对竞店的 SWOT 分析，可以帮助店铺对所处的内外部环境进行全面、系统、准确的研究，并根据研究结论制定和调整相应的经营战略、计划以及对策，从而为店铺运营提供指导。

SWOT 模型主要包括企业的 Strengths（优势）、Weaknesses（劣势）、Opportunities（机会）和 Threats（威胁）4 个方面，也称作“SWOT 分析四要素”。其中，优势与劣势属于内部因素，机会与威胁则是外部因素，将这四要素进行组合即可建立 SWOT 模型。通过 SWOT 模型进行竞店数据分析，就是将收集到的竞店数据信息，通过这 4 个方面进行综合分析，并最终形成分析结论和策略。

（一）收集竞店的数据

收集竞店的数据，是对竞店进行 SWOT 分析的第一步，而全面、准确的数据是进行竞店 SWOT 分析的关键。 制作竞店数据监控表，如表 4-1 所示，对竞店数据进行长期跟踪。竞店数据监控表可以根据实际需要进行自主设计和调整。

表 4-1 竞店数据监控表

店铺 ID	店铺名称	店铺链接	店铺开店时间	是否为金银牌	主营产品	产品数量	最好产品的订单数	竞品的订单数	竞品的收藏数	竞品的评分

（二）进行 SWOT 分析

对竞店的优势、劣势、机会和威胁 4 个方面进行系统分析，如图 4–16 所示，从而全面了解竞店的经营环境和运营情况，为自身店铺运营提供参考。

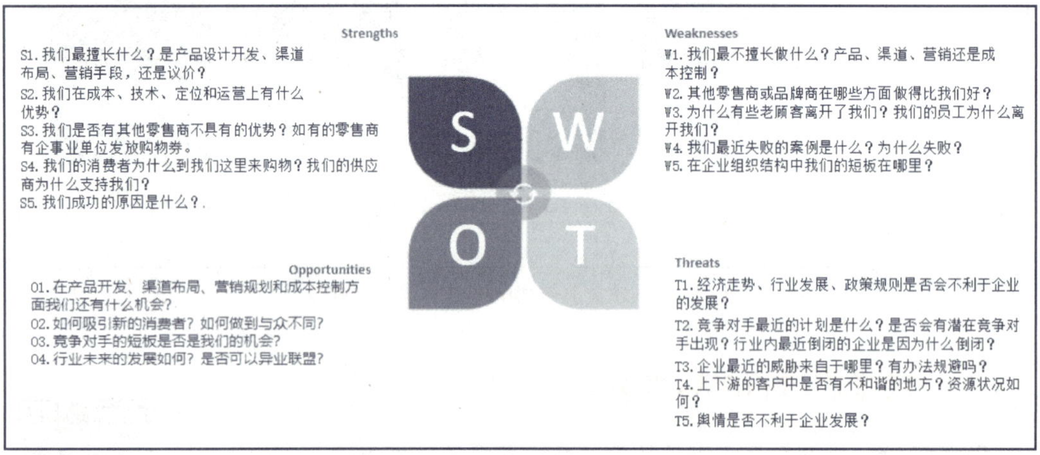

图 4–16　SWOT 分析

学思之窗

分析竞店数据，还可以从产品互补性、共用供应商等方面，挖掘和竞店的合作机会，争取和竞店合作共赢。

实战演练

对女式连衣裙进行竞争数据分析

步骤 1　识别竞争对手。在全球速卖通首页搜索“dress for woman”，价格区间设置为 20～30 美元（根据自身店铺的价格定位确定），可以搜索到很多产品，如图 4–17 所示。观察这些产品的主图，寻找和自身店铺产品相似的产品，确定为竞争对手。

步骤 2　分析竞品数据。点击进入竞品的展示页面，如图 4–18 所示，分析竞品的标题、主图、商品详情页、订单评价等数据，讨论竞品好的做法以及可以改进的地方。

步骤 3　分析竞店数据。点击进入竞店页面，如图 4–19 所示，分析竞店的产品结构、销售量等数据，并对竞店进行 SWOT 分析，为店铺优化提出合理建议。

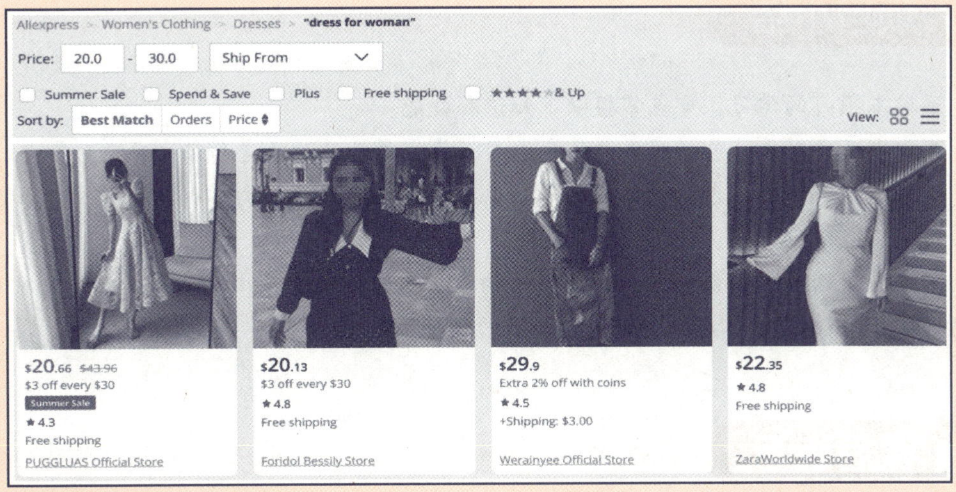

图 4–17　女式连衣裙

图 4–18　商品详情页

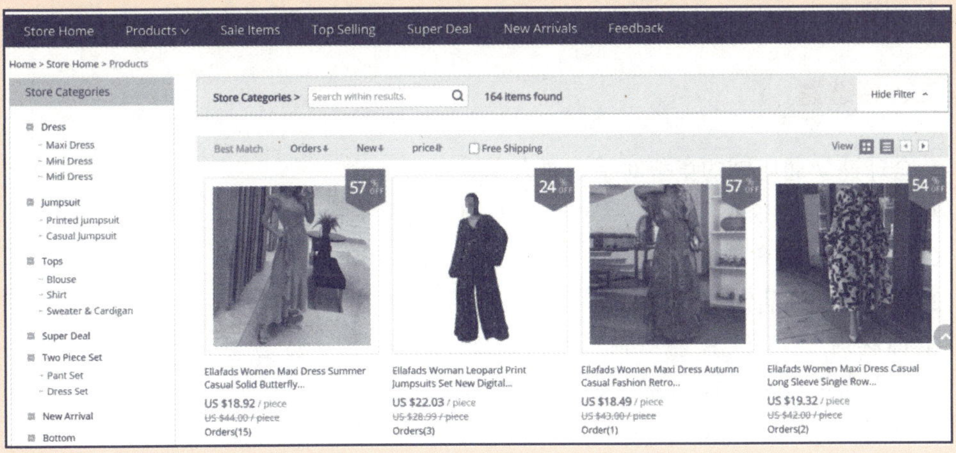

图 4–19　竞店页面

项目小结

通过本项目的学习，重点掌握以下知识和技能：

● 识别竞争对手，包括同类产品竞争者、替代类产品竞争者和客户资源竞争者。

● 分析竞品数据，包括竞品的标题、主图、商品详情页、订单评价、订单量和收藏数等。

● 分析竞店数据，包括竞店的产品结构、竞店的销售及推广情况等，并能够对竞店进行 SWOT 分析，为本店铺制定科学合理的运营策略。

课后练习

一、单选题

1. 提供不同产品，满足客户的不同愿望，但目标客户相同的店铺，被认为是（　　）。

A. 同类产品竞争者　　B. 替代类产品竞争者
C. 客户资源竞争者　　D. 品牌竞争者

2. 产品的（　　）可以直观体现出产品款式及特点。

A. 标题　　B. 主图　　C. 价格　　D. 评论

3. 全球速卖通店铺商品详情页不包括（　　）。

A. 商品价格　　B. 商品规格尺寸　　C. 关联营销　　D. 物流时效

4. 店铺中独具特色、具有较高利润率的产品，称为（　　）产品。

A. 爆款类　　B. 引流类　　C. 盈利类　　D. 淘汰类

5.（　　）是指浏览产品时点击收藏产品的买家数。

A. 浏览量　　B. 收藏数　　C. 订单量　　D. 好评数

二、多选题

1. 全球速卖通店铺的竞争对手主要有（　　）。

A. 同类产品竞争者　　B. 同类价格竞争者
C. 替代类产品竞争者　　D. 客户资源竞争者

2. 全球速卖通店铺的产品标题一般由哪些构成？（　　）

A. 品牌词　　B. 核心词　　C. 属性词　　D. 流量词

3. 对竞店进行 SWOT 分析，主要分析哪几个方面？（　　）

A. 优势　　B. 劣势　　C. 机会　　D. 威胁

三、判断题

1. 只有销售相同或相似产品的店铺才可能是本店铺的竞争对手。(　　)
2. 店铺引流类产品的主要作用是给店铺带来流量，而不是带来盈利。(　　)

四、思考题

1. 准确识别竞争对手，主要包括哪几个方面？
2. 思考并举例说明 SWOT 模型在竞店数据分析中具体如何应用。

项目五 跨境电商客户数据分析

技能目标

1. 能够根据生意参谋的数据分析客户基本属性；
2. 能够根据生意参谋的数据进行客户行为偏好分析；
3. 能够运用 RFM 客户价值分析模型进行客户分层分类。

知识目标

1. 了解跨境电商客户数据分析的定义；
2. 了解跨境电商客户静态属性数据与行为偏好数据；
3. 熟悉跨境电商客户数据分析的思路及方法；
4. 熟悉 RFM 客户价值分析模型及关键指标。

素质目标

1. 培养“千人千面”的客户运营思维；
2. 洞察海外客户需求和产品偏好；
3. 培养以客户为中心的经营服务商意识。

任务导图

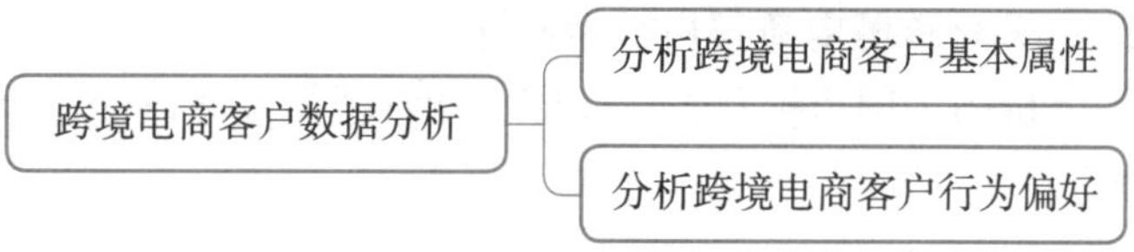

导入案例

产品运营部的小贾近期发现婚纱礼服的商品访客数、收藏人数都在下降，因此准备筹划一场针对婚纱礼服的营销活动，但是活动的细节还不能确定，他不知道应该促销哪款商品以及应该针对哪类客户群体营销。针对这种情况，某金公司运营部门决定组织数据分析团队，针对公司的婚纱礼服商品开展客户数据分析，如图 5-1 所示。

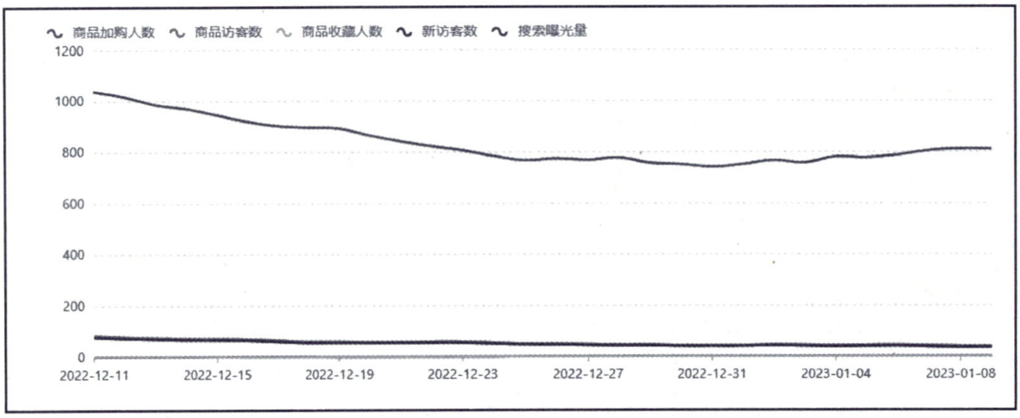

图 5-1　婚纱礼服近期的访客数量

结合案例，思考以下问题：

（1）你认为公司的决策正确吗？开展客户数据分析有何价值和作用？

（2）开展客户数据分析应该收集哪些数据？如何获取这些数据？

- **工作任务一：分析跨境电商客户基本属性**

掌握客户画像的内涵，熟悉跨境电商客户画像的维度与数据标签，能够通过全球速卖通后台工具生意参谋查看客户的基本属性，并通过生意参谋采集店铺客户的基本属性数据进行分析。

- **工作任务二：分析跨境电商客户行为偏好**

掌握客户行为分析的关键指标和方法步骤，能够根据全球速卖通店铺后台数据进行客户行为偏好分析。

工作任务一　分析跨境电商客户基本属性

任务背景

菲利普·科特勒指出，在一个产品泛滥而客户短缺的世界里，以客户为中心是成功的关键。跨境电商企业通过有效了解客户特征和消费行为，为制定下一步的市场策略或市场推广提供指导性依据。客户数据分析的内容主要包括客户基本属性和客户行为。客户行为分析就是根据客户数据来分析客户特征、评估客户价值，从而为客户制定精准化的营销策略和提供服务。开展客户数据分析的核心目标就是提升单个客户的价值（让客户成为全球速卖通店铺的忠实会员）、延长客户生命周期（让客户持续在全球速卖通店铺消费）。

任务实施

一、客户数据分析的定义

客户数据分析是指根据客户的信息数据来分析客户的各类特征，细分客户群体、评估客户价值，更深入地了解客户的偏好和需求，洞察每个细分市场最有价值的地方，以便更准确地在该细分市场制定营销策略与客户服务管理计划。此外，通过客户数据分析还可以帮助跨境电商企业发现潜在的客户，从而进一步扩大市场规模，推动企业更好地发展。

二、认识客户画像

（一）客户画像的定义

客户画像又称“用户画像”“客户信息的标签化”，是对店铺的客户群体从不同维度描述其特征，如年龄、性别、职业、所在地区、受教育程度、兴趣爱好，以此把握不同客户群体的共同点。形象地说，客户画像是由大量的标签组成的，标签描绘客户画像的不同维度，将这些标签综合在一起，就形成了一个客户画像。因此，绘制客户画像就是一个给客户贴标签的过程。

绘制客户画像

一般来说，线上交易的任一业务环节均可以产生大量的、各类型的数据，根据不同的数据分析目标需要使用不同的数据。在互联网领域，客户画像数据包括人口属性、终端偏好、兴趣特征、消费特征、行为数据、社交数据等，具体内容如表 5-1 所示。

表 5-1　客户画像数据

数据类型	具体内容
人口属性	客户的性别、年龄、所在城市、职业、受教育程度等人口统计学特征。
终端偏好	客户使用的终端特征，如手机 App、PC 端。
兴趣特征	客户浏览的内容、收藏的内容、购买产品偏好等。
消费特征	客户的类目偏好、购物频次、价格偏好、消费层级等。
行为数据	客户的访问时间、浏览路径等在网络上的行为轨迹数据。
社交数据	客户在社交网站上产生的相关数据。

知识链接

客户画像

数字化时代的消费者，其行为模式、消费内容发生了重大转变，在消费过程中越来越体现出个性化、社交化和移动化等特征。更好地理解客户、挖掘潜在需求、促进购买决策的形成，成为跨境电商卖家极为关注的问题。在此背景下，客户画像技术在电商营销领域得到广泛应用。客户画像的本质是在大数据环境下，卖家可以深入了解客户信息，全面准确地描述客户的维度和属性，从而深入研究客户的特征和行为，更准确地把握客户需求，更好地为客户服务。客户画像作为大数据的根基，可以帮助跨境电商卖家通过大数据收集与分析客户社会属性、生活方式、兴趣爱好、消费行为等主要信息数据后，概括一个客户的信息全貌，以此作为营销的参考依据。构建客户画像的核心工作就是为客户打标签，并勾勒出该客户的立体画像。根据客户画像数据库实现高价值客户识别、智能推荐、广告投放、会员营销服务、客户满意度提升。通过聚类分析，经过提炼共性特征形成的特定群体即客户群体，对他们实施精确的营销。卖家还可以通过与客户的互动交流、客户评估以及其他数据来检查营销效果，并将这些效果反馈给客户画像数据库以动态调整和优化营销策略。因此，在找到目标国之后，还需要对客户群体的消费偏好、消费行为进一步分析。

（二）客户静态属性数据

性别、年龄、受教育程度、职业、所在地区等人口统计学特征属于客户的基本属性数据，也可以称之为“静态属性”。通过了解客户的性别、年龄、职业、所在地区、收入等基本属性，帮助跨境电商企业对客户有基本的了解，从而划分客户群体、分析客户需求、绘制客户画像。例如：同样是女性客户，其年龄或职业的不同，对服装的款式、颜色、风格的需求偏好是不同的；不同国家的自然地理气候、文化风俗等差异也会使客户形成不同的需求偏好。

三、客户基本属性分析

客户的需求与购买动机会受到地域、年龄、性别、职业、收入、文化程度、民族、宗教习俗等多重因素的影响。同时，随着经济的快速发展与互联网技术的更新迭代，消费习惯、消费理念与消费心理不断发生变化，因此带来消费行为的巨大差异。通过对这些属性因素的分析，可以帮助跨境电商企业分析客户的内在需求。

（一）客户地域分布分析

客户地域分布分析是从空间维度上分析客户，跨境电商企业要清楚客户从哪个国家来，属于哪个国家、地区、哪个城市。跨境电商企业可以有针对性地了解重点城市或地区的风土人情、节庆习俗，以展开精准营销；也可以和该地区的线下实体店或当地 KOL

（意见领袖）合作，开展产品的推广活动。图 5–2 是全球速卖通平台某年 30 天内购买婚纱礼服产品的俄罗斯买家的城市分布图，按支付买家占比由高到低排列。

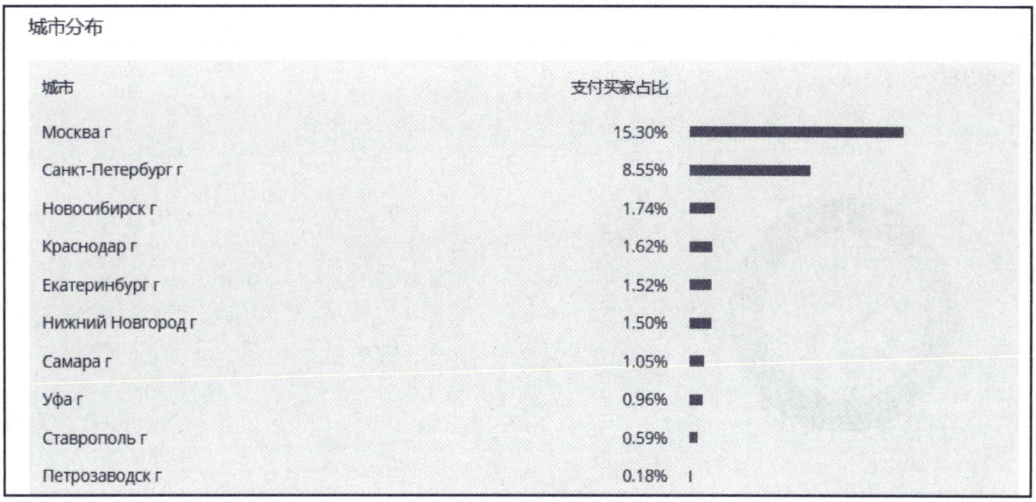

图 5–2　城市分布图

（二）客户年龄分布分析

不同年龄的客户群体具有不同的消费特点，如青年人追求时尚潮流、老年人热爱养生等，因此跨境电商企业要关注客户的年龄分布，把握不同年龄群体的消费特征，更好地满足其消费需求。图 5–3 是婚纱礼服产品某月的支付买家年龄分布情况，可以看出其中占比最高的是 25～34 岁的青年群体，占比高达 53.86%；其次是 35～44 岁的中年群体，占比为 25.07%；排在第三位的是 18～24 岁的青少年群体。

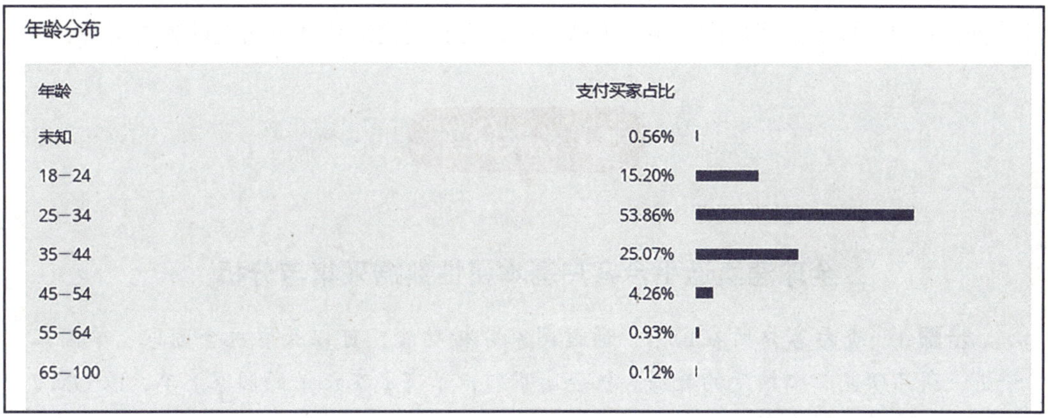

图 5–3　年龄分布图

（三）客户性别占比分析

不同性别的客户在购买产品时的心理特征存在较大差别。通常男性客户属于理智型，他们会有目的地购买，选择产品以质量、功能为主，购买过程高效快捷；女性客户购买动机常具有冲动性和灵活性，选择产品时较为细致，购买过程中易受到外界因素影响。图 5-4 是婚纱礼服产品某月的客户性别分布图，在已知性别的客户中，男性占比 23.23%，女性占比 64.04%，显然女性居多。

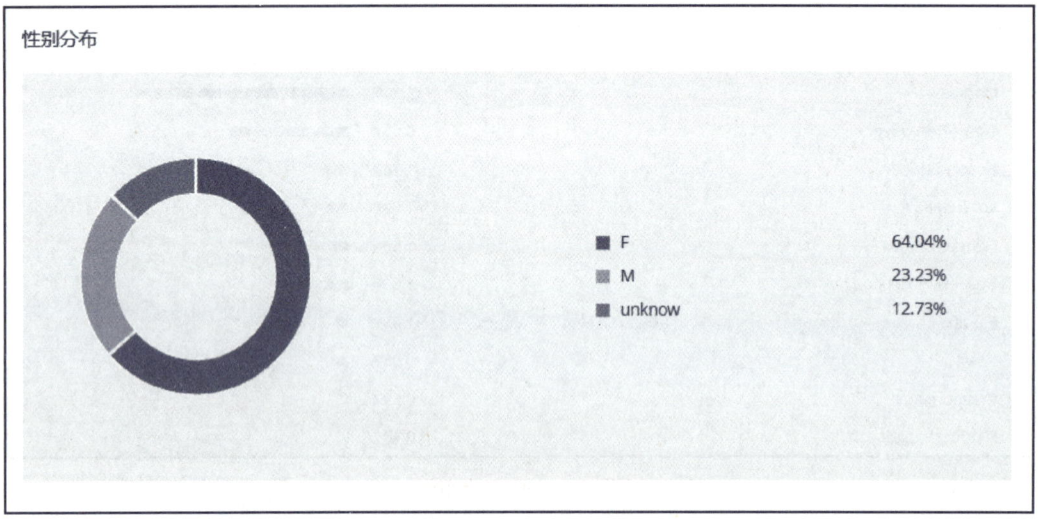

图 5-4 性别分布图

跨境电商企业能够快捷、方便地从后台获得客户基本属性特征数据和客户消费行为数据，因此，可以准确地描绘客户画像。这些属性数据与客户的行为偏好相比，属于静态数据，因此，描绘客户画像的过程也可以叫“客户静态属性数据分析”。通过全球速卖通卖家后台工具生意参谋，可以查看买家属性板块。在买家属性中，卖家可以查看买家的年龄、性别、所在城市等基本属性，从而更加全面和深入地了解客户。除了基本属性以外，生意参谋中还有购买次数、订单均价等消费行为属性数据，通过这些属性数据，卖家可以了解客户的兴趣、消费习惯，为制定精准营销策略提供数据支持。

实战演练

全球速卖通平台客户基本属性数据采集与分析

步骤 1 查看客户所在国家。通过国家分析功能，可以获取机会国家、单国家分析、商品研究三个维度的数据。机会国家列出了有成交记录的国家名单，以 GMV 和增速为参考，列出 4 种模式，如图 5-5 所示。

选择单国家分析，可以看到单一国家的细分市场情况，此功能与商品研究配合使用，能够快速找到某个国家在婚纱领域的消费排名，如图 5-6 所示。

除国家分布外，在商品研究模块中，提供了客户的性别、年龄、订单均价等数据，可以让卖家对客户特征有一个整体了解，如图 5-7 所示。

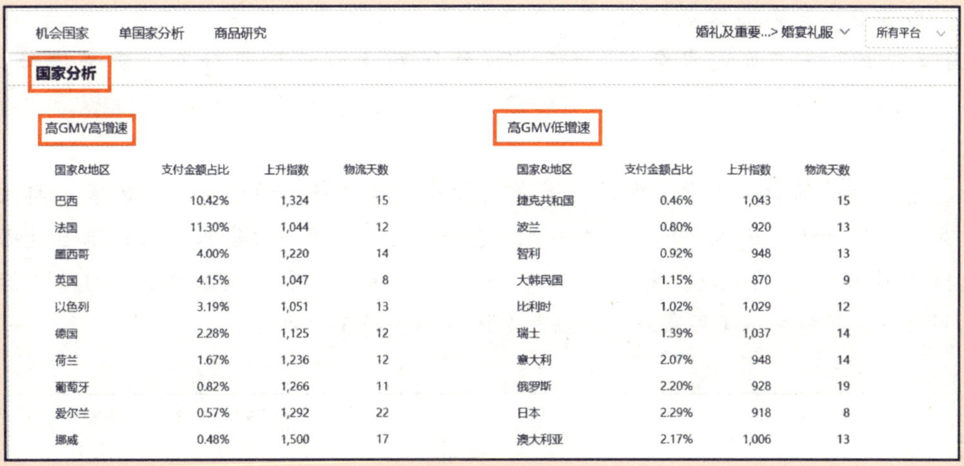

机会国家 单国家分析 商品研究 婚礼及重要...> 婚宴礼服 所有平台

国家分析

高GMV高增速

国家&地区	支付金额占比	上升指数	物流天数
巴西	10.42%	1,324	15
法国	11.30%	1,044	12
墨西哥	4.00%	1,220	14
英国	4.15%	1,047	8
以色列	3.19%	1,051	13
德国	2.28%	1,125	12
荷兰	1.67%	1,236	12
葡萄牙	0.82%	1,266	11
爱尔兰	0.57%	1,292	22
挪威	0.48%	1,500	17

高GMV低增速

国家&地区	支付金额占比	上升指数	物流天数
捷克共和国	0.46%	1,043	15
波兰	0.80%	920	13
智利	0.92%	948	13
大韩民国	1.15%	870	9
比利时	1.02%	1,029	12
瑞士	1.39%	1,037	14
意大利	2.07%	948	14
俄罗斯	2.20%	928	19
日本	2.29%	918	8
澳大利亚	2.17%	1,006	13

图 5-5 国家分析

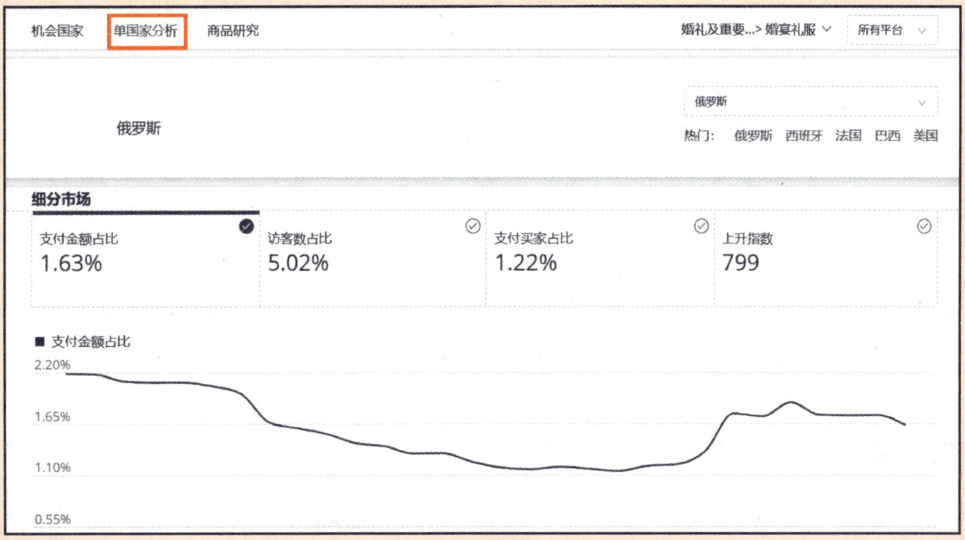

图 5-6 单国家分析——俄罗斯

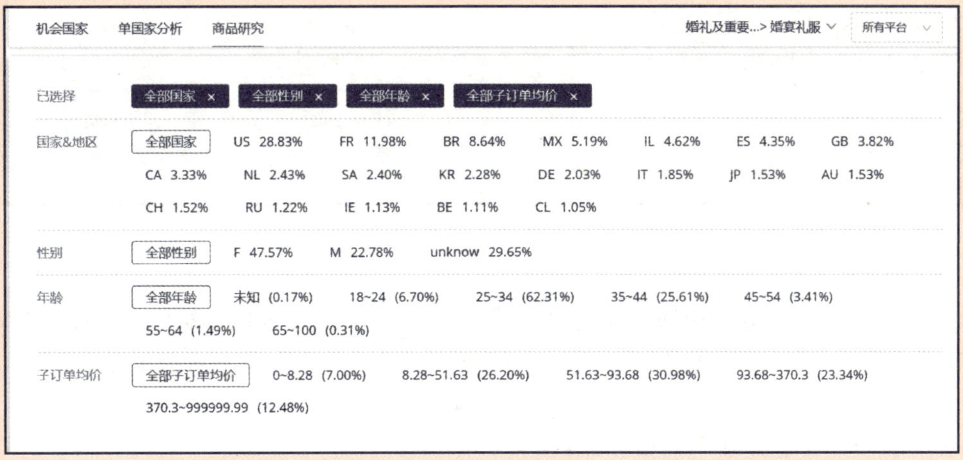

图 5-7 商品研究

步骤 2 采集买家属性数据。在全球速卖通生意参谋中，选择“市场”—“国家分析”—“单国家分析”，可以详细了解子订单均价分布、购买次数分布、年龄分布等客户信息，可以围绕这三个维度的基本属性分析，挖掘客户潜在需求。

通过前面的数据查看，发现美国是婚纱礼服类目产品的主要机会国家。因此，首先以美国为例，进入“单国家分析”，通过“买家属性”收集客户基本属性数据。选择“30 天”—“婚礼及重要场合”—“婚纱”，选择“美国”，可以看到子订单均价、购买次数和年龄分布等买家属性数据，如图 5-8、图 5-9 所示。

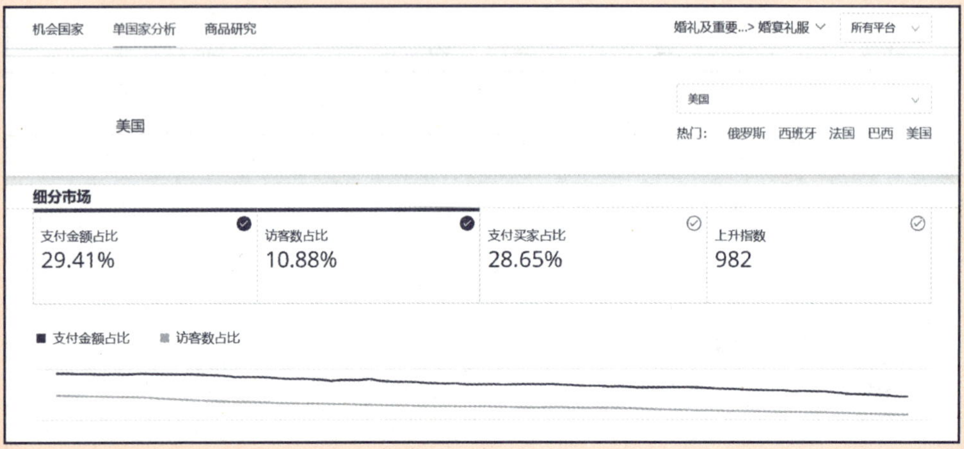

图 5-8 单国家分析——美国

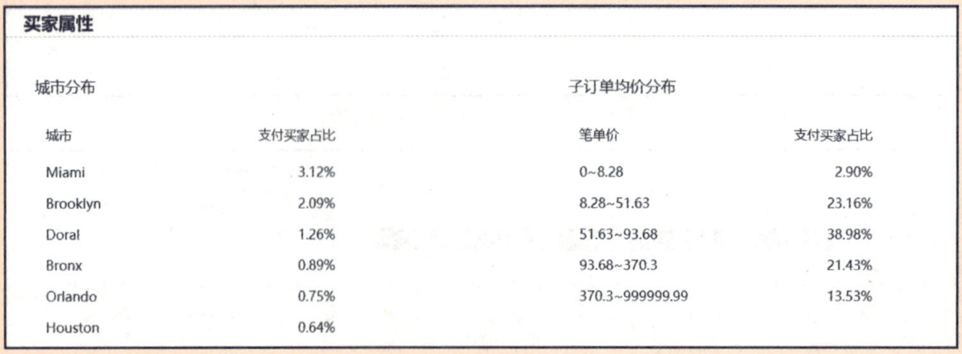

买家属性

城市分布

城市	支付买家占比
Miami	3.12%
Brooklyn	2.09%
Doral	1.26%
Bronx	0.89%
Orlando	0.75%
Houston	0.64%

子订单均价分布

笔单价	支付买家占比
0~8.28	2.90%
8.28~51.63	23.16%
51.63~93.68	38.98%
93.68~370.3	21.43%
370.3~999999.99	13.53%

图 5-9 买家属性

步骤 3 汇总整理数据。分别将这三组数据复制到 Excel 表格中，可以采用同样的方法，分别选择俄罗斯、美国、巴西、墨西哥、法国，得到 5 组数据。由于城市分布数据参考性较低，此处只对笔单价、购买次数和年龄分布进行分析。在 Excel 中对数据进行汇总整理，如图 5-10 所示。

A	B	C	D	E	F
笔单价/支付占比	**俄罗斯**	**美国**	**巴西**	**墨西哥**	**法国**
0~1	0.00%	0.96%	0.05%	0.24%	0.00%
1~82.77	38.89%	15.02%	81.61%	14.18%	14.10%
82.77~147.37	39.54%	40.75%	8.37%	30.20%	35.68%
147.37~552.7	14.38%	27.85%	6.86%	40.95%	31.57%
552.7~999999	7.19%	15.41%	3.11%	14.43%	18.65%
购买次数	俄罗斯	美国	巴西	墨西哥	法国
1	94.70%	86.23%	70.40%	79.82%	90.94%
2	4.24%	9.28%	15.26%	9.33%	6.47%
3	0.71%	1.83%	6.20%	3.52%	0.97%
4	0.00%	0.48%	3.01%	1.99%	0.65%
5	0.35%	0.59%	1.80%	0.92%	0.16%
6~10	0.00%	1.04%	1.99%	3.36%	0.49%
10+	0.00%	0.55%	1.34%	1.07%	0.32%
年龄/支付买家占比	俄罗斯	美国	巴西	墨西哥	法国
未知	0.00%	0.04%	0.00%	0.21%	0.00%
18~24	16.73%	9.31%	10.26%	10.77%	5.52%
25~34	66.54%	69.59%	70.77%	66.46%	62.10%
35~44	14.79%	18.70%	18.11%	20.50%	29.14%
45~54	1.17%	1.83%	0.63%	1.66%	2.10%
55~64	0.39%	0.44%	0.11%	0.41%	0.95%
65~100	0.39%	0.09%	0.11%	0.00%	0.19%
美国太平洋时间 2022-09-07 ~ 2022-10-06					

图 5-10 汇总整理数据

步骤 4 客户基本属性分析。

（1）笔单价分析。从笔单价情况看，法国、墨西哥、美国排名靠前，单笔成交价格超过 82.77 美元占比超过 80%；之后是俄罗斯，超过 82.77 美元占比超过 60%；巴西排名末位，82.77 美元以上成交占比不足 20%。笔单价反映出客户购买力的大小，如图 5-11 所示。

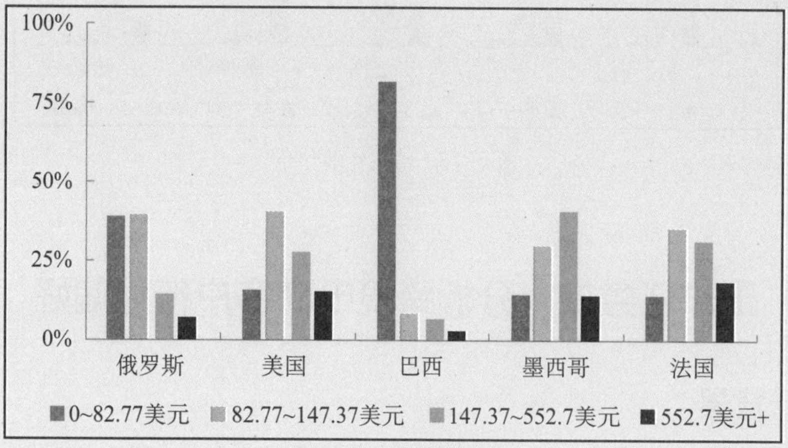

图 5-11 笔单价分布

（2）购买次数分析。从购买次数看，法国、墨西哥、巴西、美国、俄罗斯 2 次及以上购买占比超过 4%；特别是巴西，2 次以上购买累计占比超过 15%，反映出国家之间不同的复购率，如图 5-12 所示。

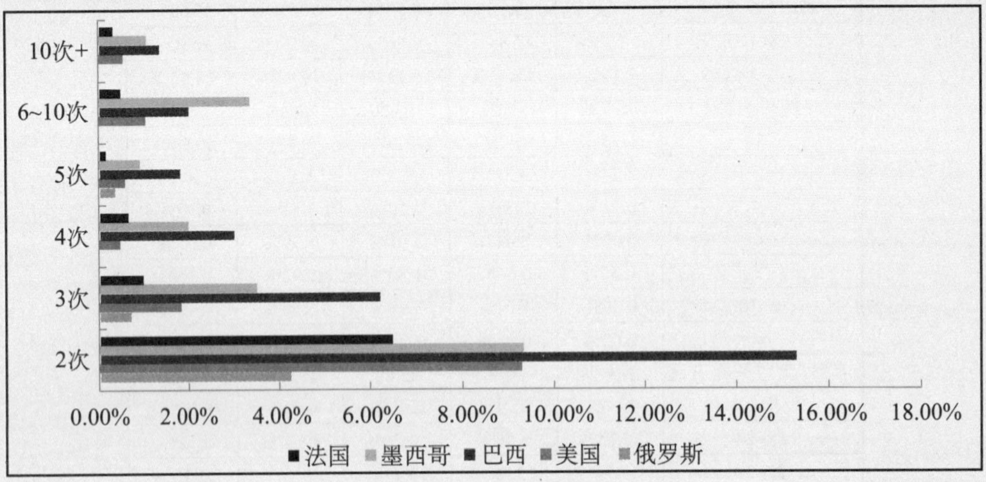

图 5-12　购买次数分布

（3）购买年龄分析。从客户年龄看，婚纱礼服在上述 5 个国家之间表现出极大的相似性，45 岁以下的买家占比超过 95%，占绝对比例，如图 5-13 所示。

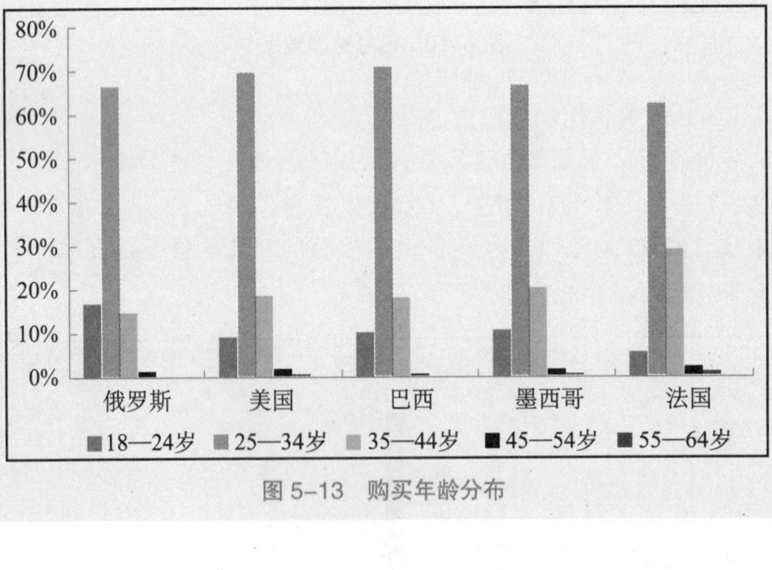

图 5-13　购买年龄分布

工作任务二　分析跨境电商客户行为偏好

任务背景

根据前面工作任务的学习，我们了解了客户画像的内涵、客户数据的分析思路和主要内容。除了客户的静态属性以外，更重要的是要对客户的行为偏好进行分析，因此，我们就以全球速卖通店铺订单数据为例，学习掌握分析客户行为数据的具体方法和路径。

分析客户行为偏好

任务实施

一、客户行为数据概述

除以上基本属性数据以外，要了解和分析客户的潜在需求，还要采集和分析客户的消费习惯、消费偏好等动态行为数据，如客户的消费时间偏好、使用终端偏好、价格偏好。通过采集跨境电商网站的浏览数据、订单数据等，获取客户的商品偏好、价格偏好等信息，帮助跨境电商企业在采购和上架时把握重点、合理优化店铺的布局。例如：客户在跨境电商平台上搜索的关键词、搜索后由曝光结果产生的点击，可以帮助平台了解客户对这个关键词的偏好。根据客户对商品的偏爱程度，在同等条件下，将目标市场定位于客户偏爱度较高的市场。因此，对客户行为研究是进行市场细分的前提。

二、客户行为偏好分析

（一）价格偏好分析

对于购买商品的客户而言，商品的价格意味着为了获得商品而付出的货币支出，因此，客户对商品的价格非常在意。跨境电商企业对于商品的定价和采取的价格策略会对客户的消费决策行为产生影响。因此，了解客户的价格偏好有助于跨境电商企业准确定位客户群体，制定合理的商品价格。全球速卖通平台卖家可以通过生意参谋中的店铺成交分析板块查看店铺已成交情况中的客单价，该指标可以反映购买商品的客户偏好的平均价格，如图 5-14 所示；也可以通过下载一段时间内的订单数据进行详细分析。

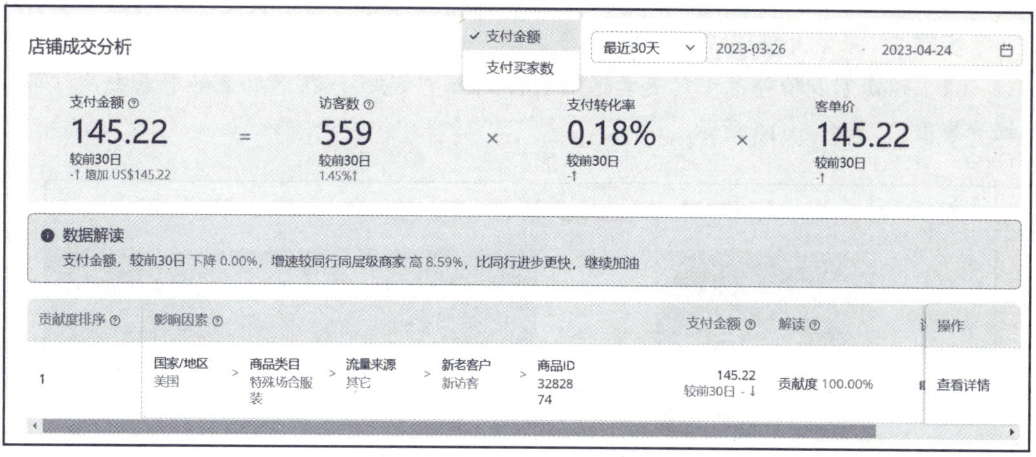

图 5-14 店铺成交分析

（二）下单时间偏好分析

客户下单时间的分布规律是影响跨境电商销售的重要因素之一，不同国家和地区、不同平台及不同商品的客户下单时间差异较大，应该根据客户的购物习惯，制定合理的销售策略。可以在下单量较高的时间段内加大营销力度，提高销售额；也可以在促销活动、节假日等因素的影响下，灵活调整销售策略，以此提高运营推广的效率，应对市场的变化。

（三）产品偏好分析

在跨境电商竞争日益激烈的今天，准确把握客户的产品偏好，在进行商品的开发设计及提供相应的服务时最大化地满足客户的内在需求，显然已经成为每一个跨境电商企业的必备能力。在全球速卖通平台可以通过生意参谋中的产品热销属性分析来了解客户关于商品的某种属性和功能的偏爱情况，也可以通过客户对购买商品后的评论来进行分析，如图 5-15 所示。

图 5-15 商品评论

实战演练

采用全球速卖通店铺订单数据分析客户行为偏好

步骤 1 采集并整理订单数据。

（1）以卖家身份登录全球速卖通后台，点击"交易"，在下拉菜单中点击"订单批量导出"，如图 5-16 所示。

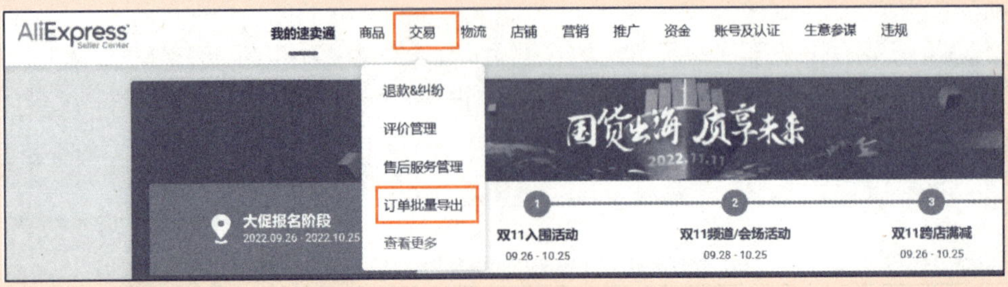

图 5-16 交易菜单

（2）进入“订单批量导出”界面，选择订单状态并筛选日期。通过对店铺一个月以来订单表格的整理，对下过单的客户行为数据进行分析。在订单状态中，选择“所有订单”。筛选日期根据需求，选择近 1 个月的时间范围，点击“确定”，即完成店铺订单的筛选范围设定，如图 5-17、图 5-18 所示。

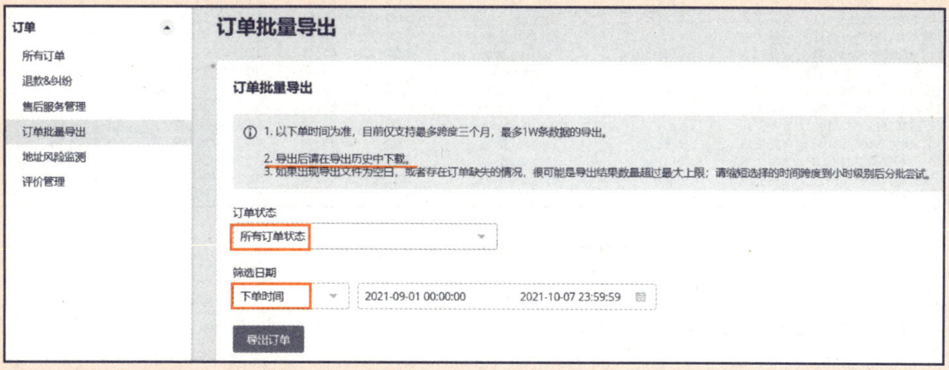

图 5-17 订单批量导出

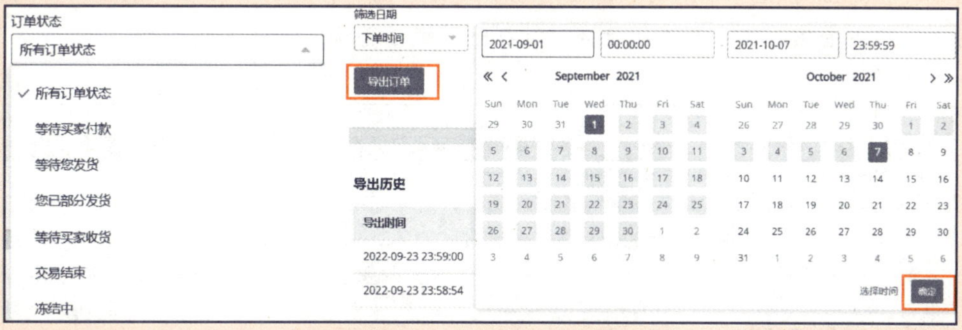

图 5-18 订单状态及筛选日期设定

（3）完成设置后，点击“导出订单”，就可以在下方的“导出历史”中看到刚刚完成的订单导出任务，在右侧的操作下方点击“下载”，如图 5-19 所示。

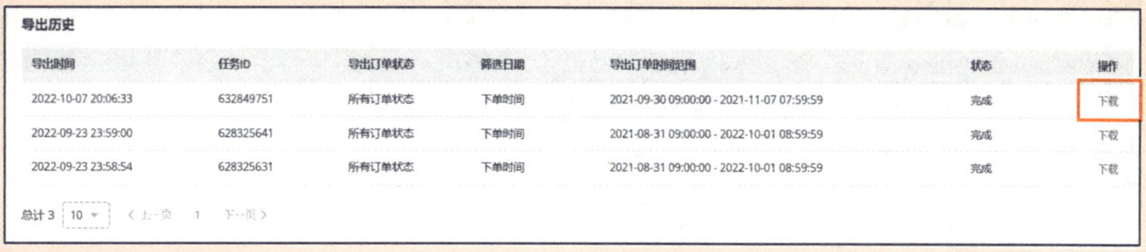
导出历史

导出时间	任务ID	导出订单状态	筛选日期	导出订单时间范围	状态	操作
2022-10-07 20:06:33	632849751	所有订单状态	下单时间	2021-09-30 09:00:00 - 2021-11-07 07:59:59	完成	下载
2022-09-23 23:59:00	628325641	所有订单状态	下单时间	2021-08-31 09:00:00 - 2022-10-01 08:59:59	完成	下载
2022-09-23 23:58:54	628325631	所有订单状态	下单时间	2021-08-31 09:00:00 - 2022-10-01 08:59:59	完成	下载

总计 3 10 ＜上一页 1 下一页＞

图 5-19 下载订单数据

这时，可以成功下载店铺近一年的订单数据表格，如图 5-20 所示。

	A	B	C	D	E	F	G
1	订单号	订单状态	负责人（业务员）	买家名称	下单时间	付款时间	产品总金额
2	8154546941214101	订单关闭	cici f	Lucia leon USABOX	2022-08-26 15:01		US $123.11
3	8154643656514101	等待买家收货	cici f	Lucia leon USABOX	2022-08-26 06:18	2022-08-26 14:59	US $123.11
4	8154445725934101	等待买家收货	cici f	Lucia leon USABOX	2022-08-26 06:15	2022-08-26 06:16	US $123.11
5	8154847519514101	等待买家收货	cici f	Lucia leon USABOX	2022-08-26 06:12	2022-08-26 06:13	US $123.11
6	8154445643574101	等待买家收货	cici f	Lucia leon USABOX	2022-08-26 06:09	2022-08-26 06:10	US $123.11
7	8153575045774101	订单关闭	cici f	Lucia leon USABOX	2022-08-11 19:04		US $839.40
8	8153915411171888	交易完成	cici f	Jacqui Haliburton	2022-08-10 06:45	2022-08-10 06:45	US $678.00
9	3017730052913336	订单关闭	cici f	Yannick CAZAL	2022-08-08 23:42	2022-08-08 23:44	US $22.80
10	3017582338659315	订单关闭	cici f	iren rot	2022-08-02 00:25		US $99.00
11	3017111693457359	订单关闭	cici f	kemi Agaba	2022-06-21 06:32	2022-06-23 02:42	US $199.00
12	8151586132831611	交易完成	cici f	Morgana Benny	2022-06-16 00:11	2022-06-16 00:11	US $298.00
13	8151240109441611	订单关闭	cici f	Morgana Benny	2022-06-13 23:45		US $596.00
14	8150329390538108	交易完成	cici f	Yoojin Jang	2022-05-23 02:42	2022-05-23 02:45	US $15.98
15	8150439496955355	交易完成	cici f	US shopper	2022-05-18 18:58	2022-05-18 18:58	US $29.00
16	8149461682085593	交易完成	cici f	Flor Betancourt	2022-05-03 05:59	2022-05-03 05:59	US $259.00
17	8149513700226806	订单关闭	cici f	Aleek Garang	2022-05-02 07:35		US $319.00
18	8149861999886160	订单关闭	cici f	Darin Chueapromma	2022-04-30 02:10	2022-04-30 02:11	US $239.50
19	8149258504818108	交易完成	cici f	Yoojin Jang	2022-04-25 19:04	2022-04-25 19:08	US $259.26
20	8149353886942850	交易完成	cici f	Elizabeth Monroy	2022-04-25 15:48	2022-04-25 15:48	US $215.10
21	8149345001581611	交易完成	cici f	Morgana Benny	2022-04-25 11:41	2022-04-25 11:42	US $84.13
22	8149132097841611	交易完成	cici f	Morgana Benny	2022-04-25 11:41	2022-04-25 11:41	US $84.13

图 5-20　部分订单数据表格

步骤 2　整理订单数据。订单数据信息较多，同时个别指标存在缺失值，因此可以对数据进行清洗、整理，将不必要的数据隐藏或删除无关数据列，仅保留客户数据分析的相关指标。本次演练主要了解店铺客户的基本属性特征，分析其消费行为偏好，如主力客户所在城市、客户下单的时间偏好、购买的频率、最近一次购买时间、购买金额。删除无关指标并对数据格式规范整饰，如图 5-21 所示。

	A	B	C	D	E	F	G
1	订单号	买家名称	下单时间	订单金额	收货国家	州/省	城市
2	8154546941214101	Lucia leon USABOX	2022-08-26 15:01	US $123.11	United States	Florida	Miami
3	8154643656514101	Lucia leon USABOX	2022-08-26 06:18	US $123.11	United States	Florida	Miami
4	8154445725934101	Lucia leon USABOX	2022-08-26 06:15	US $123.11	United States	Florida	Miami
5	8154847519514101	Lucia leon USABOX	2022-08-26 06:12	US $123.11	United States	Florida	Miami
6	8154445643574101	Lucia leon USABOX	2022-08-26 06:09	US $123.11	United States	Florida	Miami
7	8153575045774101	Lucia leon USABOX	2022-08-11 19:04	US $820.00	United States	Florida	Miami
8	8153915411171888	Jacqui Haliburton	2022-08-10 06:45	US $699.05	Australia	Western Australia	Mount Hawthorn
9	3017730052913336	Yannick CAZAL	2022-08-08 23:42	US $19.00	France	Pyrenees-Orientales	Banyuls-sur-mer
10	3017582338659315	iren rot	2022-08-02 00:25	US $111.58	Israel	israel	kiryat motzkin
11	3017111693457359	kemi Agaba	2022-06-21 06:32	US $220.05	United States	Other	other
12	8151586132831611	Morgana Benny	2022-06-16 00:11	US $298.00	Switzerland	Zurich	Horgen
13	8151240109441611	Morgana Benny	2022-06-13 23:45	US $596.00	Switzerland	Zurich	Horgen
14	8150329390538108	Yoojin Jang	2022-05-23 02:42	US $15.98	Korea	Seoul	Gwanak-gu
15	8150439496955355	US shopper	2022-05-18 18:58	US $29.00	United States	Georgia	Lithia springs
16	8149461682085593	Flor Betancourt	2022-05-03 05:59	US $258.90	United States	New Jersey	Keansburg
17	8149513700226806	Aleek Garang	2022-05-02 07:35	US $339.87	Australia	Queensland	Brisbane
18	8149861999886160	Darin Chueapromma	2022-04-30 02:10	US $239.50	United States	New Jersey	Piscataway
19	8149258504818108	Yoojin Jang	2022-04-25 19:04	US $259.26	Korea	Seoul	Gwanak-gu
20	8149353886942850	Elizabeth Monroy	2022-04-25 15:48	US $215.10	Mexico	Queretaro	Queretaro
21	8149345001581611	Morgana Benny	2022-04-25 11:41	US $84.13	Switzerland	Zurich	Horgen
22	8149132097841611	Morgana Benny	2022-04-25 11:41	US $84.13	Switzerland	Zurich	Horgen
23	8149248112211611	Morgana Benny	2022-04-25 11:37	US $78.97	Switzerland	Zurich	Horgen
24	8149248270021611	Morgana Benny	2022-04-25 11:37	US $78.97	Switzerland	Zurich	Horgen
25	8149442703031611	Morgana Benny	2022-04-25 11:36	US $78.97	Switzerland	Zurich	Horgen
26	8149527737231611	Morgana Benny	2022-04-25 11:36	US $84.13	Switzerland	Zurich	Horgen
27	8149244101961611	Morgana Benny	2022-04-25 11:35	US $84.13	Switzerland	Zurich	Horgen
28	8149344521221611	Morgana Benny	2022-04-25 11:35	US $84.13	Switzerland	Zurich	Horgen
29	8149072281702102	adetoun odugbesan	2022-04-18 18:33	US $162.19	Canada	Saskatchewan	Saskatoon
30	8148632329002857	Esther Arteagas	2022-04-12 11:15	US $149.99	Mexico	Nuevo Leon	El Carmen

图 5-21　部分清洗、整理结果

步骤 3　分析主力客户地区分布。使用 Excel 数据透视表功能分析订单数量分布国家和城市。按照之前学习过的方法，插入数据透视表，在数据透视表字段设置中，将“收货国家”设为“行标签”，将“订单号”设为“值”，以拖拽的方式将其放置到对应的栏目即可。完成后对数据进行排序，可以看出，订单量排名在前10名的国家是瑞士、美国、德国、韩国、俄罗斯、墨西哥、法国、英国、加拿大和西班牙。

为了让数据结果更加直观并易于对比，可以插入数据透视图，选择条形图，结果如图5-22所示，店铺的订单主要来自瑞士（41）、美国（41）和德国（40）。

行标签	计数项:订单号
Switzerland	41
United States	41
Germany	40
Korea	25
Russian Federation	22
Mexico	22
France	20
United Kingdom	12
Canada	11
Spain	10
Chile	9
Netherlands	7
Brazil	6
Australia	5
Ukraine	4
Peru	4
Thailand	2
Israel	2
Saudi Arabia	2
Japan	2
Malta	2
Poland	1
Norway	1
New Zealand	1
Italy	1
Belgium	1
Ghana	1
Colombia	1
Aland Islands	1
Malaysia	1
总计	298

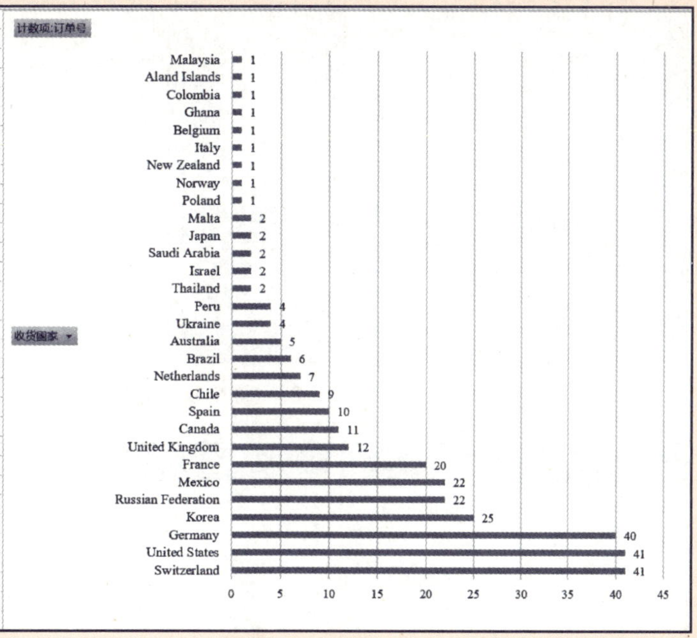

图5-22 数据透视表与数据透视图

当然，仅仅分析客户主要分布在哪些国家，只是较为初级和粗浅的分析，接下来可以就某一个国家再做进一步的分析。选择其中订单量最高的国家——瑞士进行分析，具体步骤如下：

（1）订单数据整理筛选。在订单表格中有20多个国家，需要进行整理筛选，将分析范围限定在瑞士。在订单数据的Excel表格中，选中“收货国家”数据列，在“数据”选项卡下选择“筛选”功能，如图5-23所示。

（2）筛选收货国家。点击“收货国家”旁边的下拉按钮，在弹出的“文本筛选”对话框中，勾选“Switzerland”以外的国家，选中后在Excel表格中将所有行数据删除；再点击“收货国家”旁边的下拉按钮，在弹出的“文本筛选”对话框中，勾选“Switzerland”并点击“确定”，此时，订单数据表格中仅保留了“收货国家”为Switzerland（瑞士）的订单数据。筛选过程及结果如图5-24所示。

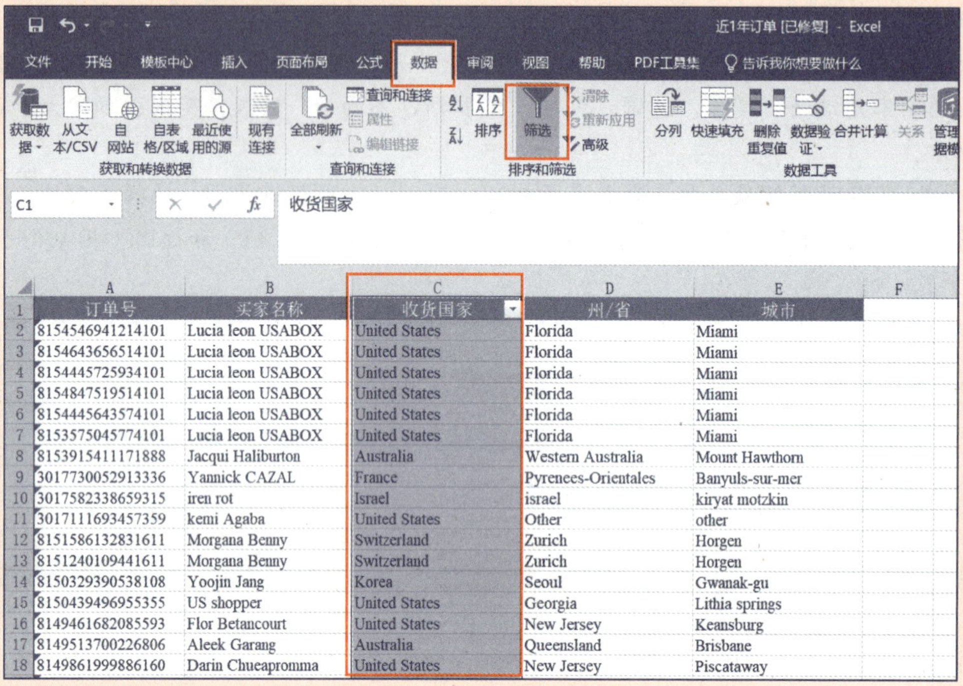

图 5-23　订单数据整理筛选

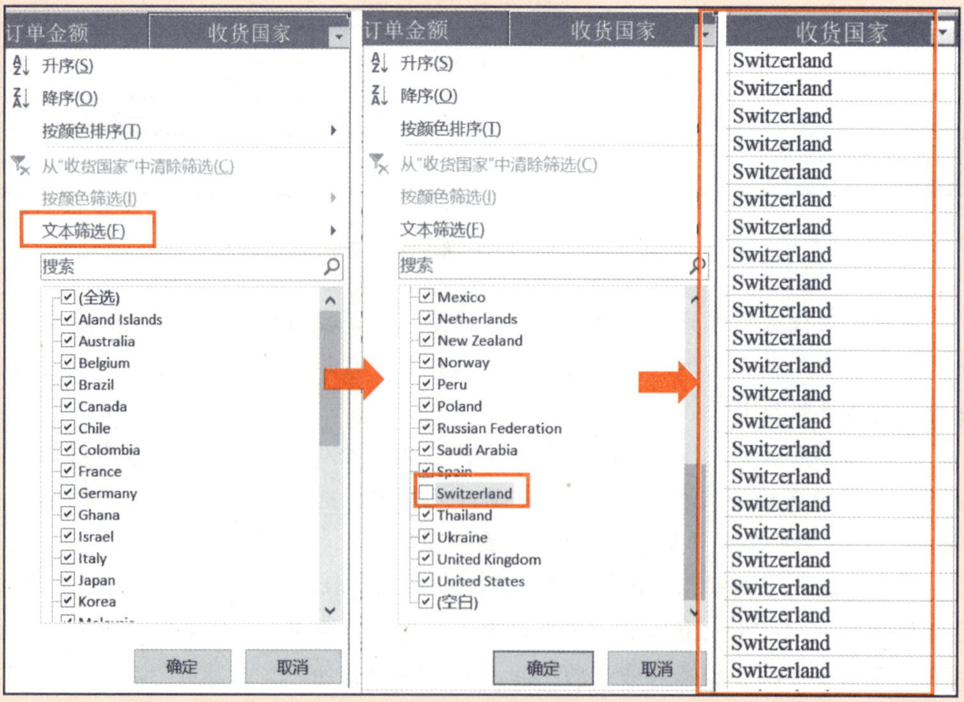

图 5-24　筛选收货国家

（3）插入数据透视表。选中数据，插入数据透视表，在字段设置中，将“城市”

拖拽至“行”，将“买家名称”拖拽至“值”，生成数据透视表，如图 5-25 所示。

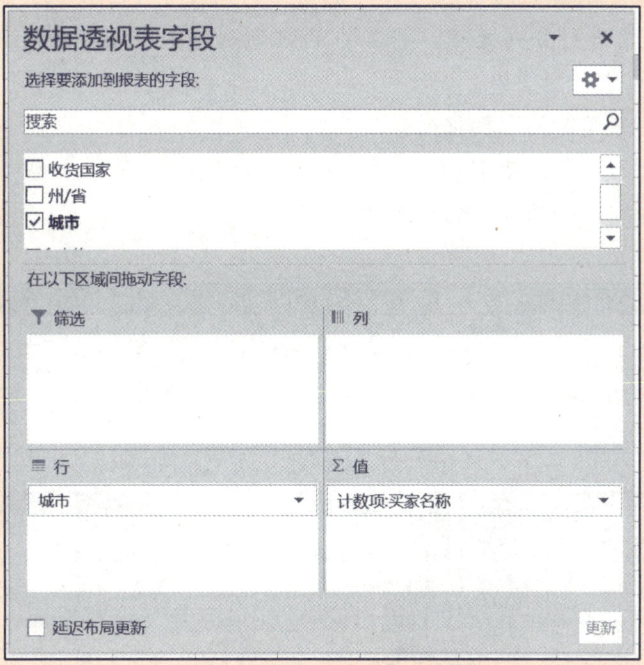

图 5-25 数据透视表

（4）插入数据透视图。选中数据透视表中任一单元格，在功能区中点击“数据透视图”，在弹出的“插入图表”对话框中选择“饼图”，结果如图 5-26、图 5-27 所示。来自瑞士的客户集中在 3 个城市，分别是 Horgen、Evionnaz、Appenzell，其中，来自 Horgen 的客户数量最多，占比达到 90.24%，其他两个城市的客户均占比 4.88%。

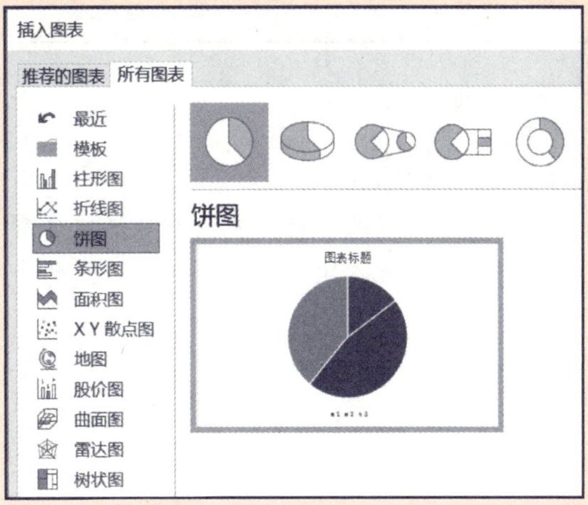

图 5-26 插入图表

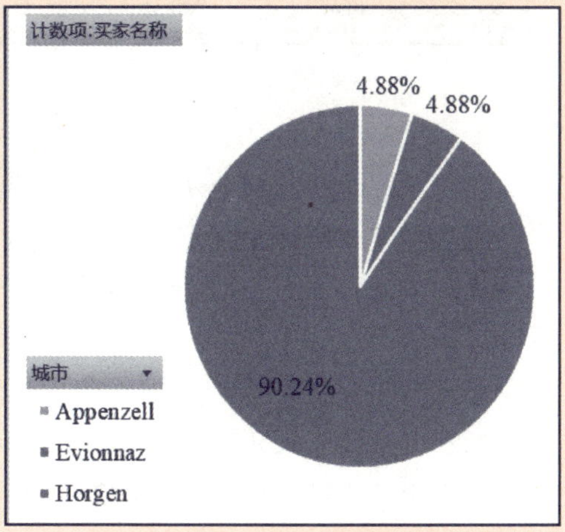

图 5-27 数据透视图

步骤4 客户下单时间偏好分析。订单表格中有客户“下单时间”这一指标，本实战演练需要了解客户通常在一天中的哪个时间段下单，因此，需要对表格中的“下单时间”数据进行分列处理，将其中的日期剔除，仅保留时段数据。具体步骤如下：

（1）选中“下单时间”数据列；

（2）点击“数据”选项卡；

（3）选择分列，如图5-28所示。

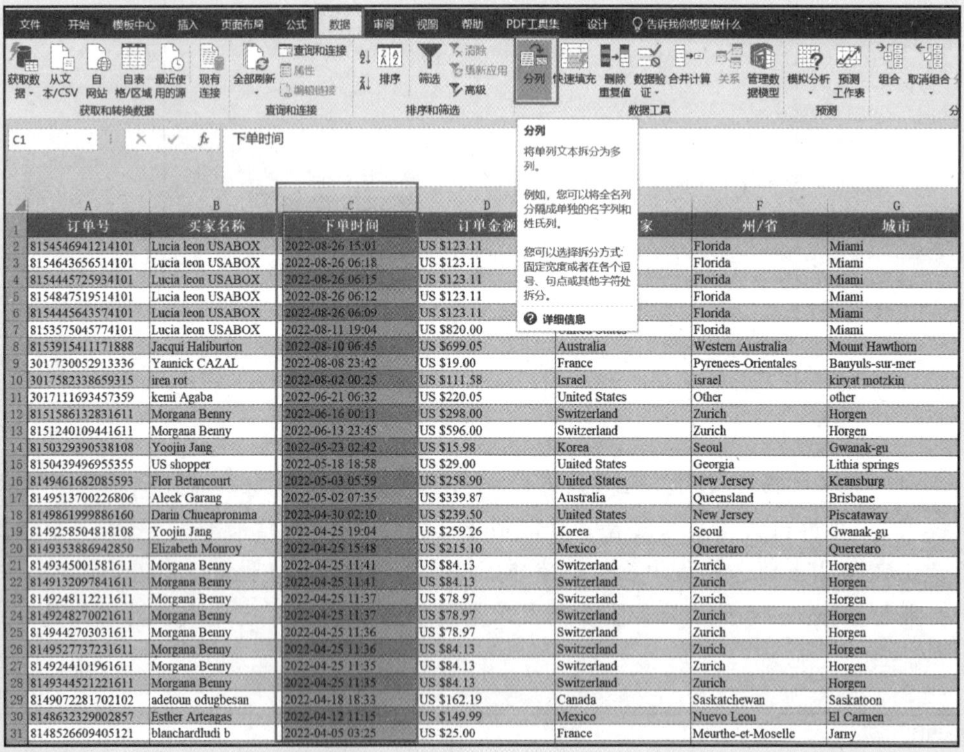

图5-28 分列处理

（4）在弹出的“文本分列向导”对话框中，完成如下操作：

①选择“分隔符号”。分列方式有分隔符号和固定宽度两种，主要看数据适合哪一种分列方式，图5-29所示的数据列中含有空格，因此本次选择“分隔符号”作为分列方式。

②选择“空格”作为分隔符号。这时可以在数据预览中看到“下单时间”数据列已经在空格位置被分为“年-月-日”和“时-分”两列。

③选中“年-月-日”即“2022-08-26”列。

④在列数据格式中选择“不导入此列”。

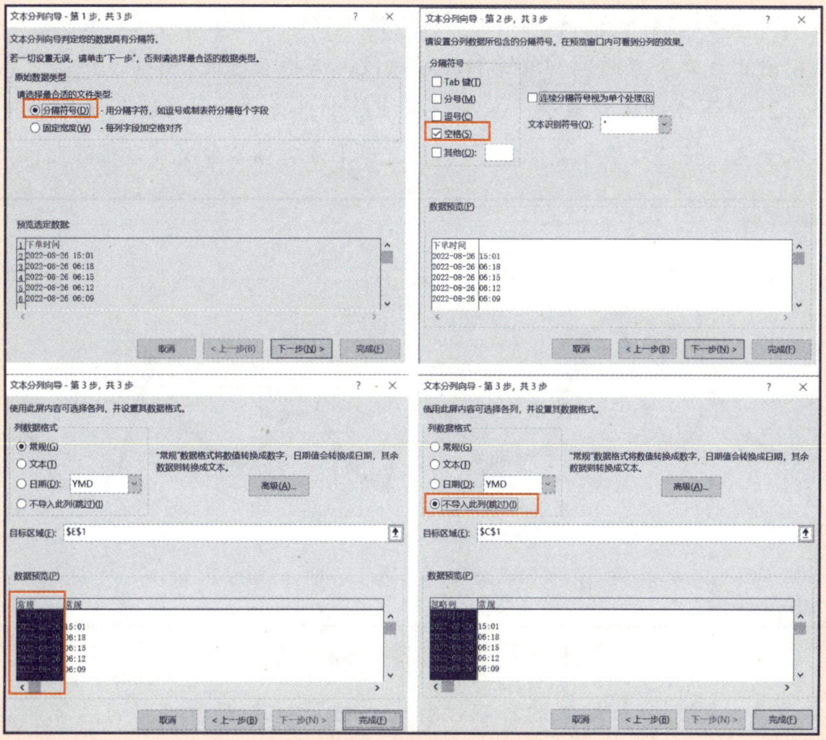

图 5–29 文本分列向导设置

（5）使用数据透视表统计下单时间段。

此时，表格中将自动生成新的数据列“列 2”，将列名称改为“下单时间”，选中数据区域，插入数据透视表。需要注意的是，本次实战演练的目的是分析客户下单时间偏好，因此，在数据透视表字段设置中，将“下单时间”拖拽至“行”，将“买家名称”拖拽至“值”，统计方式为默认的“计数项”，可以看到初步的统计结果，如图 5–30 所示。

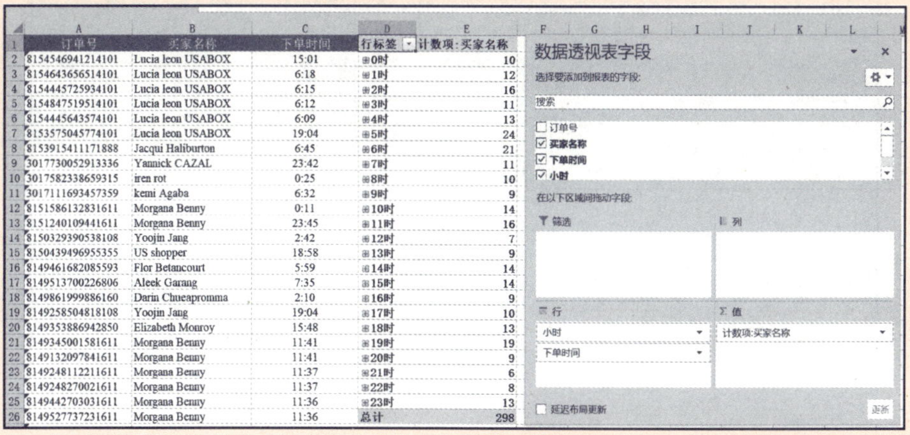

图 5–30 分析客户下单时间段

同样地，在上述操作的基础上，可以选择插入数据透视图进行对比查看。如图 5-31 所示，可以看出客户下单时间的波峰和波谷时段，选择在 5 时—6 时、19 时下单的客户数量较多，21 时下单的客户最少。本次实战演练中，将“买家名称”设为“值”，同学们也可以试一试，将“订单号”设为“值”，看一下分析结果会有什么样的变化。

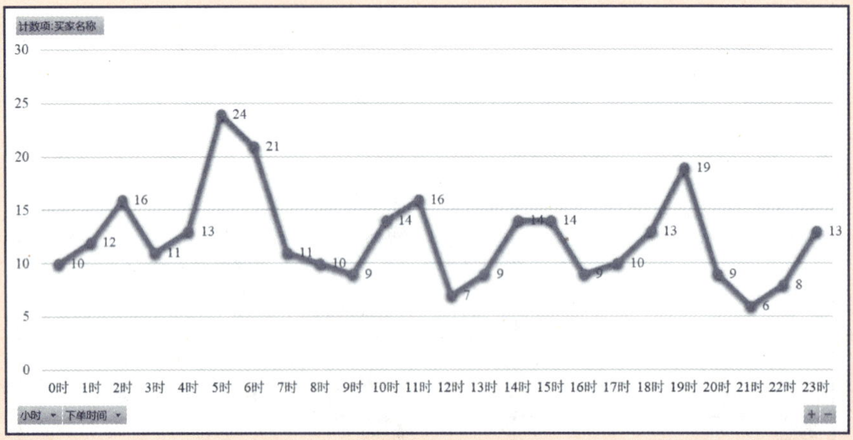

图 5-31　分析客户下单时间偏好

需要注意的是，分析结果的准确性会受到统计样本规模的影响，店铺运营的数据积累越多，意味着可以使用数据分析得出的结果更具有科学性，能为决策提供更可靠的依据。此处只是提供一种分析问题的思路和方法，数据分析需要相应的数据分析模型和方法，也需要一定的数据量储备，二者缺一不可。

步骤 5　客户回购情况分析。

（1）统计客户在店铺下单次数。选中店铺订单数据区域，插入数据透视表，将“买家名称”拖拽至“行”，将“订单号”拖拽至“值”，如图 5-32 所示；统计方式为默认的计数项，结果如图 5-33 所示。

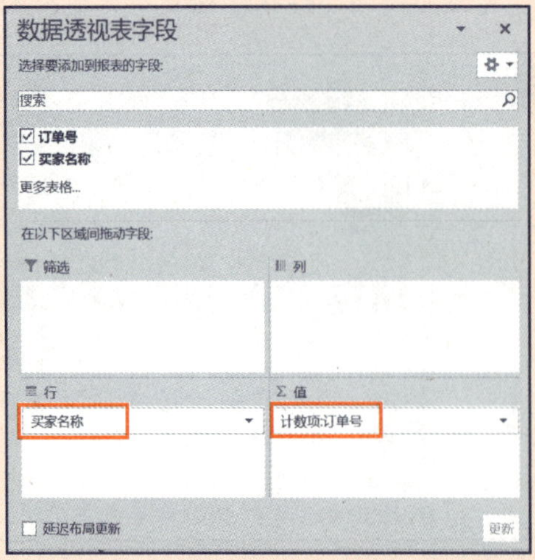

图 5-32　数据透视表字段设置

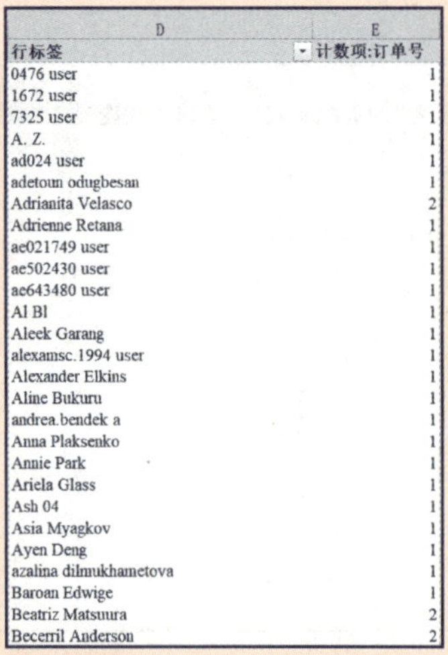

行标签	计数项:订单号
0476 user	1
1672 user	1
7325 user	1
A. Z.	1
ad024 user	1
adetoun odugbesan	1
Adrianita Velasco	2
Adrienne Retana	1
ae021749 user	1
ae502430 user	1
ae643480 user	1
Al Bl	1
Aleek Garang	1
alexamsc.1994 user	1
Alexander Elkins	1
Aline Bukuru	1
andrea.bendek a	1
Anna Plaksenko	1
Annie Park	1
Ariela Glass	1
Ash 04	1
Asia Myagkov	1
Ayen Deng	1
azalina dilmukhametova	1
Baroan Edwige	1
Beatriz Matsuura	2
Becerril Anderson	2

图 5-33　数据透视表结果

（2）选出下单 2 次及以上的客户。在订单表格中选中“买家名称”数据列，点击“开始”选项卡—“条件格式”—突出显示单元格规则—“重复值”，在弹出的“重复值”对话框中，设置单元格填充格式，步骤如图 3-34、图 5-35 所示。

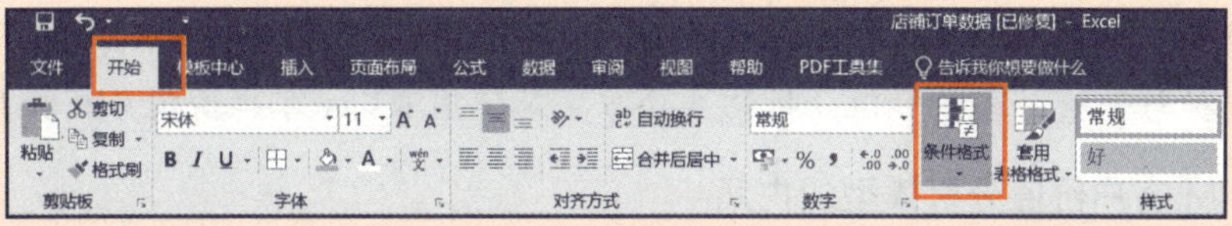

图 5-34 选择条件格式

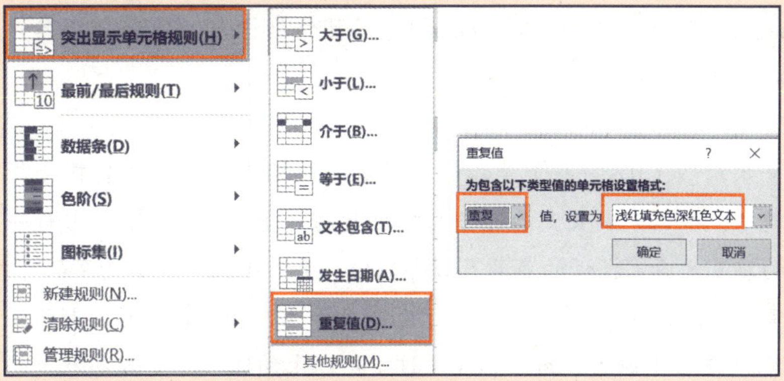

图 5-35 条件格式设置步骤

按照以上步骤，可将在本店铺下单 2 次及以上的客户筛选出来，并突出显示，如图 5-36 所示。选中“买家名称”数据列，点击“数据”选项卡—“筛选”—“按颜色筛选”—“无填充”，将无填充数据删除，此时表格中保留的仅为下单 2 次以上的客户，如图 5-37 所示。这时就能找到店铺中回购的老客户。

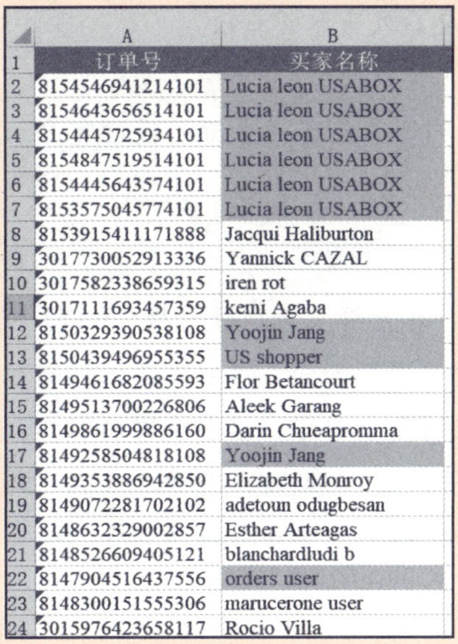

图 5-36 筛选重复下单客户并突出显示

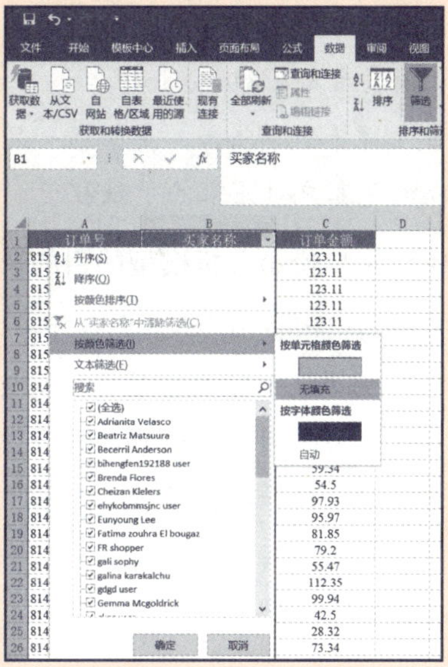

图 5-37 筛选并清理数据

知识链接

RFM 客户价值分析模型

开展客户数据分析的一个重要目标是分析与评估客户价值，以便对客户进行分层分类维护与管理。客户价值分析的主要方法是使用 RFM 客户价值分析模型。

1.RFM 客户价值分析模型的内涵

RFM 客户价值分析模型的具体含义，即根据最近一次消费（Recency）、消费频率（Frequency）及消费金额（Monetary）3 项具体指标来评估和分析客户的价值水平，进而对客户进行分层。

（1）最近一次消费（Recency）。

最近一次消费（Recency）是指客户最近一次购买时间距离当前分析时点的天数。天数越小，即客户购买商品距离当前的时间越近。一般而言，最近一次消费时间比较近的客户对商家提供的商品或服务的信息更为关注，再次购买的可能性较大。因此，商家需要及时关注客户的购买行为，在店铺下单的客户时间越近，如 3 个月内下单的客户相比那些上次购买已经超过 1 年以上的客户，更容易在节庆活动收到商家的邮件问候或优惠券等营销推广信息。

（2）消费频率（Frequency）。

消费频率（Frequency）是指在一定时间内客户消费的次数。消费频率越高，说明客户的忠诚度及价值越高。对于不同的行业，客户的平均购买频率是不同的。商家要根据自身的特点，制定客户消费频率的评价标准。增加消费者购买的次数意味着从竞争对手处挤占市场占有率，从别人的受众处赚取营业额。

（3）消费金额（Monetary）。

消费金额（Monetary）是指在一定时间内客户消费的金额。通过客户的消费金额，可以衡量客户对商家的贡献程度。

2.RFM 客户价值分析模型的目的及价值

RFM 客户价值分析模型定位于最具价值客户群及潜在客户群。RFM 客户价值分析模型的核心就是客户分层，即对客户群体进行划分，然后对不同级别客户提供不同的资源，为不同级别的客户推送不同的商品或内容；根据不同的客户，使用不同的运营策略。对于最具价值客户群应提高其品牌忠诚度；对于潜在客户群要主动营销，促使其产生实际购买行为；客户价值低的客户群在营销预算少的情况下不考虑试行有针对性的营销推广。

项目小结

通过本项目的学习，重点掌握以下知识和技能：

- 客户数据分析的定义。在客户需求个性化、多样化的态势日益显现的今天，通过数据信息的采集和分析，深入了解客户真实的需求和商品偏好，对于跨境电商经营取得成功非常关键。
- 客户数据分析的维度和指标。客户数据分析包括静态属性数据和行为偏好数据两个方面，前者包括年龄、性别、地区、学历、职业等人口统计学基本属性特征，后者包括客户在消费行为轨迹、购物时间偏好、交易终端、产品属性偏好、价格偏好等动态行为数据。
- RFM 客户价值分析模型。可以根据客户的最近一次消费（Recency）、消费频率（Frequency）及消费金额（Monetary）3 项具体指标来评估和分析客户的价值水平，进而对客户进行分层。

课后练习

一、单选题

1. 客户数据分析的内容主要包括对客户的（　　）进行分析。

A. 基础属性和客户行为　　B. 客户画像和客户行为

C. 基础属性和购买习惯　　D. 客户画像和购买习惯

2. 以下属于客户画像静态属性的是（　　）。

A. 消费时间偏好、使用终端偏好　　B. 年龄、受教育程度、价格偏好

C. 年龄、职业、所在地区　　D. 性别、价格偏好、年龄

二、多选题

开展客户数据分析的核心目标包括（　　）。

A. 提升单个客户的价值，让客户成为全球速卖通店铺的忠实会员

B. 提升店铺的流量转化，提高单品盈利能力

C. 延长客户生命周期，让客户持续在全球速卖通店铺消费

D. 精准掌握客户画像，提升客户下单转化率

三、判断题

最近一次消费时间比较近的客户通常对商家的商品更有兴趣，再次购买的可能性更大。（　　）

四、思考题

1. 客户画像数据包括哪些维度？如何利用具体指标开展分析？
2. 阐述 RFM 客户价值分析模型的含义并思考如何应用该模型分析客户价值。
3. 客户行为偏好分析主要包括哪几方面的内容？

项目六
跨境电商运营数据分析

技能目标

1. 能够分析全球速卖通店铺的流量数据；
2. 能够分析站内推广关键词和联盟营销的引流效果；
3. 能够分析店铺的销售额、转化率、客单价销售数据；
4. 能够分析店铺的供应链数据，包括采购数据、物流数据、仓储数据等。

知识目标

1. 了解流量数据分析的重点；
2. 熟悉流量数据分析、销售数据分析、供应链数据分析的相关知识与指标；
3. 了解全球速卖通店铺核心指标；
4. 理解全球速卖通站内推广关键词分析的关键指标；
5. 熟悉全球速卖通联盟营销的单品营销计划；
6. 理解全球速卖通店铺销售额、转化率和客单价的含义及影响因素；
7. 熟悉全球速卖通店铺的采购需求计划分析、采购成本数据分析和采购策略分析；
8. 理解物流运费设置的影响因素和仓储数据分析的意义。

素质目标

1. 树立合作互赢的理念；
2. 培养基于数据思考问题的意识；
3. 培养严谨的工作态度和脚踏实地的工作作风。

任务导图

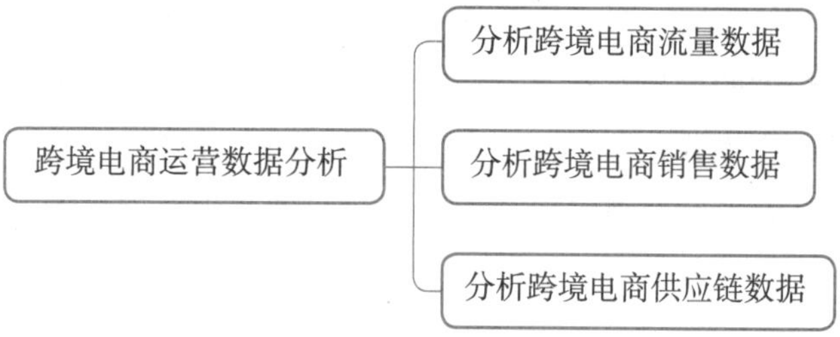

导入案例

某金网络科技有限公司是一家从事出口跨境电商平台运营的科技企业，主营产品有新娘婚纱、晚会礼服、伴娘礼服、花童服等婚纱礼服类产品。最近一段时间，某金网络科技有限公司在全球速卖通平台上的一家店铺销售额明显下降。经初步分析，店铺的访客数基本稳定，但页面平均停留时间变短，成交转化率持续下滑。

结合案例，思考以下问题：

（1）如何才能进一步提升店铺流量？

（2）你认为页面平均停留时间变短的原因有哪些？如何才能提高页面平均停留时间？如何才能提升店铺的成交转化率？

- **工作任务一：分析跨境电商流量数据**

掌握流量数据的内涵及分类，熟悉跨境电商流量数据的采集及分析方法，能够分析全球速卖通店铺的免费流量和付费流量。

- **工作任务二：分析跨境电商销售数据**

熟悉销售数据分析的主要内容，掌握销售数据分析的客单价、转化率等关键指标，能够开展全球速卖通婚纱礼服销售数据的采集和分析。

- **工作任务三：分析跨境电商供应链数据**

熟悉供应链数据分析的主要内容，掌握采购分析、物流分析和仓储分析的要点及指标，能够开展全球速卖通婚纱礼服的采购需求分析、物流分析和仓储结构分析。

工作任务一　分析跨境电商流量数据

任务背景

在跨境电商发展的不同阶段，运营的主要任务也不尽相同，相应的重点推广渠道也有较大的差异。在运营初期亟须扩大影响，往往采用成本较高的付费流量推广方式，以引起更多的关注；而在业务稳定后，需要考虑持续经营的问题，此时更需要关注免费流量的获得，以扩大品牌影响力。

分析流量数据

任务实施

一、明确流量数据分析重点

（一）付费流量渠道及分析重点

付费流量渠道主要有全球速卖通直通车、联盟营销、星合投放等推广渠道。

特点：付费流量渠道具有流量大、效果好的优点，相较于免费流量渠道，更容易获取大批的流量；缺点是需要较高成本的投入。

分析重点：同时关注引流、转化率、投入产出比等情况。

（二）免费流量渠道及分析重点

免费流量渠道可以分为站内免费流量渠道和站外免费流量渠道，站内免费流量渠道指通过跨境电商平台获取的流量，如平台购物车、产品推荐；站外免费流量渠道主要是通过各大知名网站带来流量的渠道，如 TikTok。

特点：不需要另外投入，获得速度比较慢，需要不断地优化才能获得流量，一般这种流量是比较长久的流量。

分析重点：对来源渠道引流情况进行占比、质量、变动趋势等方面的分析。

二、分析总体流量数据

进入全球速卖通后台工具生意参谋，点击“流量看板”，可以看到关于流量的店铺核心指标、商品核心指标、转化核心指标，如图 6–1 所示。通过这些数据，不仅可以分析流量的变化情况，还能与“同行同层优秀”“同行同层平均”进行比较，从而发现自身的问题，提出改进措施。

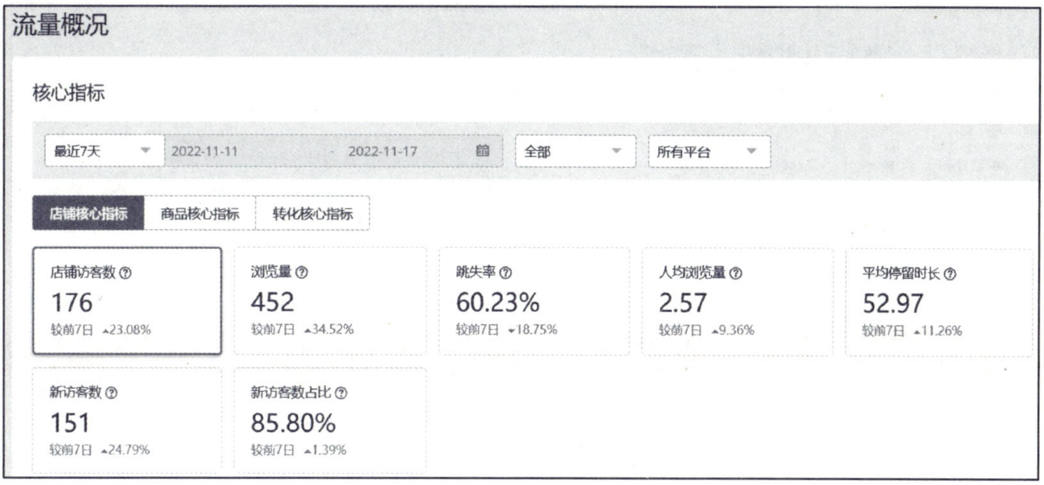

图 6–1　核心指标

知识链接

店铺核心指标

店铺访客数：当天访问店铺页面（含商品详情页）的去重人数，同一客户在统计时间范围内访问多次只计为一个。店铺访客数，既包含商品详情页也包含店铺其他页面，如店铺首页、店铺商品分类页、店铺活动页、品牌故事页。

浏览量：当天店铺所有页面被访问的次数，同一客户在统计时间内访问多次计为多次。浏览量包括 App 端访客数和非 App 端访客数。

跳失率：客户进入页面没有任何点击动作即退出，跳失率 = 跳失访客数 / 页面访客数。

人均浏览量：人均浏览量 = 浏览量 / 访客数，多天的人均浏览量为各天人均浏览量的日均值。

平均停留时长：平均停留时长 = 来访店铺的所有访客总的停留时长 / 访客数，单位为秒，多天的人均停留时长为各天人均停留时长的日均值。

进入全球速卖通卖家后台工具生意参谋，点击流量模块的“店铺来源”，可以看到店铺流量来源的构成，如图 6–2 所示。近 7 日，店铺流量来源主要是搜索，其次是基础工具、推荐等。通过查看店铺流量来源数据，可以分析店铺引流的薄弱环节，有针对性地进行改进和加强。

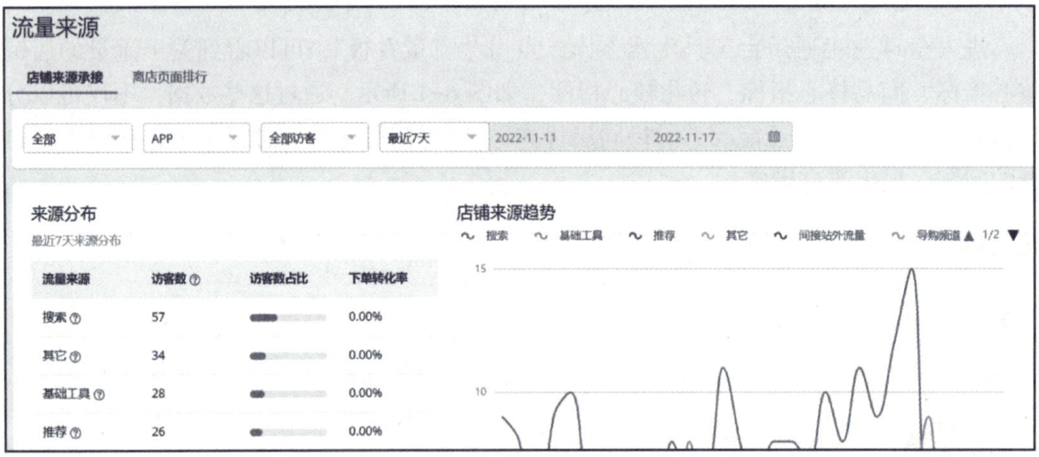

图 6–2　店铺流量来源

知识链接

店铺流量来源

搜索：通过 AE 搜索进入店铺的访客（含直通车）。

基础工具：通过购物车、消息、我的订单、心愿单等渠道进入店铺的访客。

推荐：平台基于算法将一些产品、页面推荐给客户，客户进而访问了这些页面。如首页推荐、心愿单推荐、购物车推荐、关联搭配推荐。

三、分析付费流量数据

在全球速卖通平台上，客户通过关键词搜索所需的产品而产生的流量，往往在店铺整体流量中占据很大的比重，因为搜索即入口。卖家通过投放直通车关键词广告，可以提升产品的曝光机会。

（一）分析站内推广关键词流量

关键词分析的关键指标有展现量、点击量、点击率、消耗、点击花费、点击转化率、投入产出比等。

知识链接

关键词效果分析评价指标

展现量（PV）：广告被展现的次数，其大小与关键词数量、关键词市场情况、关键词推广创意匹配模式等直接相关。

点击量（CLICK）：广告展现后引起客户的兴趣并被点击的次数。广告是否会被点击，与其图片创意、关键词精准度、产品推广位、产品定价等直接相关。

点击率（CTR）：衡量广告是否有效的重要指标，其计算公式为：

点击率 = 点击量 / 展现量

消耗（REV）：直通车点击产生的费用。

点击花费（PPC）：每一次点击的花费成本。点击花费与关键词出价、质量得分、关键词市场情况等有关。其计算公式为：

点击花费 = 消耗 / 点击量

点击转化率（CLICK-ROI）：每一笔成交的点击次数，流量精准度和产品承接转化能力。流量精准度即计划投放的平台、地域、关键词、人群定位等和产品、创意表达的卖点的匹配程度。承接转化能力则是指产品款式、价格、销量、评价、页面图片质量。

投入产出比（ROI）：涉及转化率、客单价、平均点击花费等指标，其公式为：

投入产出比 = 总成交金额 / 广告花费

关键词效果分析流程如图 6-3 所示，即有多大的展现量带来多少点击，有多高的点击率带来多少订单，有多高的点击转化率带来多少花费，有多少点击的成本带来多少收入，即投入产出比有多高。

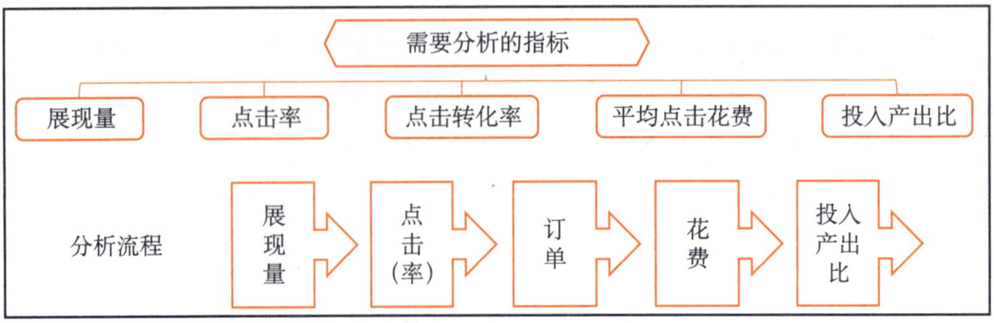

图 6-3 关键词效果分析流程

全球速卖通卖家收集到的关键词通常有很多，需要通过数据分析来确定最优的关键词。判断一个关键词是否优质，可以通过关键词的搜索人气、点击率、转化率、产品数量等方面进行关键词评估。搜索人气、点击率和转化率高，同时产品数量很少的关键词通常被认为是比较优质的关键词。

（二）分析联盟营销流量

打开全球速卖通店铺后台，点击“推广”—“联盟营销”，可以看到联盟营销的引流效果。时间维度选择“最近 7 天”，可以看到联盟营销的浏览量、访客数等数据，如图 6-4 所示。可以通过调整单品营销计划、设置不同的佣金比例，优化联盟营销的引流效果。

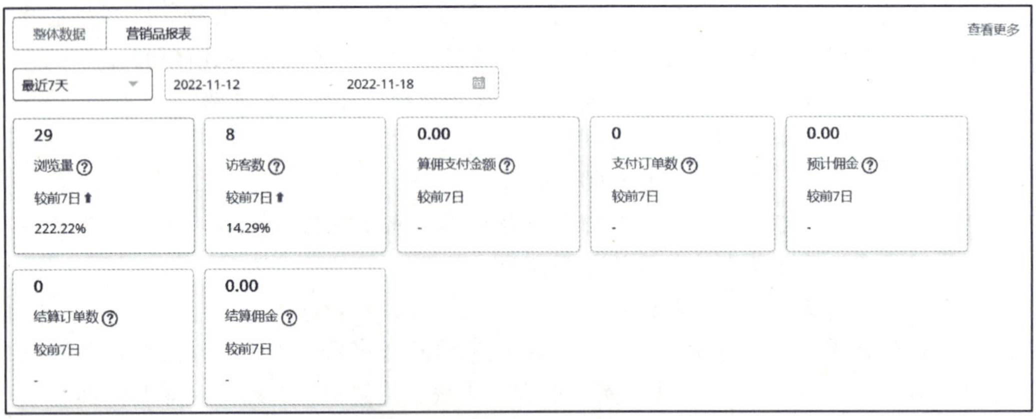

图 6-4 联盟营销引流数据

学思之窗

进行联盟营销要有合作互赢的理念，设置联盟营销的佣金时，可以采取“前期高佣金 + 后期低佣金”的策略，在保证订单利润的同时，考虑联盟合作者的利益。在分析联盟营销引流数据时，也要从产品周期的角度考虑联盟营销引流的价值。

四、分析免费流量数据

（一）分析活动推广的流量数据

设置科学合理的店铺活动、积极参与平台活动，可以持续稳定地产生店铺流量，为店铺长久经营奠定良好的基础。活动推广引流的效果一般可以从以下4个维度进行分析：

（1）活动推广流量分析——分析活动推广的整体效果，常用的指标有：访客数、成交订单数、成交占比、成交额、投资回报率等。

（2）活动推广转化分析——分析活动推广的质量，常用的指标有：访客数、收藏转化率、加购转化率、支付转化率等。

（3）活动推广拉新分析——从客户群体规模的扩张角度来进行分析，常用的指标有：访客数、新访客数、新访客占比等。

（4）活动推广留存分析——从客户的沉淀效果角度进行分析，常用的指标有：访客数、留存访客数、留存访客占比等。

（二）提升活动推广效果

活动推广需要有完整的计划，包括活动推广各阶段的任务和计划。启动推广活动后，应根据活动阶段的任务对核心指标进行监控，发现差异，分析原因，并及时调整活动方案，以保证推广活动预期目标的实现。结合活动推广阶段划分重点工作任务，识别核心监控指标。

1. 第一阶段：筹备期（潜客拉新、粉丝蓄水）

（1）重点工作任务：活动计划制订、指定活动产品规划、费用预算制定、活动报名、活动产品报名、新品打造。

（2）核心监控指标：展现量、加粉丝数、加会员数、引流成本。

2. 第二阶段：蓄水期（蓄水种草）

（1）重点工作任务：内容种草、标签加深、活动产品培育、会场素材和活动产品备货。

（2）核心监控指标：搜索展现量、点击率、点击花费、投入产出比、成交转化率、收藏数、加购数、内容互动量。

3. 第三阶段：预热期（粉丝激活、收藏加购）

（1）重点工作任务：预售单品推广、（多渠道）引导加购、领券、老客户召回、促销利益点告知。

（2）核心监控指标：销售额、订单数、客单价、加购数、领券数、人均观看、观看停留等直播数据，以及预售数据、加购金额等。

4. 第四阶段：活动引爆（全场景收割）

（1）重点工作任务：数据跟踪催付、转化老客户召回、团队激励等。

（2）核心监控指标：实时流量、UV转化率、销售额、加购数、收藏数、关注粉丝数。

工作任务二　分析跨境电商销售数据

任务背景

销售是跨境电商运营的重要环节，涉及销售额、转化率、客单价等数据。分析销售数据时，可以从以下数据入手，让整个销售过程变得更加易于监控、调整和优化。

分析销售数据

任务实施

一、分析销售额数据

销售额监测是店铺每天都要进行的工作。对于全球速卖通平台卖家来说，可以通过数据分析工具进行日常店铺销售情况的监测，监测销售种类、数量、金额与趋势等情况。

全球速卖通平台已经整合日常店铺数据监测分析功能模块。登录全球速卖通卖家后台，点击“生意参谋”，选择“查看更多”，可看到“实时概况”“核心指标”“流量看板”“搜索词排行”“商品排行榜”等板块。生意参谋提供了多种数据呈现方式，可以在表格和图表标签自由切换，卖家可以选择适合的数据呈现方式。进入全球速卖通店铺后台，点击“生意参谋”—“实时播报”，在“实时概况”中可以直观看到店铺的实时数据，如图 6-5 所示，主要的日常监测指标包括“支付金额”“访客数”“支付买家数”“支付主订单数”“浏览量”等实时数据情况，可以对比分析前后两日的支付金额。在“支付金额”“访客数”“支付买家数”3 项指标下面的数据分别代表指标的数值、主营二级行业排名、App 占比、昨日全天的数据；“支付主订单数”“浏览量”2 项指标下面的数据分别代表指标的数值、App 占比、昨日全天的数据。卖家可以及时了解实时数据，并与前一日的数据进行对比。

图 6-5　实时概况

生意参谋的核心指标模型中有“自然日”“自然周”“自然月”3个时间维度标签，选择需要查看的时间段，下载明细数据表格，就可以看到全部核心指标的表格数据。如图6-6所示，这是从生意参谋下载的核心指标数据，其中包含店铺日常运营销售的数据。下载数据表格，方便卖家对数据指标进行日常整理、清洗，选择需要的指标进行分析；同时，也可以通过直接观察图表数据的方式，判断店铺的销售和运营状态，并提出改进方案。

Statistical date	Paid amount	Conversion Rate	Revenue per buyer	Paid orders	Order amount	Ordered buyers	Visitors	Search exposure
2023-05-31	0	0	0	0	0	0	38	378
2023-05-30	0	0	0	0	0	0	47	447
2023-05-29	0	0	0	0	0	0	46	617
2023-05-28	55.2	0.0204	55.2	1	55.2	1	49	691
2023-05-27	0	0	0	0	0	0	42	352
2023-05-26	0	0	0	0	0	0	33	370
2023-05-25	0	0	0	0	0	0	47	790
2023-05-24	0	0	0	0	0	0	52	583
2023-05-23	47.54	0.0169	47.54	1	47.54	1	59	611
2023-05-22	0	0	0	0	95.08	1	62	526
2023-05-21	0	0	0	0	0	0	56	501
2023-05-20	0	0	0	0	0	0	43	374
2023-05-19	0	0	0	0	0	0	39	298
2023-05-18	47.16	0.0244	47.16	1	0	0	41	331
2023-05-17	0	0	0	0	0	0	47	408
2023-05-16	0	0	0	0	47.54	1	39	391
2023-05-15	0	0	0	0	0	0	68	457
2023-05-14	56.14	0.0196	56.14	1	55.68	1	51	353
2023-05-13	46.34	0.0164	46.34	1	46.34	1	61	410
2023-05-12	210.3	0.0652	70.1	3	210.3	3	46	300
2023-05-11	0	0	0	0	0	0	56	372
2023-05-10	51.79	0.0154	51.79	1	51.79	1	65	431

图6-6 核心指标数据

选择下载核心指标的数据表格进行分析，对店铺和同行数据进行对比，掌握市场整体情况，便于判断店铺在同类市场中处于何种水平；同时，也可以利用图表进行更快捷、直观的观察。在核心指标下，点击“支付金额”，如图6-7所示，可看到三条线，分别代表“本店”“同行同层优秀”“同行同层平均”，如图6-8所示。通过这三条趋势线，可以判断支付金额处在怎样的水准上。选择切换为“店铺访客数”“支付转化率”“客单价”等其他指标进行店铺的纵向分析，或与同行平均水平、同行优秀水平横向对比，帮助卖家对自己的店铺销售和运营情况进行准确定位，并分析原因，进行下一步的优化调整。

图6-7 支付金额

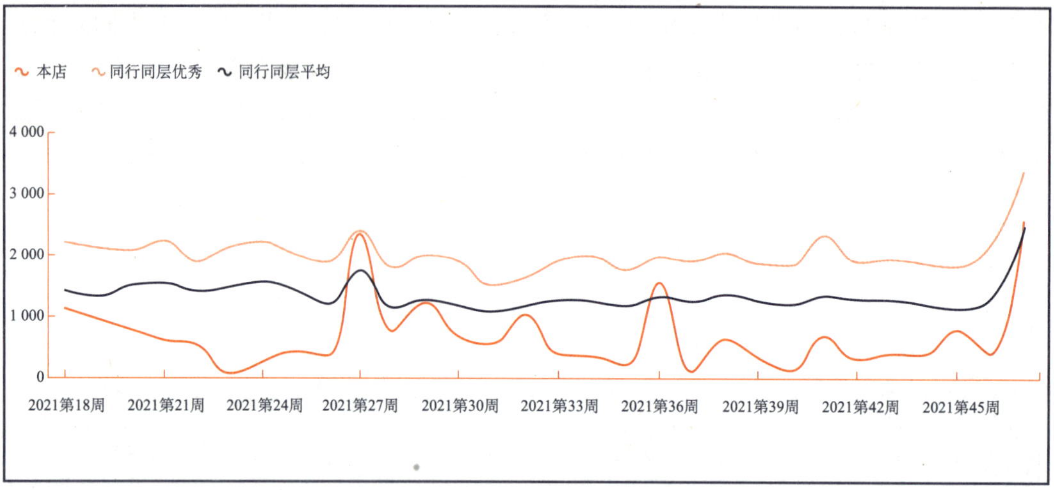

图 6-8　支付金额对比曲线

知识链接

核心指标标签功能

包含“自然日”“自然周”“自然月”时间维度标签，切换后，趋势图分别是自然日、自然周、自然月的趋势图；

提供数据下载功能；

指标可以切换，共提供 22 个核心指标；

数据有一定保存时长，建议每个月定期下载数据保存。

二、分析转化率

全球速卖通店铺转化率是衡量一家店铺运营好坏的重要指标，通过分析转化率，可以有针对性地提升，从而不断优化店铺的销售情况。

（一）分析店铺转化率

登录全球速卖通卖家后台，进入流量看板，点击“核心指标”—“转化核心指标”，以“自然周”为单位选择需要查看的时间段，可以看到支付转化率、下单转化率等数据，如图 6-9 所示。一方面，可以分析这一周转化率对比上一周的变动情况，以及转化率的变化趋势；另一方面，可以将店铺转化率与同行平均水平、同行优秀水平进行横向对比。

图 6-9　转化核心指标

知识链接

转化率关键指标

支付转化率：

支付转化率 = 支付买家数 / 访客数

即来访客户转化为支付买家的比例。对比数据时，注意指标的区别。

店铺的支付转化率 = 店铺支付买家数 / 店铺访客数

商品的支付转化率 = 商品支付买家数 / 商品访客数

下单转化率：即来访客户转化为下单买家的比例。下单买家数指当天下单的去重买家数，按天去重，周和月的数据按日累加。

下单转化率 = 下单买家数 / 访客数

（二）提升店铺转化率

全球速卖通店铺转化率可以分为静默转化率和询盘转化率两种类型。静默转化率是指客户访问网店后，没有咨询客服而直接下单购买的人数与访问数之比；而询盘转化率是指询盘成交人数与询盘人数之比。相对而言，跨境电商的静默转化率要比国内电商高很多，提升静默转化率是提升全球速卖通店铺转化率的主要方式。

1. 提升静默转化率的方法

（1）访客精准度——精准引流老客户。很多卖家站内流量还不成熟，站外渠道就推广起来了，但是往往会出现推广不精准，导致访客精准度不够，这样不仅不能提高转化率，反而可能因为短时间涌入大量访客导致转化率下降。建议一方面要精准引流，另一方面要针对老客户做定向营销；同时，利用直通车推广时，以精准词为主，大词低价使用为辅，尽可能捕捉精准流量，提高访客精准度。

（2）店铺装修——充分利用自身风格。根据店铺主营类目产品，选择搭配的装修风格，产品分类要简洁明了，并及时根据季节、节日等进行适当修改；同时要利用好店招，在买家浏览店铺的时候，店招始终会显示在页面的上方，因此是很好的展现位。

（3）商品详情页——突出结构、卖点、关联。商品详情页是买家决定是否下单的最后一站，所以商品详情页做得好不好，直接影响产品转化率，一个好的产品描述需要从买家的角度出发，包含买家可能需要的各个方面的信息。

（4）图片设计——注重专业、风格、细节。图片设计感也会影响买家的下单转化情况，功能性产品对图片的要求会稍低一些，但是对于快消品类的产品来说，一个店铺产品图片的专业度、细节、场景等方面的完美配合才能够抓住买家的眼球。

（5）产品性价比——品质、价格。价格对于成交转化率来说虽然不是决定性影响因素，但是也占到了很大的比重，是一个很重要的指标。合理定价首先要根据产品的市场定位，分析受众人群能力和消费习惯，再结合竞争对手的价格和产品的成本分阶梯进行定价。

（6）产品布局陈列——路径、导航、分类。店铺的产品布局导航栏、产品分类一定要做起来，让买家能够快速准确了解店铺里面有哪些产品，每个产品类目推荐的产品是哪些，将这些流量留在店铺，能够降低跳失率，并最终产生转化。

（7）销量口碑——评分、好评、销量。提高产品和店铺评分，产品评价的好坏是影响买家下单、提高转化率的重要因素，同时也会影响产品的自然搜索排名以及能不能参加平台活动。

（8）店铺活动——折扣、优惠、粉丝营销。一些转化率偏低的产品，可以将关联模块放在商品详情页上方，从而减少买家流失，提高转化率；热销产品与转化率低的产品进行搭配促销；利用店铺自主营销工具，通过限时折扣、满立减、全店铺折扣、店铺优惠券等优惠刺激买家下单。

2. 提升询盘转化率的方法

（1）响应速度。①用好卖家 App，有留言时快速回复；②在全球速卖通消息后台设置快捷回复短语。

（2）服务态度。对待买家态度要好，针对一些常见问题准备好话术。

（3）知识和经验。要多熟悉自己的产品，了解产品的特性及卖点，以及买家关注点，这样才能有针对性地帮助买家解决问题，赢得买家信任。

（4）催付效果。①下单未付款的订单，可以给买家发站内信，及时和买家进行沟通，了解买家未付款的原因；②如果是价格、运费问题，可以适当地调整，给予折扣；如果是关于产品的问题，进一步展示产品，提供图片、描述细节等；③如果买家在 24 小时内仍未付款也没有给予回复，可以考虑主动调整价格，系统会自动发送调价后的邮件通知买家重新关注下单的产品；④如果觉得有必要，可以进行电话沟通，要注意催付的频率。

实战演练

提升婚纱礼服店铺的静默转化率

步骤 1 优化婚纱礼服产品主图；

步骤 2 优化婚纱礼服产品价格；

步骤 3 优化婚纱礼服商品详情页；

步骤 4 优化婚纱礼服店铺首页。

三、分析客单价

在跨境电商运营数据分析中，一个关键指标是客单价。客单价是反映销售效率的关键指标，它指的是一段时间内，平均每位客户产生的销售额。客单价是判断销售表现的因素之一。

销售额 = 流量 × 转化率 × 客单价

客单价 = 销售总额 ÷ 下单客户总数

数据分析人员在做销售分析的时候，往往会从客单价的角度展开分析，寻找原因。全球速卖通平台会直接提供客单价数据，如图 6-10 所示，也可以采用上述公式进行简单的计算。

☑ 访客数 ☑ 下单买家数 ☑ 支付买家数 ☑ 下单转化率 ☑ 支付转化率 ☑ 支付金额 ☑ 客单价($)

	访客数	下单买家数	支付买家数	下单转化率	支付转化率	支付金额	客单价($)
其他	16847	42	27	0.25%	0.16%	1940.05	71.85
搜索	9871	8	4	0.08%	0.04%	275.5	68.87
平台首页	6736	6	4	0.09%	0.06%	338.16	84.54
买家后台	3491	36	25	1.03%	0.72%	1710.04	68.40
购物车	935	24	16	2.57%	1.71%	1622.14	101.38
频道	24	1	1	4.17%	4.17%	24.5	24.50
活动	1	0	0	0.00%	0.00%	0	0.00

图 6-10 客单价数据情况

获得客单价数据后，接下来需要分析客单价的主要影响因素，如表 6-1 所示，从而制定改进措施。主要影响客单价的是产品价格。首先产品价格的高低基本上决定了客单价的多少，在实际销售中，客单价只会在产品价格的一定范围内上下浮动。其次是促销优惠。在大型促销优惠的过程中，客单价的高低取决于优惠的力度。再次是关联营销。店铺一般会在商品详情页推荐相关的购买套餐，起到互相引流的作用。最后是购买数量。相应地，提高客单价的方法包括：提供附加服务、开展促销活动，在商品详情页设计中注意融入关联销售元素，提高客服推荐的水平与技巧。

表 6-1　客单价主要影响因素

影响因素	具体影响
产品价格	产品价格的高低基本上决定了客单价的多少，在实际销售中客单价只会在产品价格的一定范围内上下浮动。
促销优惠	在大型促销优惠的过程中，客单价的高低取决于优惠的力度。另外，优惠力度的多少、包邮的最低消费标准的设置，对客单价也有重要影响。例如：在某次活动中，某店铺设置的包邮最低消费标准为 50 美元，那就是消费满 50 美元才能免运费。这样的包邮规则，可以让客户选择一单购买多件产品，这时的客单价与日常相比就会有所提升。
关联营销	店铺一般会在商品详情页推荐相关的购买套餐，同时加入其他产品的链接。这是一种关联营销，起到了互相引流的作用。现在很多平台通过大数据的算法，在首页、搜索页、商品详情页、购物车页、订单页等各种页面中都会有关联产品的推荐。
购买数量	购买数量会因产品类目的属性不同而不同。价格不同的产品，客户花费的时间成本与操作成本是不同的。所以，想要提高客单价，可以提高单个客户购物的种类，以及单个订单内产品的数量。目前许多电商平台上推出的“凑单”销售方式，原理就是如此。

工作任务三　分析跨境电商供应链数据

任务背景

跨境电商最核心的是卖产品，涉及产品往往就要考虑整个供应链。一位跨境电商企业家曾说，对跨境电商来说，供应链能力是核心能力。

分析供应链数据

任务实施

一、分析采购数据

采购指购买产品和服务的一整套商业流程，是供应链管理必不可少的环节。从业务本身来说，采购要求在恰当的时间，以合理的价格、恰当的数量和良好的质量，从适合的供应商处采购物料、服务和设备，即采购管理的 5R 原则。

采购管理的 5R 原则：

（1）适时（Right time）；

（2）适质（Right quality）；

（3）适量（Right quantity）；

（4）适价（Right price）；

（5）适地（Right place）。

采购数据分析，可以帮助卖家进行以下决策：

（1）供应商选择是否存在变动；

（2）采购价格是否合理，是否有异常变动；

（3）退货比例是否合适；

（4）采购时间是否合适。

采购数据分析的主要流程和工作内容包括：采购需求计划分析、采购成本数据分析和采购策略分析。

（一）采购需求计划分析

在供应链领域，可以将需求定义为“销售需求”，需求计划也可以称之为“销售预测”。采购需求计划分析是基于实际销售的数据，对未来的销售预测进行评估，通常分为如下步骤：

（1）采集以往销售量，以 SKU 为单位计算得出销量统计表；

（2）区分日常销售量与推广促销等活动销售量，分别进行销量需求预测，在分开预测的基础上进行汇总；

（3）根据得出的预测分析结果，选用折线图等用来表达时间序列的图表进行成果展示，便于直接观察数据；

（4）在数据分析的基础上，结合对市场的变化预期，实时更新采购计划，如图 6-11 所示。

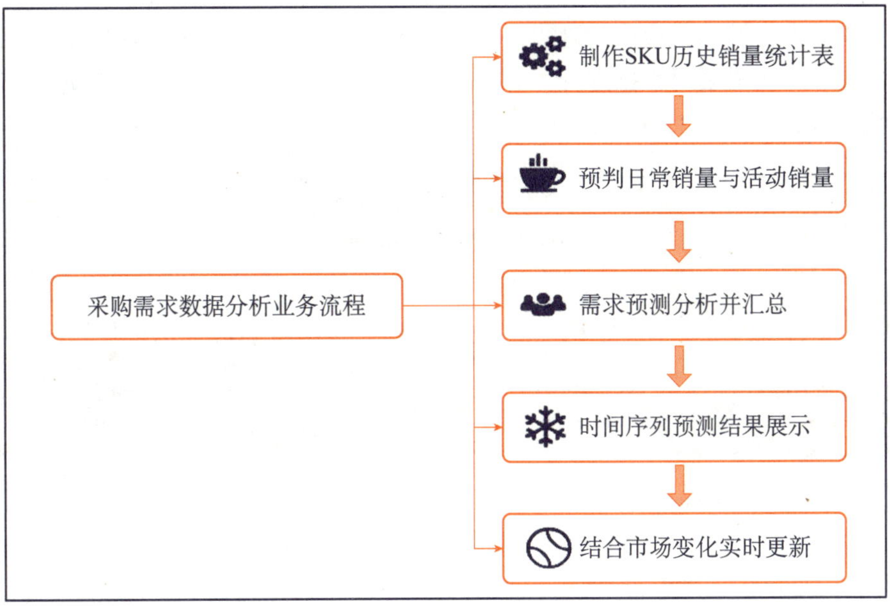

图 6-11　采购需求计划分析业务流程

（二）采购成本数据分析

在进行产品采购时，产品的价格会受到各种因素的影响，如交通、气候，可以选择在产品价格走低时进行大量采购，节省成本，赚取更大差价，从而获得更多利润。

1. 采购成本走势分析

分析采购成本走势，通常根据已有数据构成的成本价格走势折线图来分析，如图6-12所示。

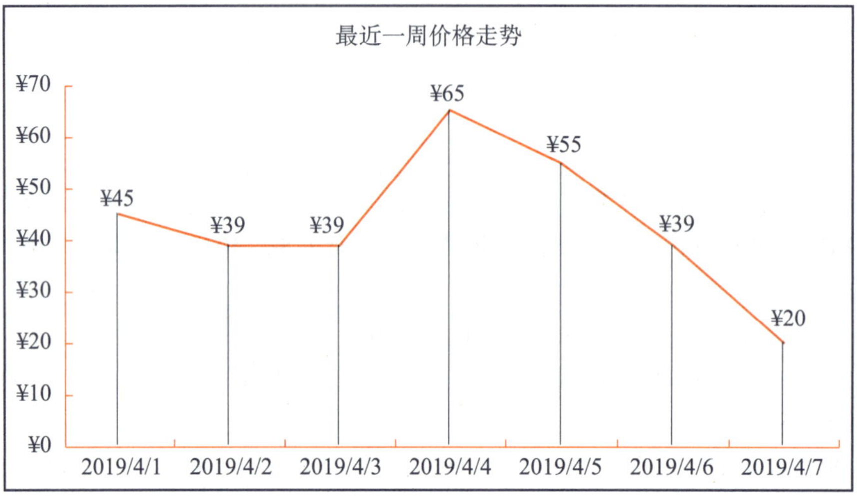

图 6-12　采购成本走势

2. 不同渠道采购成本分析

一般而言，一家店铺可能会有多家供应商可以提供产品，这时可以根据已采购产品的价格数据来判定哪家供应商的进货成本更加低廉或划算，从而进行取舍。对于这样的采购成本比较，不需要对数据进行一对一的比价或计算，直接用对比折线图就可以轻松展示对比结果，如图6-13所示。

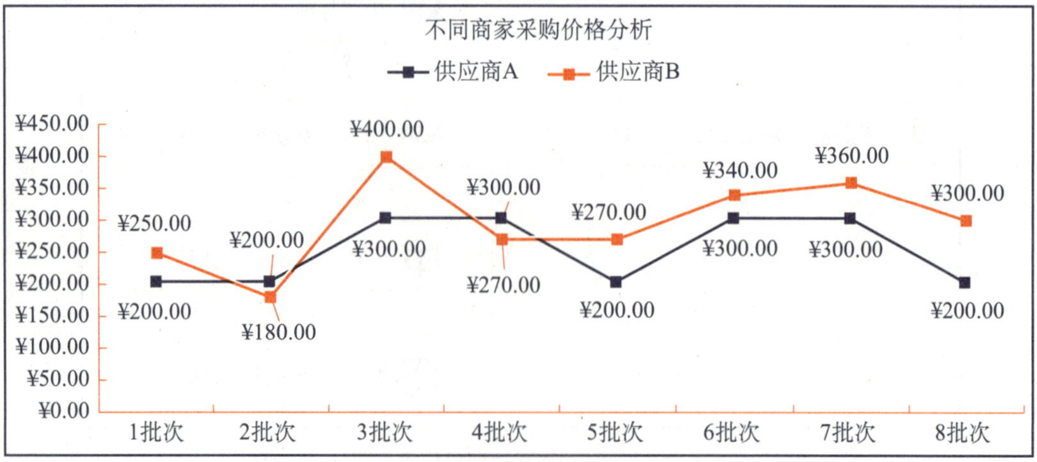

图 6-13　不同渠道采购成本走势分析

3. 采购平均价分析

产品采购价格通常都会因季节、市场变化而产生波动，卖家需要在变动的采购单价中获取最佳采购时机，才能够较大程度降低投入成本，在店铺促销或让利活动时保证产品既有获客的空间，还有可观的利润。一般可以采用将波动价格与平均价格进行划分和对比分析的方法，来分析和指导采购时机，如图 6-14 所示。

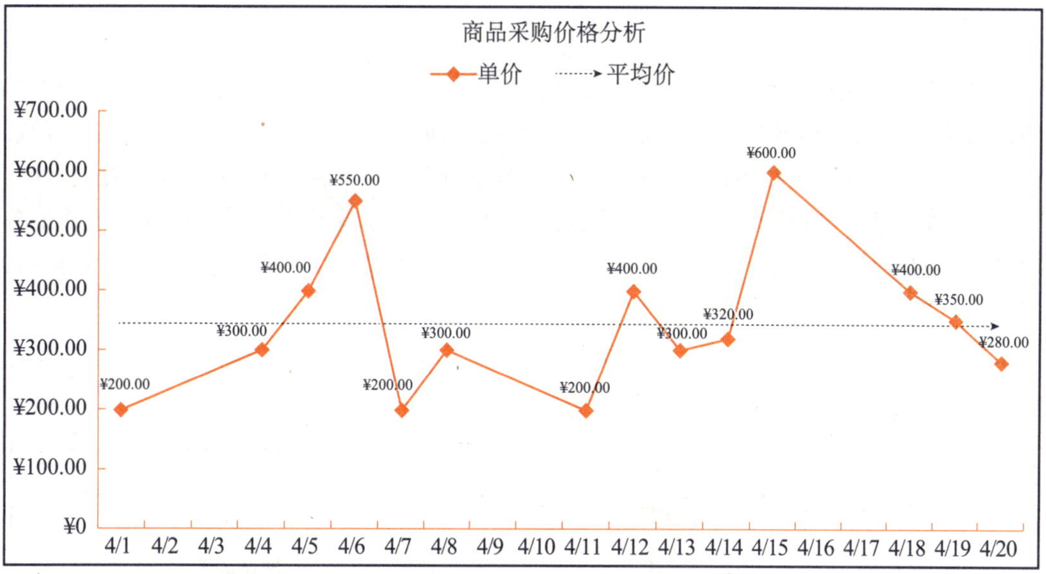

图 6-14 采购平均价走势分析

（三）采购策略分析

1. 自制还是外包

跨境电商企业最重要的采购决策之一是选择在企业内部完成供货任务，还是外包给第三方执行该供应链功能。

2. 货源

跨境电商企业必须选择是采用单一供货源还是多方供货源。

3. 供货

供货是指供应链获得物品和服务的过程。

4. 与采购相关的指标

直接影响产品销售成本和应付账款的指标。

二、分析物流数据

（一）物流服务水平

物流水平直接影响店铺 DSR 中的物流服务分数，物流服务的优劣也是客户选择下单与否的重要参考依据，如图 6-15 所示。

店铺动态评分	与同行业相比
描述相符：4.9	↑ 高于 32.36%
服务态度：4.8	↑ 高于 34.18%
物流服务：4.9	↑ 高于 48.45%

图 6-15 某店铺 DSR 评分

在跨境电商环境下，物流活动伴随物流数据的管理。通过物流数据分析，可以帮助跨境电商企业完成实时物流订单追踪、订单时效监控以及异常物流诊断等，避免因为物流造成客户投诉和客户流失。

（二）物流运费

在选择快递之前，首先要注意地区的概念，不同快递公司、不同区域间的运费是不同的，如果统一定价不分地区，会给店铺带来经济上的损失，所以店铺物流配送应划分区域，并对每个区域的运费进行不同的定价，而定价范围可以在与物流公司进行协商后决定。

确定好合作的快递公司后，物流运费分析的核心问题就是产品是否包邮，也就是在包邮带来的产品竞争力与不包邮带来的产品利润之间找到一个平衡点。对于店铺内某款产品是否采取包邮需要考虑多方面的因素，如图 6-16 所示。

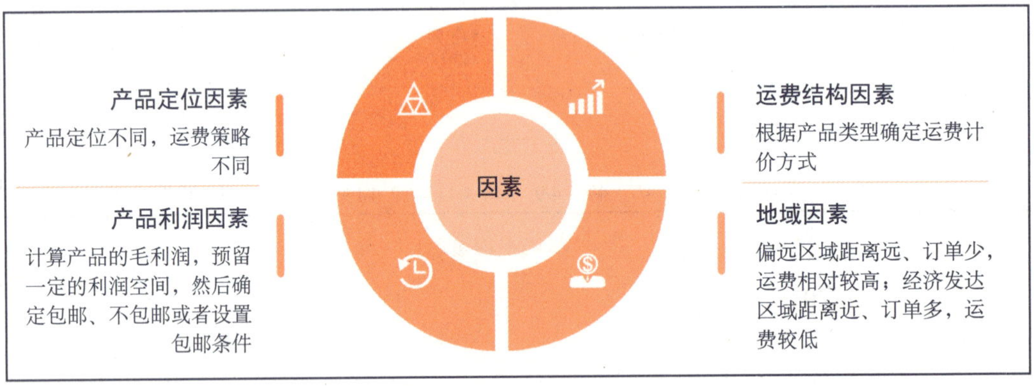

图 6-16　包邮与否的主要影响因素

（三）订单时效分析

订单时效是指客户从完成订单支付开始，到客户完成产品签收的时间跨度，即支付到签收的时长。随着跨境电商的发展，客户对于物流时效的感知和要求越来越高，在追求客户极致体验的今天，订单时效是提升客户体验、增强客户满意度的基本要素之一。

订单时效分析的主要目的是通过数据分析找出影响订单时效的因素及不同物流公司之间的差距，从而有针对性地进行流程优化，以达到更优的效率。订单时效分析的指标如图 6-17 所示。

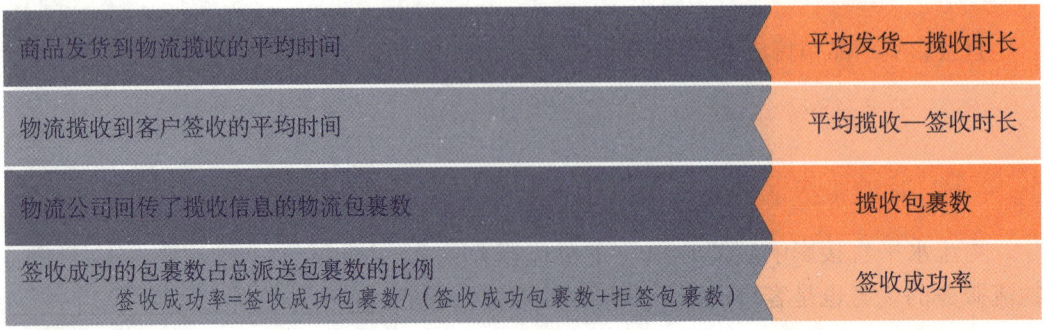

图 6-17　订单时效分析的指标

三、分析仓储数据

仓储是指利用仓库存放、储存未即时使用的物品的行为。在跨境电商环境中，仓储是指为有形产品提供存放场所并对存放物进行保管、存取与控制的过程，一般指的是库存。供应链中库存的存在是为解决供给与需求之间的不匹配，库存影响供应链持有的资产、所发生的成本以及提供的响应性。

仓储数据分析的意义不仅仅在于核对产品数量的对错，还在于通过数据分析了解产品库存的情况，从而判断库存产品结构是否完整、产品数量是否适中，以及库存是否处于健康水平、是否存在经济损失的风险。库存结构分析主要是通过分析库存产品的占比情况，以了解产品结构是否符合市场需求，从而及时调整销售策略。

在跨境电商运营过程中，产品库存数量要保持适中，既要保证产品供应充足，满足日常销售所需，又不能有太多积压，产生较多仓储成本，因此需要对库存数量进行分析，为下次入库数量提供数据支持。通常由运营人员对产品出入库进行日常记录，形成包括“入库时间”“期初数量”“出库数量”等基本信息。如表 6-2 所示的出入库记录表，是仓储数据分析的基础。

表 6-2 某产品的出入库记录表

产品型号	入库时间	期初数量	入库数量	出库数量	结存数量	库存标准量
GTS1101	2019/10/10	42	50	75	17	20
GTS1102	2019/10/10	40	50	63	27	30
GTS1103	2019/10/10	41	50	78	13	30
GTS1104	2019/10/10	45	50	47	48	20
GTS1105	2019/10/10	55	50	38	67	20

通常可以采用库存健康度分析库存是否合理。库存健康度分析是针对库存的实际情况，以一定的指标进行测验，判断库存是否处于健康水平、是否存在经济损失的风险。

知识链接

库存健康度

库存周转（通过周转判断缓流或紧缺）：库存周转一般在目标库存的 80% 以上，同时在目标库存的 1.5 倍以下，可以称之为“健康的周转水平”。

残次品库存：及时处理，控制为 0。

近效期库存（存在失效报废风险）：通常将效期在一半以下的产品控制为 0。

其他不良库存：控制为 0。

学思之窗

分析库存数据，需要基于准确的库存信息。盘点库存时要有严谨的工作态度和脚踏实地、实事求是的工作作风。

实战演练

对女装短T进行采购需求计划分析

某金公司A店铺主营女装休闲服饰。夏季来临，公司计划采购一批女装短T，为确保采购数量更加准确，运营部根据历史销售数据进行采购需求分析。

步骤1 进入全球速卖通后台工具生意参谋，下载女装短T的交易数据，整理形成短T日常需求预测和活动需求预测表，分别如表6-3、表6-4所示。

表6-3 短T日常需求预测

月份	汇总数量/件	短袖S码/件	短袖M码/件	短袖L码/件
1	200	68	72	60
2	253	78	95	80
3	263	82	96	85
4	356	110	130	116
5	8 640	2 960	3 000	2 680
6	11 020	3 940	3 720	3 360

表6-4 活动需求预测表

月份	汇总数量/件	短袖S码/件	短袖M码/件	短袖L码/件
1	0	0	0	0
2	0	0	0	0
3	950	320	360	270
4	1 826	586	638	602
5	4 615	1 627	1 560	1 428
6	7 184	2 907	2 493	1 784

步骤2 根据计算公式，需求总预测＝日常需求预测＋活动需求预测，对上表进行汇总，得到表6-5中的数据。

表 6-5 短 T 需求预测汇总

月份	汇总数量 / 件	短袖 S 码 / 件	短袖 M 码 / 件	短袖 L 码 / 件
1	200	68	72	60
2	253	78	95	80
3	1 213	402	456	355
4	2 182	696	768	718
5	13 255	4 587	4 560	4 108
6	18 204	6 847	6 213	5 144

步骤 3 在此基础上，为了显示需求变化规律以规划其他运营资源，可以将上表中的数据结果转化为如图 6-18 所示的柱状图。

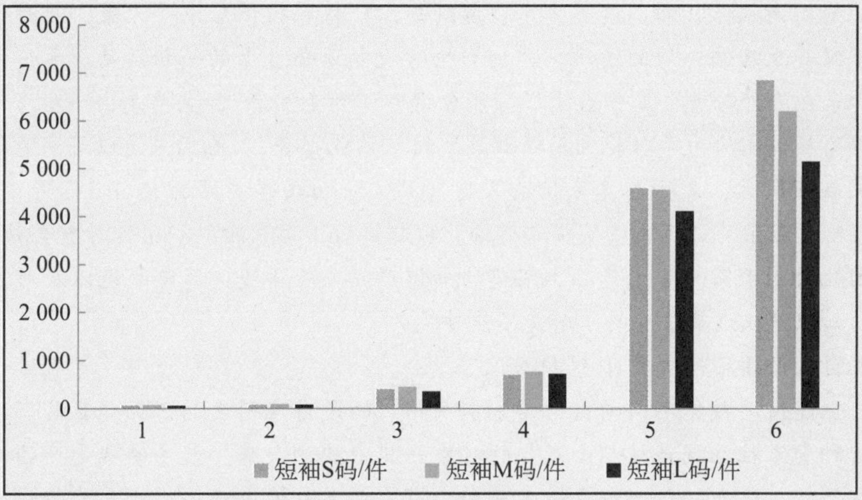

图 6-18 短 T 的 SKU 数量需求柱状图

步骤 4 通过总需求变化可以看出，因为季节性因素影响，短 T 在年初需求量非常小，采购量不宜过大，要根据当年的气温情况及时调整。5—6 月数据直线上升，要在这两个月增加备货量并做好促销活动的备货。通过图 6-18 短 T 的 SKU 数量需求柱状图可知，S、M、L 三个码数需求在 1—4 月较为平均，但在 5—6 月 S、M 码需求更为旺盛，6 月 S 码需求更多，所以在销售旺季，S、M 码要有充足备货。

综上所述，产品采购通常受到一些可预测因素的影响，不同时期需求不断发生变化。这些变化包括季节性因素和非季节性因素（如促销活动和产品普及率），它们都可能导致采购需求计划出现变化，产生可以预测的增加或减少。

发生可预测的需求波动应及时修改采购需求计划，避免产品需求的变化给供应链带来一系列的连锁问题，如需求旺季大量缺货供不应求，需求淡季库存过多造成产品积压及库存成本上升。

学思之窗

近年，跨境电商发展迅猛，推动“中国制造”销往全世界，也促进了我国对外贸易的发展。但跨境电商知识产权纠纷层出不穷，主要涉及假冒和盗版问题，其中既有简单明确的知识产权侵权问题，也有复杂的、只能经过司法机构裁决的、争议较大的疑难问题，如跨境电商产品的平行进口问题、知识产权责任分担问题，还有知识产权权利人商业策略的应用问题等。以下对需要注意防范、规避的知识产权问题进行梳理。

一、跨境电商卖家受到知识产权阻击的主要类型

1. 跟风性销售

跨境电商平台上总是充斥着良莠不齐的卖家，一些无良卖家奉行“爆款”产品的拿来主义，堂而皇之销售“山寨”产品。还有一些卖家没有注意到原创产品本身是受到知识产权保护的，这类卖家在遭到知识产权人投诉后束手无策，此时会存在产品下架甚至店铺关停的情况，严重影响跨境电商平台上的销售活动。奉行拿来主义的卖家在海外跨境电商平台上还可能会遭遇“钓鱼圈套”，主要是由一些海外律所或品牌商雇佣团队为牟取暴利而精心策划的“钓鱼圈套”。他们先是以买家身份与中国卖家在线聊天，表示愿意高价购买仿冒品，从而获得卖家的 PayPal 账号；然后，他们以聊天记录为证据去法院提起诉讼。被起诉后，卖家的 PayPal 账号就会被冻结。

因此对于卖家而言，产品上架前的知识产权风险排查、风险规避以及对产品销售地的知识产权政策法规的了解是不能缺失的。

2. 自主产品品牌缺乏 IP 保护意识

与上述情况截然不同的是，卖家本身销售的是自主研发的产品并且具有自主品牌，这种卖家往往就是被“山寨”的对象。其中被“山寨”最多的就是产品外观以及品牌商标，这类知识产权也是卖家和卖家产品在跨境电商平台上最有辨识度、最具有维权可视度的。

但是大部分卖家都没有或者没有及时进行销售前的知识产权保护，导致存在维权的真空时期，无法及时有效地阻止产品被“山寨”以及商标被跟卖。因此，具有自主品牌以及自主研发的卖家，一定要尽早、及时地进行销售产品的知识产权布局，最好是在产品上线销售前就拿到相应的商标权或者专利权。

二、海外跨境电商平台的主要维权方式

目前海外四大跨境平台——亚马逊、eBay、Wish 以及全球速卖通均设有知识产权投诉侵权途径，它们和国内阿里巴巴知识产权保护平台的投诉机制比较相同。投诉方首先要是平台认可的知识产权所有人，即在投诉前需要在平台进行相应知识产权备案，之后遇到侵权的话，进入侵权投诉页面，然后进行相应的投诉就可以了。上述平台对没有获得认证的知识产权基本不持积极的态度，这种情况基本不会投诉成功。因此还是建议跨境电商平台卖家在上架产品前最好已经获得了产品知识产权证书。

三、跨境电商卖家规避知识产权阻击的方法

1. 加强权利管理

跨境电商中知识产权所有人主要通过三种方式进行权利管理。第一种是直接管理和运用自身知识产权，即自身就是供应方（卖家）；第二种是许可供应方（卖家）综合运用知识产权；第三种则是仅授权供应方（卖家）代为销售知识产权产品。

在知识产权获取上，卖家可以积极获取各类产品的知识产权（不限于专利商标）。在知识产权运用上，跨境电商平台知识产权所有人可以根据具体情况有选择性地运用各种许可手段。在知识产权保护上，跨境电商知识产权所有人在防止产品被侵权以及侵权的同时，还需要关注商标反淡化、商业秘密保护、版权作品权利固定等；不仅关注不特定的使用者是否侵权，也关注被许可方是否遵守知识产权合同约定。

2. 积极推进私力救济

现实中，跨境电商知识产权所有人存在不同的市场地位，可以采用不同的私力救济途径。由于跨境电商具有跨境、量小、高频等特征，这类所有人监控知识产权侵权能力弱，维权成本常常高于实际收益，因此除了可以直接向侵权者警告、实施网络公告等救济手段外，还可以借助跨境电商平台知识产权体系、集体力量（如行业协会、跨境电商协会等集体成员之间的互助）以及利用自身知识产权（如交叉许可）与其上下游企业联合以扩大市场影响力。

项目小结

通过本项目的学习，重点掌握以下知识和技能：

- 理解流量数据分析的内涵和重点，能够分析店铺的总体流量数据、付费流量渠道和免费流量渠道。
- 理解影响店铺销售数据的因素，能够分析店铺的销售额、转化率、客单价等数据。
- 熟悉全球速卖通店铺的采购需求计划分析、采购成本数据分析和采购策略分析，能够分析店铺的采购数据、物流数据、仓储数据等。

课后练习

一、单选题

1.（　　）是指当天访问店铺页面（含商品详情页）的去重人数。

A. 浏览量　　B. 访客数　　C. 人均浏览量　　D. 平均停留时长

2.（　　）是指客户访问网店后，没有咨询客服而直接下单购买的人数与访问数之比。

A. 支付转化率　　B. 下单转化率　　C. 静默转化率　　D. 询盘转化率

3. 全球速卖通店铺的销售额与下面哪个因素无关？（　　）

A. 流量　　B. 转化率　　C. 客单价　　D. 产品数量

4. 影响客单价的主要因素是（　　）。

A. 产品价格　　B. 促销优惠　　C. 关联营销　　D. 客服水平

二、多选题

1. 全球速卖通店铺付费流量渠道有（　　）。

A. 直通车　　B. 联盟营销　　C. 星合投放　　D. 平台活动

2. 影响全球速卖通店铺询盘转化率的因素有（　　）。

A. 响应速度　　B. 服务态度　　C. 知识和经验　　D. 催付效果

3. 采购数据分析的工作内容包括（　　）。

A. 采购需求计划分析　　B. 采购成本分析

C. 物流服务水平分析　　D. 采购策略制定

三、判断题

1. 全球速卖通直通车每日费用不固定，只有在买家点击推广的产品时才会扣费。（　　）

2. 对于不同国家的客户，全球速卖通店铺应该设置相同的运费。（　　）

四、思考题

1. 店铺流量持续下滑可能的原因是什么？如何分析原因并找出解决策略？

2. 影响店铺销售额的因素都有哪些？试着举例说明。

项目七 跨境电商产品数据分析

技能目标

1. 能够采集和处理跨境电商产品数据；
2. 能够综合运用跨境电商产品数据分析方法与工具；
3. 能够通过跨境电商产品数据分析调整优化产品策略。

知识目标

1. 熟悉跨境电商产品数据分析的方法和流程；
2. 熟悉跨境电商产品数据分析的相关指标。

素质目标

1. 能够在跨境电商数据分析过程中坚持科学的价值观和道德观；
2. 熟悉跨境电商企业在运营中应该遵循的法律法规；
3. 具有跨境电商企业应遵守的数据保密意识和数据价值意识。

任务导图

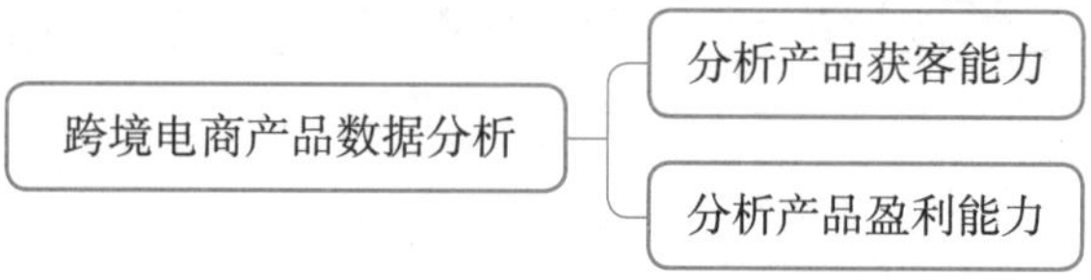

导入案例

随着跨境电商企业越来越多，竞争也日益激烈。为了找到快速有效提升业绩的方法，众多企业的关注点都放在如何做“爆款”、如何提高产品曝光、如何提高点击率、如何提高转化，反而忽略了最本质的东西——产品。

什么是好的产品？好产品是深受买家喜爱的产品，是推向市场后受到买家欢迎的产品。因此需要对店铺的产品数据进行分析，深入了解什么样的产品受到市场欢迎，本店铺的产品是否符合好产品的标准。在互联网时代，产品是否受欢迎可以从搜索量、点击量等数据直观体现出来，能够形成转化、许多人下单支付、能为店铺带来盈利是好产品的最终体现。

结合案例，思考以下问题：

（1）假设你是企业运营部数据分析人员，此次数据分析的源数据要从哪里获取，你计划用哪几个指标开展分析？

（2）接到任务后，首先应明确该任务的关键节点和实施步骤，思考并分享你的想法。

- **工作任务一：分析产品获客能力**

熟悉产品获客能力分析的指标和影响因素，掌握产品获客能力的分析方法，能够开展全球速卖通婚纱礼服产品获客数据的采集、整理和分析。

- **工作任务二：分析产品盈利能力**

熟悉产品盈利能力分析的指标和影响因素，掌握产品盈利能力的分析方法，能够开展全球速卖通婚纱礼服产品盈利数据的采集、整理和分析。

工作任务一　分析产品获客能力

任务背景

每个网店的运营者都期待自己运营的网店吸引到最多的流量，而这些流量被吸引到店，关键在于产品。那么网店中哪些产品对客户的吸引力最大？可以帮助跨境电商卖家获得最大流量呢？这就需要对产品的获客能力进行分析。对于跨境电商卖家来说，除了需要时刻关注整个行业中的产品数据表现以外，对于自家产品的数据表现更加需要重点关注，从而确定是否需要将其培养成“爆款”，或者对某些产品的生命周期进行延续。

分析产品
获客能力

任务实施

一、产品获客能力的关键指标

在全球速卖通平台，产品的获客能力可以用两个指标来分析，一个是新客点击量，一个是重复购买率。新客点击量是针对首次访问网站或者首次使用网站服务的客户进行的点击量统计，新客点击量越大，说明获客能力越强；如果是某产品的新客点击量大，则说明该产品对客户的吸引力大，产品运营效果好。重复购买率简称“复购率”，是针对某时期内产生两次及两次以上购买行为的客户的比例。可以通过计算以上两个指标分析产品获客能力，也可以通过生意参谋的商品模块进行分析。

（一）新客点击量

全球速卖通平台中的产品新访客数可在生意参谋中直接查看，也可根据采集到的新客点击数据进行测算分析。

（二）重复购买率

顾名思义，重复购买率（简称“复购率”）是客户重复购买的比率，其计算方法有按客户数量计算和按交易次数计算两种。

1. 按客户数量计算

复购率 = 一段时间内重复购买的客户数量 ÷ 客户总数量 ×100%

例如：客户总数为 100 人，其中 50 人重复购买（不考虑重复购买了几次），复购率为 50%。

2. 按交易次数计算

复购率 = 一段时间内客户重复交易的次数 ÷ 总交易次数 ×100%

例如：共产生 100 笔订单，客户总数为 100 人，其中 20 人重复购买，这 20 人中有 5 人重复购买 1 次（即购买 2 次），有 15 人重复购买 2 次（即购买 3 次），复购率 =（5×1+15×2）÷100，结果为 35%。

第一种计算方法简单，是常用的复购率计算方法，在对老客户进行重点营销的方案中，第二种计算方法更能激活运营团队的潜力。

二、店铺产品访客分析

（一）产品排行榜分析

在全球速卖通后台进入生意参谋中的商品排行，选择“行业”及“时间”，可以看到支付榜、访客榜、收藏榜及加购榜 4 个榜单，通过这几个榜单可全面了解店内产品的获客能力、转化情况，如图 7-1 所示。

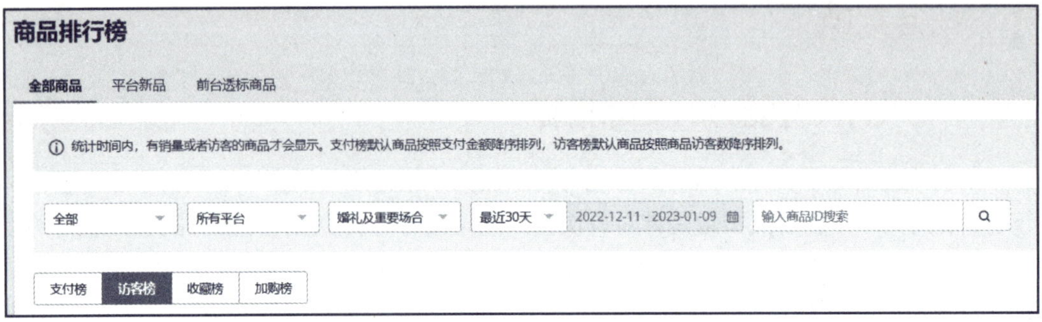

图 7-1　商品排行榜

（二）产品访客数据

点击访客榜，可以看到按照访客数由高到低排列的产品榜单，可以直观地了解店内产品对访客的吸引力排名情况，如图 7-2 所示。通过该榜单，还可以看到产品访客数、新访客数、支付买家数、客单价、支付转化率等默认展示的指标数据。通过页面右列的“显示指标设置”可以对展示的指标根据需求进行选择，也可以下载数据表格，对店内产品进行详细分析。若需要对某一单品进行详细分析，可以在右列的“操作”表单下选择“数据趋势”或“单品分析”。

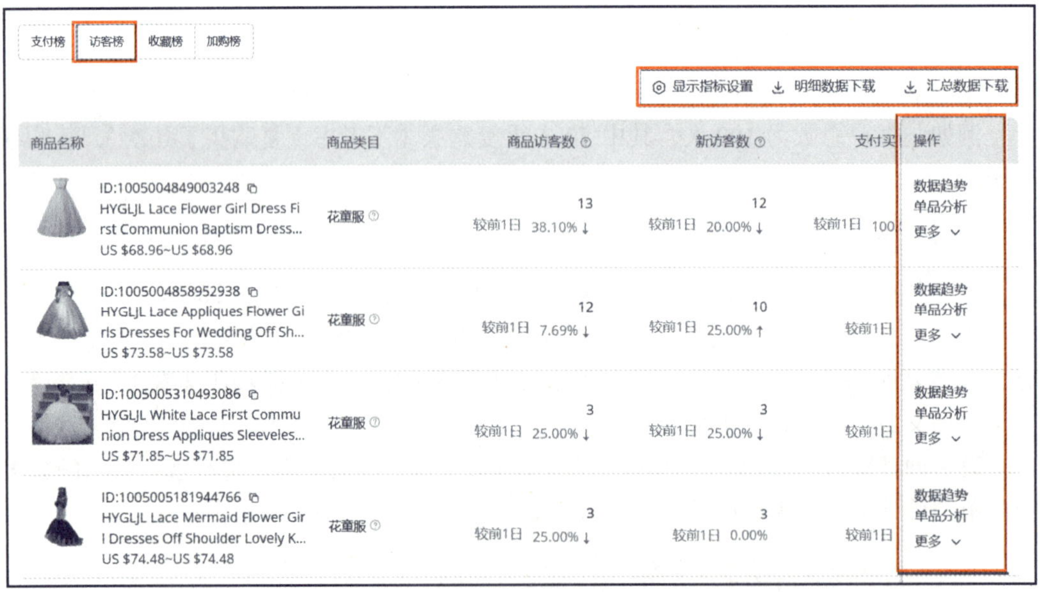

图 7-2　访客榜

（三）查看产品访客数据趋势

点击“数据趋势”标签，可以看到店内产品数据趋势图，选择搜索曝光量、搜索点击率、新访客数、产品访客数等指标，可看到下方的折线图，如图 7-3 所示。

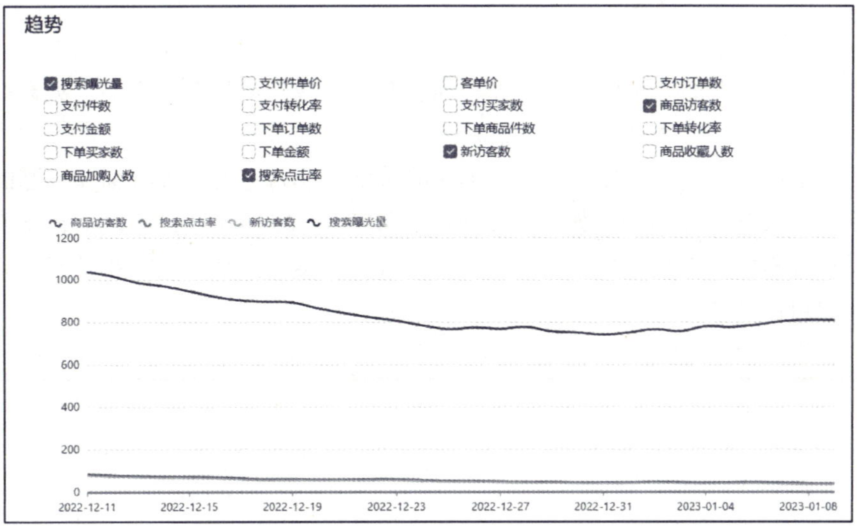

图 7–3　访客数据变化趋势

（四）查看单品分析

点击产品右列的“单品分析”，页面跳转至“单品分析”，生意参谋提供了单品的“核心指标”“关键词”及“服务”3 项产品数据。

1. 核心指标

点击“核心指标”标签，选择时间周期“最近 30 天”，国家选择“美国”，平台选择“所有平台”，可以看到该单品所有来自美国的访客数据；也可以选择“导出”数据明细，全球速卖通提供核心指标数据和国家分析数据明细表格，如图 7–4 所示。

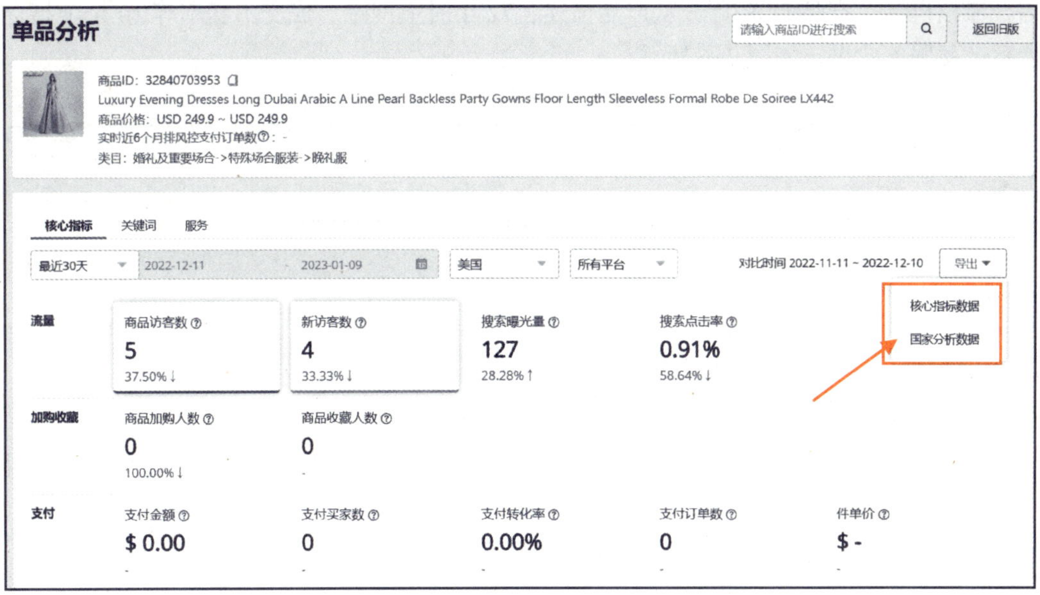

图 7–4　核心指标

2. 关键词

跨境电商平台上的产品标题中的关键词设置对于吸引流量非常重要。买家在全球速卖通平台购物时，主要通过平台搜索框输入自己需要购买的产品名称或者关键词，再根据页面的展示情况来进行选择。因此，单品的关键词非常重要，关键词和标题的设计决定产品是否会被买家搜索到。如图 7–5 所示，该晚礼服的关键词“Evening dress”的搜索曝光量和搜索曝光人数明显相比“Long evening dress”要高，卖家在做产品关键词的 SEO 优化时可以参考。

图 7–5　关键词

3. 服务

全球速卖通平台卖家服务评级系统（Detailed Seller Ratings）简称“DSR服务评级”，对网店、产品质量、服务能力进行综合统计，划分相应的服务水平，是一项重要的卖家综合考核机制。产品 DSR 评分从产品描述、72 小时上网率、成交不卖率等 10 余项指标考察产品服务效果，如图 7–6 所示。

图 7–6　服务

（五）单品访客数据分析

通过生意参谋下载明细数据表格，可以根据业务需求筛选关键指标进行分析，这对于制定精细化的产品运营方案或产品优化策略更有针对性。例如：在选择的单品右列点击“导出”—“核心指标”，下载详细的单品访客数据，如图 7–7 所示。

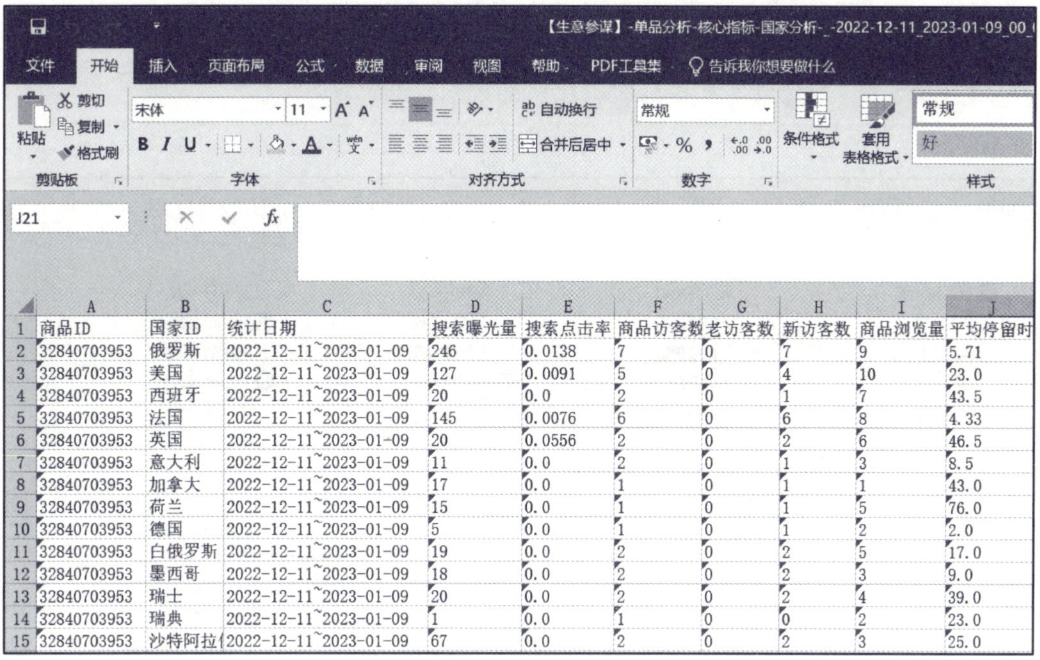

商品ID	国家ID	统计日期	搜索曝光量	搜索点击率	商品访客数	老访客数	新访客数	商品浏览量	平均停留时
32840703953	俄罗斯	2022-12-11~2023-01-09	246	0.0138	7	0	7	9	5.71
32840703953	美国	2022-12-11~2023-01-09	127	0.0091	5	0	4	10	23.0
32840703953	西班牙	2022-12-11~2023-01-09	20	0.0	2	0	1	7	43.5
32840703953	法国	2022-12-11~2023-01-09	145	0.0076	6	0	6	8	4.33
32840703953	英国	2022-12-11~2023-01-09	20	0.0556	2	0	2	6	46.5
32840703953	意大利	2022-12-11~2023-01-09	11	0.0	2	0	1	3	8.5
32840703953	加拿大	2022-12-11~2023-01-09	17	0.0	1	0	1	1	43.0
32840703953	荷兰	2022-12-11~2023-01-09	15	0.0	1	0	1	5	76.0
32840703953	德国	2022-12-11~2023-01-09	5	0.0	1	0	1	2	2.0
32840703953	白俄罗斯	2022-12-11~2023-01-09	19	0.0	2	0	2	5	17.0
32840703953	墨西哥	2022-12-11~2023-01-09	18	0.0	2	0	2	3	9.0
32840703953	瑞士	2022-12-11~2023-01-09	20	0.0	2	0	2	4	39.0
32840703953	瑞典	2022-12-11~2023-01-09	1	0.0	1	0	0	2	23.0
32840703953	沙特阿拉	2022-12-11~2023-01-09	67	0.0	2	0	2	3	25.0

图 7-7　单品访客数据

三、产品获客能力指标分析

（1）进入生意参谋，选择“商品排行”。生意参谋展示有销量或交易的所有产品，“国家”下拉框中有 30 个国家。

商品排行板块功能：（1）展示离线产品排行（实时产品排行在“实时播报”），提供所选时间范围内有销量或访客的所有产品，有下载功能；（2）分为支付榜、访客榜、收藏榜和加购榜 4 个榜单，可以根据需要分别选择查看；（3）右侧有“显示指标设置”“明细数据下载”“汇总数据下载”。

（2）选择“访客榜”，默认以商品访客数高低排序，可以看到按照高低排序后的产品情况。

（3）选择右列“操作”—“数据趋势”时，可以看到“趋势”页面，包含“搜索曝光量”“支付金额”“商品加购人数”等 17 项指标。如图 7-8 所示，勾选“搜索曝光量”“新访客数”“商品访客数”“商品收藏人数”4 项指标，可以看到这 4 项指标的变化趋势，可以综合判断产品吸引访客的能力；也可以进入“单品分析”查看产品的趋势图、SKU 分析。

知识链接

SKU 分析

SKU 即库存进出计量的基本单元，可以是以件、盒、托盘等为单位。SKU 现已被引申为产品统一编号的简称，针对电商而言，SKU 指产品的销售属性集合，每款产品均对应唯一的 SKU，一款产品多色，则有多个 SKU。

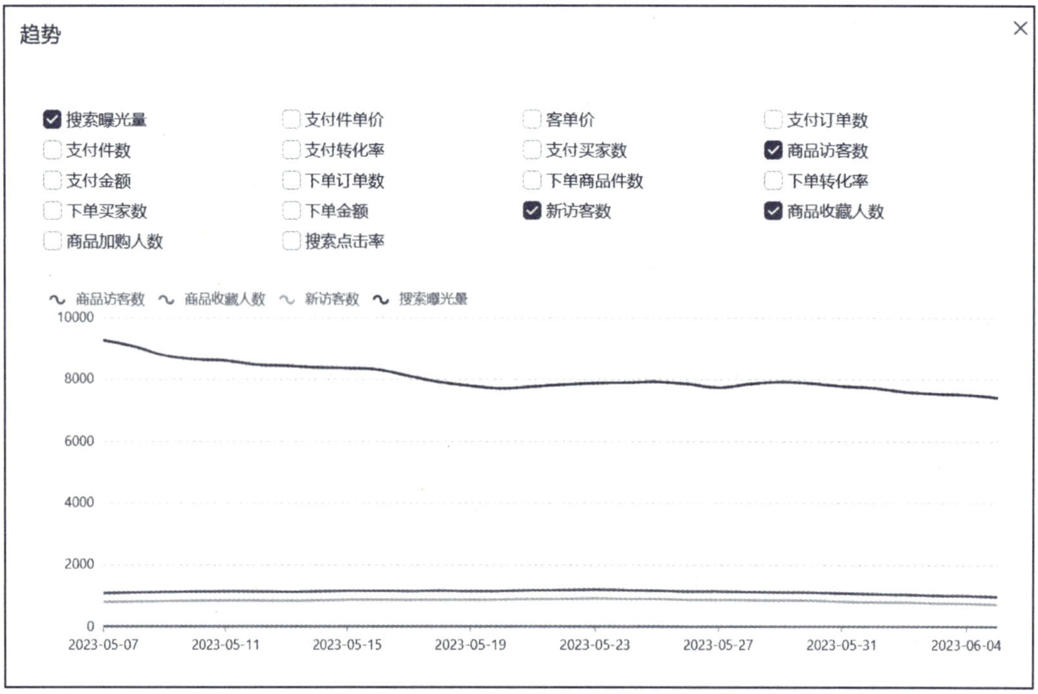

图 7–8　数据趋势

可根据生意参谋提供的产品数据指标趋势图查看单品走势，也可自行下载详细数据进行分析。

实战演练

分析女式秋冬卫衣产品的获客能力

实操演示：女士秋冬卫衣产品的获客能力分析

某金公司的女装店铺营业一段时间之后，计划在年终大促活动中开启一波推广促销活动。经商议，公司决定从店铺的女式卫衣类目中挑选一款产品打造成为“爆款”，作为引流产品。运营部数据分析人员接到该任务，决定以最近一个月的运营数据为基础数据，分析卫衣产品的获客能力，作为选择引流产品的一个重要指标。

步骤 1　打开源数据“2022 女式卫衣.xlsx”文件。图 7–9 为女装店铺 2022 年 9 月女式卫衣 SKU 产品运营原始数据。

	A	B	C	D	E	F	G
1	统计周期	产品名称	点击量	新客点击量	支付买家数	复购客户数	支付金额
2	2022-09-01 ~ 2022-09-30	卫衣女秋冬2022新款连帽	14435	6661	325	9	36509.05
3	2022-09-01 ~ 2022-09-30	双面金丝绒中长款卫衣女	15238	9307	349	17	45311.73
4	2022-09-01 ~ 2022-09-30	秋冬潮ins加绒卫衣女网红款	18863	9918	472	32	95435.43
5	2022-09-01 ~ 2022-09-30	韩版宽松慵懒风长袖卫衣女	11704	7315	244	22	42171.87
6	2022-09-01 ~ 2022-09-30	拉链羊羔毛女装韩版卫衣秋冬外套	11786	9607	309	13	66847.56
7	2022-09-01 ~ 2022-09-30	秋冬卫衣女2022新款连帽外套	7981	3132	121	9	11979.00
8	2022-09-01 ~ 2022-09-30	抖音同款加绒连帽简约卫衣	11628	7702	216	19	15436.00
9	2022-09-01 ~ 2022-09-30	红色新款ins加绒加厚上衣卫衣	10926	6495	219	25	17459.00
10	2022-09-01 ~ 2022-09-30	假两件连帽加厚新款印花卫衣	7682	3969	153	19	12279.60
11	2022-09-01 ~ 2022-09-30	新款原宿风连帽卫衣外套雾霾蓝	9080	5709	200	29	26832.00
12	2022-09-01 ~ 2022-09-30	牛油果绿2022新款初秋韩版超火卫衣	10598	5381	127	4	15679.20
13	2022-09-01 ~ 2022-09-30	连帽针织学院风新款外套加厚卫衣	7948	6751	166	27	11239.20
14	2022-09-01 ~ 2022-09-30	2022新款秋冬卫衣女宽松学生百搭	7619	6074	213	20	17258.40
15	2022-09-01 ~ 2022-09-30	网红套头字母连帽卫衣加绒外套	12162	7506	340	23	30712.00
16	2022-09-01 ~ 2022-09-30	秋冬卫衣女新款学院风羊羔绒保暖上衣	7936	3752	174	14	20996.00

图 7-9 2022 年 9 月女式卫衣 SKU 产品运营原始数据

产品获客能力是用来衡量产品为店铺获取客户的能力。客户包括新客户与老客户，在具体分析时需要从两类客户的特点出发进行分析。分析新客户时应着重分析“新客点击量”，分析老客户时应着重分析“复购率”，并且在两类客户的权重设置上综合考虑店铺的拉新成本和老客户的唤醒成本，对“新客点击量”“复购率”两个指标给出相应的权重，最后通过计算综合分析各个产品的获客能力。

步骤 2 根据源数据，测算新客点击量占比、复购率两项指标。测算公式如下：

新客点击量占比 = 新客点击量 ÷ 点击量 ×100%

复购率 = 复购客户数 ÷ 支付买家数 ×100%

根据给出的两项指标权重，测算综合得分，如表 7-1 所示。

表 7-1 指标及权重

指标	新客点击量占比	复购率
权重	55%	45%

步骤 3 在表格中插入新的数据列 H 列和 I 列，在 H1 单元格和 I1 单元格中分别输入“新客点击量占比”和“复购率”，根据新客点击量占比测算公式，在 H2 单元格中输入“=D2/C2”，利用 Excel 填充柄，完成 H 列新客点击量的计算，分别在“开始”—“数字”中单击一次“百分比”按钮和两次“增加小数位数”按钮，调整数据类型，结果如图 7-10 所示。

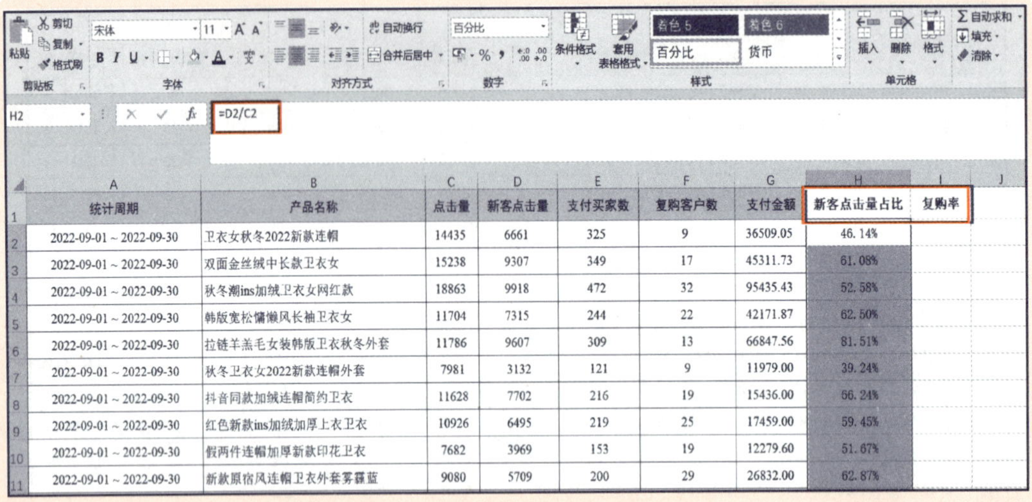

统计周期	产品名称	点击量	新客点击量	支付买家数	复购客户数	支付金额	新客点击量占比	复购率
2022-09-01 ~ 2022-09-30	卫衣女秋冬2022新款连帽	14435	6661	325	9	36509.05	46.14%	
2022-09-01 ~ 2022-09-30	双面金丝绒中长款卫衣女	15238	9307	349	17	45311.73	61.08%	
2022-09-01 ~ 2022-09-30	秋冬潮ins加绒卫衣女网红款	18863	9918	472	32	95435.43	52.58%	
2022-09-01 ~ 2022-09-30	韩版宽松慵懒风长袖卫衣女	11704	7315	244	22	42171.87	62.50%	
2022-09-01 ~ 2022-09-30	拉链羊羔毛女装韩版卫衣秋冬外套	11786	9607	309	13	66847.56	81.51%	
2022-09-01 ~ 2022-09-30	秋冬卫衣女2022新款连帽外套	7981	3132	121	9	11979.00	39.24%	
2022-09-01 ~ 2022-09-30	抖音同款加绒连帽简约卫衣	11628	7702	216	19	15436.00	66.24%	
2022-09-01 ~ 2022-09-30	红色新款ins加绒加厚上衣卫衣	10926	6495	219	25	17459.00	59.45%	
2022-09-01 ~ 2022-09-30	假两件连帽加厚新款印花卫衣	7682	3969	153	19	12279.60	51.67%	
2022-09-01 ~ 2022-09-30	新款原宿风连帽卫衣外套雾霾蓝	9080	5709	200	29	26832.00	62.87%	

图 7-10　新客点击量占比计算结果

步骤 4　使用与步骤 3 相同的方法，完成复购率的计算。首先，在 I2 单元格中输入“F2/E2”，利用 Excel 填充柄，完成 H 列“复购率”的计算，分别在“开始”—“数字”中单击一次“百分比”按钮和两次“增加小数位数”按钮，调整数据类型，结果如图 7-11 所示。

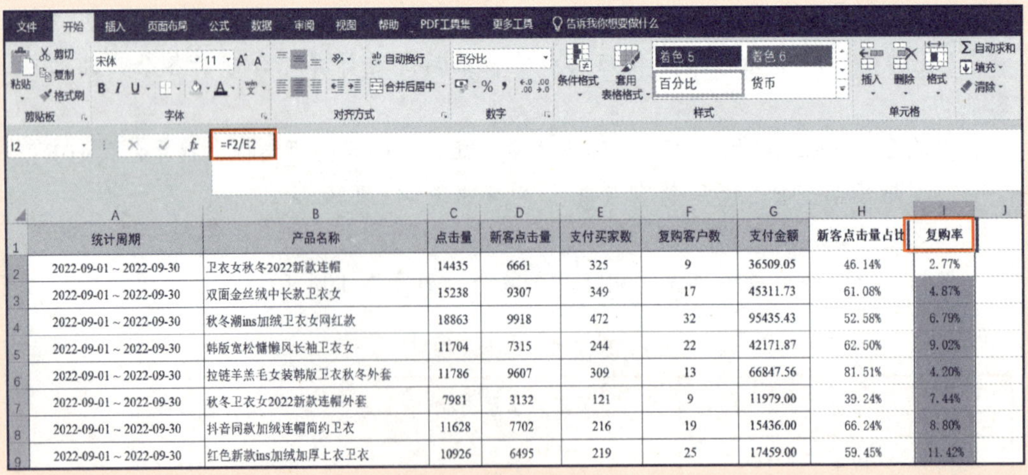

统计周期	产品名称	点击量	新客点击量	支付买家数	复购客户数	支付金额	新客点击量占比	复购率
2022-09-01 ~ 2022-09-30	卫衣女秋冬2022新款连帽	14435	6661	325	9	36509.05	46.14%	2.77%
2022-09-01 ~ 2022-09-30	双面金丝绒中长款卫衣女	15238	9307	349	17	45311.73	61.08%	4.87%
2022-09-01 ~ 2022-09-30	秋冬潮ins加绒卫衣女网红款	18863	9918	472	32	95435.43	52.58%	6.78%
2022-09-01 ~ 2022-09-30	韩版宽松慵懒风长袖卫衣女	11704	7315	244	22	42171.87	62.50%	9.02%
2022-09-01 ~ 2022-09-30	拉链羊羔毛女装韩版卫衣秋冬外套	11786	9607	309	13	66847.56	81.51%	4.20%
2022-09-01 ~ 2022-09-30	秋冬卫衣女2022新款连帽外套	7981	3132	121	9	11979.00	39.24%	7.44%
2022-09-01 ~ 2022-09-30	抖音同款加绒连帽简约卫衣	11628	7702	216	19	15436.00	66.24%	8.80%
2022-09-01 ~ 2022-09-30	红色新款ins加绒加厚上衣卫衣	10926	6495	219	25	17459.00	59.45%	11.42%

图 7-11　复购率计算结果

步骤 5　根据新客点击量占比、复购率两个指标计算结果，以及表 7-1 给出的指标权重，测算综合得分。在 J1 单元格中输入“综合得分”，在 J2 单元格中输入“=H2*0.55+I2*0.45”，利用填充柄完成 J 列数据的计算，综合得分的计算结果，如图 7-12 所示。

接下来，根据结果，绘制产品获客能力数据分析图。

=H2*0.55+I2*0.45

B	C	D	E	F	G	H	I	J
产品名称	点击量	新客点击量	支付买家数	复购客户数	支付金额	新客点击量占比	复购率	综合得分
卫衣女秋冬2022新款连帽	14435	6661	325	9	36509.05	46.14%	2.77%	0.266
双面金丝绒中长款卫衣女	15238	9307	349	17	45311.73	61.08%	4.87%	0.358
秋冬潮ins加绒卫衣女网红款	18863	9918	472	32	95435.43	52.58%	6.79%	0.320
韩版宽松慵懒风长袖卫衣女	11704	7315	244	22	42171.87	62.50%	9.02%	0.384
拉链羊羔毛女装韩版卫衣秋冬外套	11786	9607	309	13	66847.56	81.51%	4.20%	0.467
秋冬卫衣女2022新款连帽外套	7981	3132	121	9	11979.00	39.24%	7.44%	0.249
抖音同款加绒连帽简约卫衣	11628	7702	216	19	15436.00	66.24%	8.80%	0.404
红色新款ins加绒加厚上衣卫衣	10926	6495	219	25	17459.00	59.45%	11.42%	0.378
假两件连帽加厚新款印花卫衣	7682	3969	153	19	12279.60	51.67%	12.42%	0.340
新款原宿风连帽卫衣外套雾霾蓝	9080	5709	200	29	26832.00	62.87%	14.50%	0.411
牛油果绿2022新款初秋韩版超火卫衣	10598	5381	127	4	15679.20	50.77%	3.15%	0.293
连帽针织学院风新款外套加厚卫衣	7948	6751	166	27	11239.20	84.94%	16.27%	0.540

图 7–12　综合得分计算结果

步骤 6　绘制产品获客能力数据分析图。

具体操作步骤：

（1）在数据表中，选中“新客点击量占比”“复购率”“综合得分”3 列数据，如图 7–13 所示。

C	D	E	F	G	H	I	J
点击量	新客点击量	支付买家数	复购客户数	支付金额	新客点击量占比	复购率	综合得分
14435	6661	325	9	36509.05	46.14%	2.77%	0.266
15238	9307	349	17	45311.73	61.08%	4.87%	0.358
18863	9918	472	32	95435.43	52.58%	6.79%	0.320
11704	7315	244	22	42171.87	62.50%	9.02%	0.384
11786	9607	309	13	66847.56	81.51%	4.20%	0.467
7981	3132	121	9	11979.00	39.24%	7.44%	0.249
11628	7702	216	19	15436.00	66.24%	8.80%	0.404
10926	6495	219	25	17459.00	59.45%	11.42%	0.378
7682	3969	153	19	12279.60	51.67%	12.42%	0.340
9080	5709	200	29	26832.00	62.87%	14.50%	0.411

图 7–13　选中数据列

（2）点击“插入”—“推荐的图表”，可以选择“柱形图”或“条形图”。柱形图和条形图通常可以用来比较两个及以上的项目，且该项目只有一个指标变量，通常用于分析较小的数据集。条形图可横向排列，柱形图多为纵向排列。当分析的组别较多时，可选择簇状柱形图，如图 7–14、图 7–15 所示。

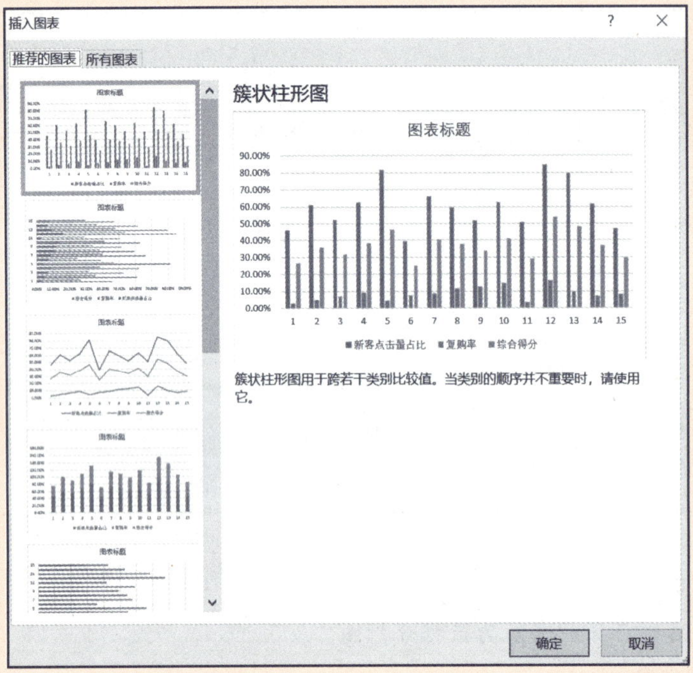

图 7–14　选择簇状柱形图

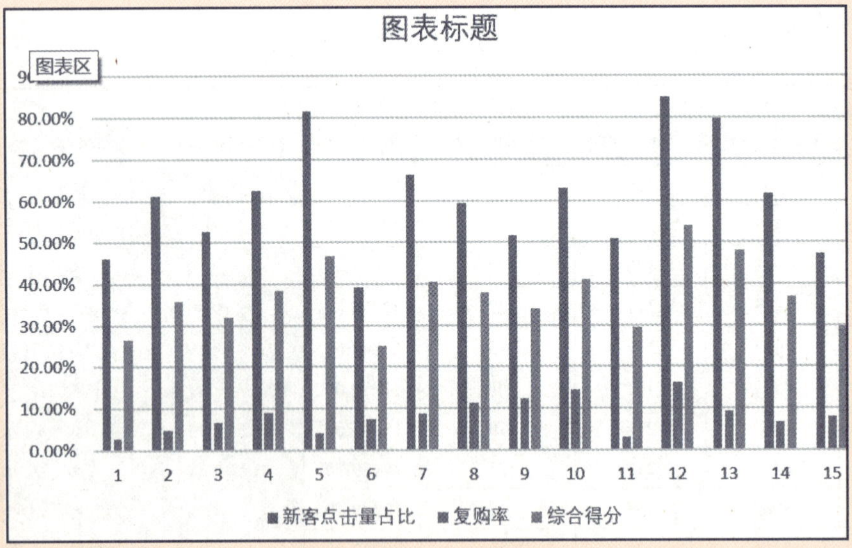

图 7–15　生成簇状柱形图

（3）修改图表数据。此时基本图形已经生成，但难以分辨卫衣产品的具体类别，所需展示的指标还需进一步修改。选中图表区，点击鼠标右键，在出现的下拉菜单中点击“选择数据”，如图 7–16 所示。在出现的“选择数据源”对话框中，点击水平（分类）轴标签下的“编辑”按钮，如图 7–17 所示。在弹出的“轴标签”对话框中，点击 ⬆ 按钮，勾选产品名称列对应的数据区域，即“B2:B16”，如图 7–18 所示。点击确定后，结果如图 7–19 所示。

图 7–16　修改图表数据

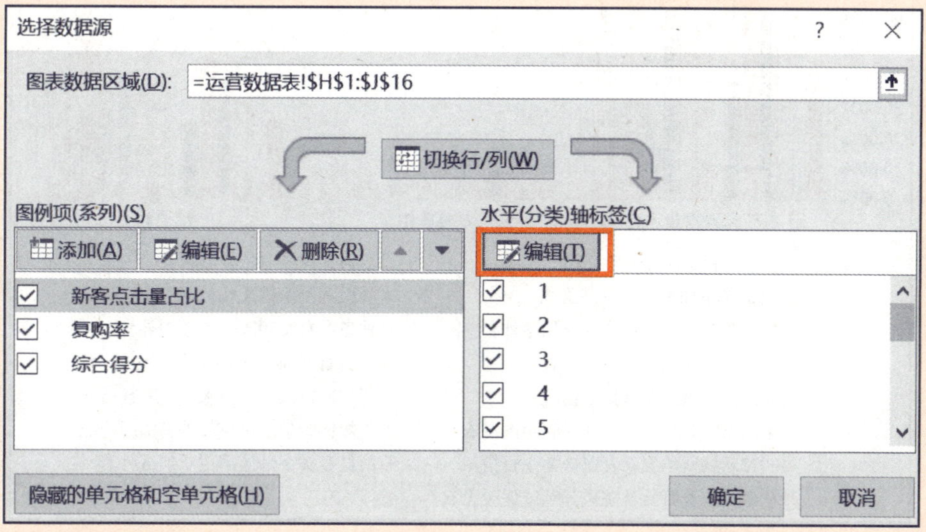

图 7–17　编辑水平（分类）轴标签

图 7–18　轴标签区域设置

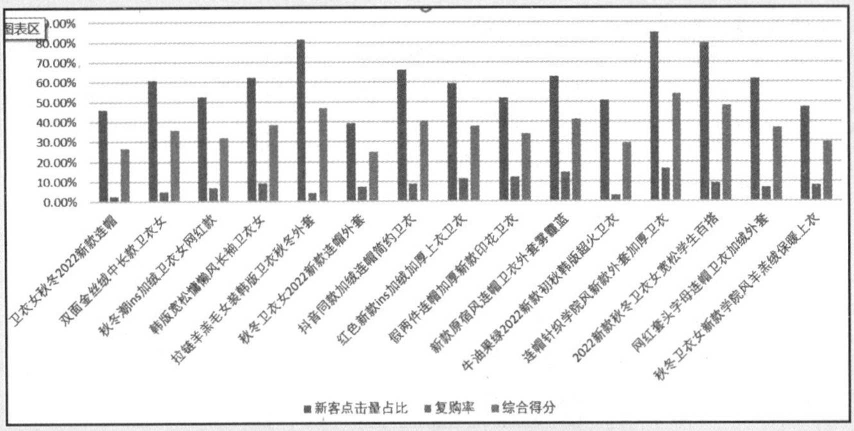

图 7-19　女式卫衣获客能力指标测算结果

（4）图表整饰。为了更清晰地展示每类产品获客能力指标数据，可在“选择数据源”对话框中点击“切换行 / 列”，将水平（分类）轴标签和图例项进行对调，点击确定后，修改完成的图如图 7-20 所示。

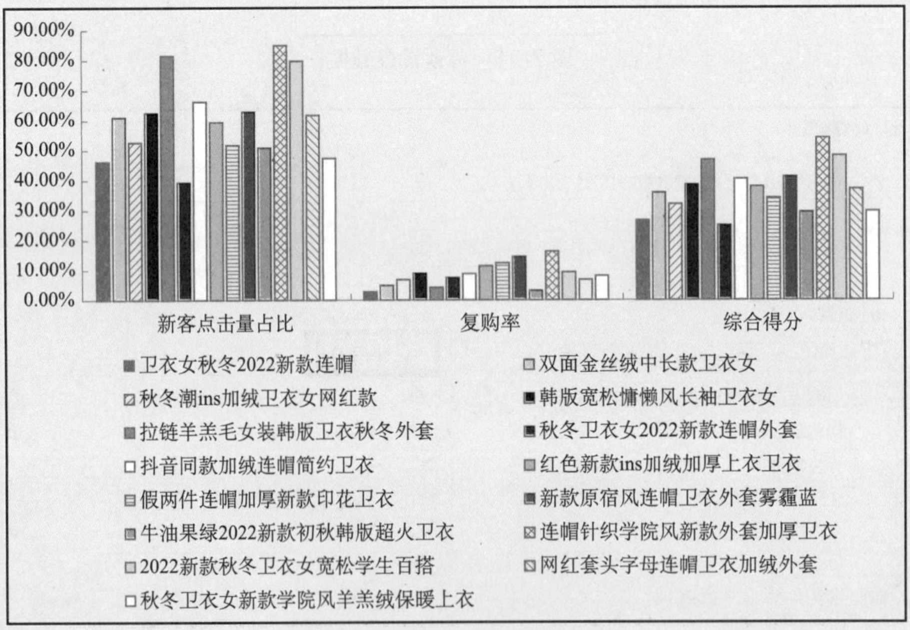

图 7-20　产品获客能力分析图

步骤 7　结合最终完成的柱形图，对比分析卫衣类产品，可以用新客点击量、复购率以及综合得分的数据完成产品获客能力的分析，从而帮助运营部门决策引流产品。从图 7-20 的结果来看，新客点击量占比最好的是连帽针织学院风新款外套加厚卫衣，同时也是复购率最高的产品，可在店铺运营推广计划中将该产品作为重点产品进行布局。

知识链接

Excel 填充柄用法

将鼠标移动至单元格右下角，光标放在 Excel 单元格右下方的黑点处，光标会变成实心加号键，这就是填充柄。当光标变成实心加号键后，按住左键向下拖拽即可填充数值，点击右下方的“自动填充选项”按钮，弹出 4 个选项，可以根据需要选择。

工作任务二　分析产品盈利能力

任务背景

产品盈利能力是指产品为店铺或企业获取利润的能力，研究的是利润与收入和成本之间的比率关系。一般而言，利润相对于收入和资源投入的比例越高，盈利能力越强；比率越低，则盈利能力越弱。

分析产品
盈利能力

任务实施

一、衡量产品盈利能力的重要指标

（一）毛利率的计算公式

毛利率 =（销售收入 − 销售成本）÷ 销售收入 ×100%

（二）销售成本

销售成本是为了实现销售收入所付出的代价，包括生产成本、包装成本、运输成本、仓储成本、推广成本、人力成本等。

成本越高，利润越低。企业在公平竞争条件下，应尽量控制成本。

成本分析是在各类成本相加的基础上进行分析。在电商领域，除去采购成本外，如何有效摊薄仓储物流方面的费用，是节约成本开支的重要途径。

（三）支付金额

全球速卖通平台可以看到产品的支付金额。

（四）支付转化率

支付转化率是指在特定的时间里，在店铺的访客中，最终下单支付的客户人数占比。

支付转化率的计算公式：

支付转化率 =（实际支付的客户人数 ÷ 所有到达店铺的访客人数）×100%

二、全球速卖通平台产品盈利能力分析

对于卖家而言，产品盈利能力的强弱是他们最关心的问题之一。如何判断产品盈利能力，需要把握两个方面：首先要卖得好，即具有较高的销售热度；其次，要看具体的销售金额。全球速卖通卖家可以通过生意参谋的数据查看分析产品的盈利能力。

（一）产品热销属性分析

1. 进入全球速卖通后台

使用卖家账号登录全球速卖通后台，进入生意参谋中的市场板块，点击“选品专家”，如图 7–21 所示，选择行业及时间周期，选择“热销”。

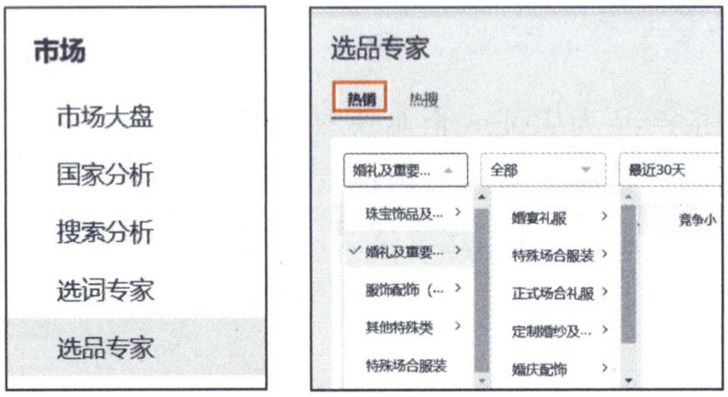

图 7–21　选品专家

2. 查看热销属性

进入选品专家板块后，进入需要分析的婚纱礼服类目。在图 7–22 中可以看到表示不同产品的圆圈，每一个圆圈都代表不同的产品的热销程度。颜色越蓝，表示竞争越弱；颜色越灰，表示竞争越强；圆圈越大，表示越畅销。

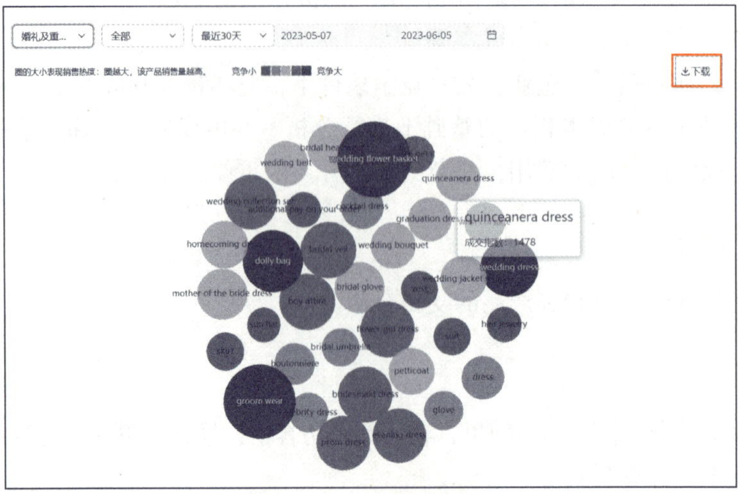

图 7–22　热销属性

3. 热销属性数据下载

找到想要分析的具体产品，如“wedding dress”，点击对应的圆圈，可以查看该单品的热销属性数据，也可以选择下载属性表格，即可得到婚纱礼服全部产品的热销属性数据。热销属性数据中有很多属性值是英文的，可以利用翻译软件翻译为中文。根据不同的属性值进行对比分析，如图 7-23 所示。

对整理后的热销数据进行分析时会发现，产品的热销属性很多，很难找到一样产品具有所有特性的。此时需要根据产品实际情况关注其中的重点属性并进行分析。

	A	B	C	D	E	F
1	行业	国家/地区	商品关键词	成交指数	浏览-支付转化率排名	竞争指数
2	婚礼及重要场合	全部	additional pay on your	43	0	0.06
3	婚礼及重要场合	全部	boutonniere	1182	0	0.96
4	婚礼及重要场合	全部	boy attire	88	0	3.11
5	婚礼及重要场合	全部	bridal glove	4015	0	2.33
6	婚礼及重要场合	全部	bridal headwear	3522	0	2.13
7	婚礼及重要场合	全部	bridal umbrella	983	0	0.46
8	婚礼及重要场合	全部	bridal veil	26984	0	3.03
9	婚礼及重要场合	全部	bridesmaid dress	10801	0	3
10	婚礼及重要场合	全部	celebrity dress	80	0	0.71
11	婚礼及重要场合	全部	cocktail dress	2374	0	1.27
12	婚礼及重要场合	全部	dolly bag	21	0	3.93
13	婚礼及重要场合	全部	dress	9	0	1.17
14	婚礼及重要场合	全部	evening dress	41960	0	2.82
15	婚礼及重要场合	全部	flower girl dress	5899	0	2.99
16	婚礼及重要场合	全部	glove	13	0	0.65
17	婚礼及重要场合	全部	graduation dress	51	0	1.28
18	婚礼及重要场合	全部	groom wear	9	0	5.64
19	婚礼及重要场合	全部	hair jewelry	25	0	0.06
20	婚礼及重要场合	全部	homecoming dress	666	0	1.79
21	婚礼及重要场合	全部	mother of the bride dre	2573	0	2.29
22	婚礼及重要场合	全部	petticoat	18063	0	1.68
23	婚礼及重要场合	全部	prom dress	9198	0	2.82

图 7-23 热销属性数据

4. 热销属性数据整理及分析

对店铺产品的销售情况进行重点分析，掌握最热销的产品，从中选出成交排名前十的产品。根据前面工作任务中学习的数据整理方法对表格中的数据进行整理，完成如下操作：

（1）格式转换：将以文本存储的数字转换为数字。

（2）筛选指标：将数据表格中的“成交指数”列保留，删除其余数据列。

（3）数据排序：选择“成交指数”列，点击“数据”标签，选择“降序”，即可找出销售排名前十的产品属性关键词。

（4）图形展示：选中“商品关键词”及“成交指数”数据列，选择“插入”—“柱形图”。

产品热销排序结果如图 7-24 所示，可直观看到成交指数排名依次为“evening dress”“wedding dress”。

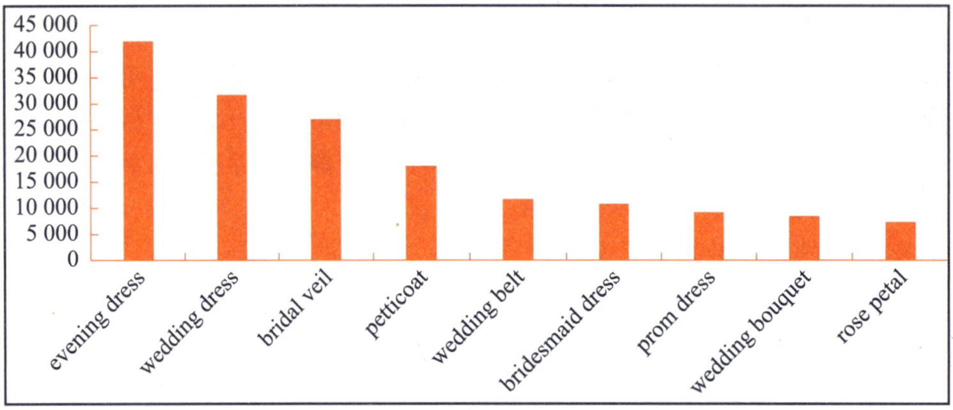

图 7-24　产品热销排序结果

（二）产品支付转化指标分析

根据之前产品排行榜情况，选择一件产品，在右侧“操作”标签下选择“单品分析”，即可看到某件产品的具体指标，如图 7-25 所示，可以从“核心指标”“SKU”“流量”“关键词”“服务” 5 个维度来详细查看产品的指标数据。以“核心指标”为例，反映流量的商品访客数、新访客数、搜索曝光量、搜索点击率等关键指标，以及产品的加购和收藏人数，可以直观地反映该产品的获客能力；支付金额、支付买家数、支付转化率和支付订单数等支付指标反映产品的盈利能力。时间周期可以选择单日、7 天、30 天的产品数据，以此判断该产品的盈利能力。

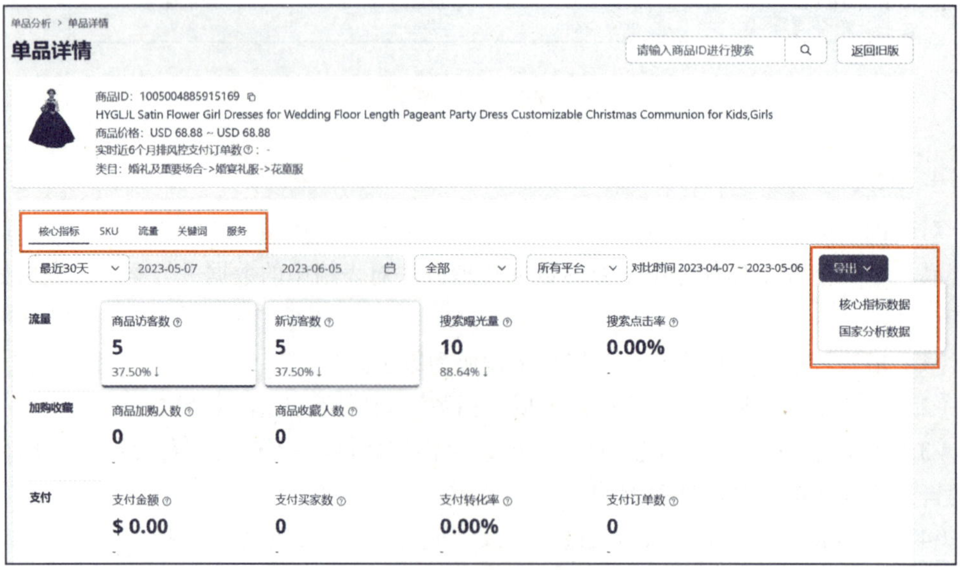

图 7-25　单品分析

也可以点击右边的“导出”，选择下载产品的详细指标数据，使用 Excel 分析工具中的“数据透视表”进行产品盈利能力指标的详细分析。

实战演练

产品 SKU 支付指标分析

实操演示：SKU 支付指标分析

步骤 1 下载并整理源数据：SKU 源数据表（部分），如图 7-26 所示，产品数据包括支付金额、支付买家数、支付件数和加购件数等反映支付情况的指标数据。

	A	B	C	D	E	F
1	skuId	sku名称	支付金额	支付买家数	支付件数	加购件数
2	841167705286	颜色分类:卡其色;尺码:3XL	54404	195	203	495
3	782828166496	颜色分类:黑色;尺码:3XL	47704	173	178	454
4	484542286145	颜色分类:卡其色;尺码:L	35108	120	131	201
5	598974510614	颜色分类:卡其色;尺码:M	55744	197	208	289
6	654716144195	颜色分类:白色;尺码:S	31356	102	117	322
7	851692869514	颜色分类:黑色;尺码:2XL	22512	82	84	122
8	716418817896	颜色分类:黑色;尺码:S	44488	164	166	486
9	496854502721	颜色分类:红色;尺码:M	32428	106	121	315
10	566502894686	颜色分类:白色;尺码:2XL	55208	193	206	435
11	557462228292	颜色分类:藏青色;尺码:4XL	34304	117	128	181
12	697114669166	颜色分类:红色;尺码:4XL	21708	78	81	116
13	579887970794	颜色分类:红色;尺码:XL	43952	160	164	267
14	679612144692	颜色分类:藏青色;尺码:M	44488	155	166	476
15	656921859721	颜色分类:卡其色;尺码:XL	33232	110	124	321
16	587614616564	颜色分类:藏青色;尺码:S	54404	192	203	284
17	417661426566	颜色分类:白色;尺码:4XL	26532	97	99	183
18	692981144826	颜色分类:藏青色;尺码:2XL	22512	74	84	147
19	707976479805	颜色分类:藏青色;尺码:3XL	47168	166	176	372
20	716780961648	颜色分类:白色;尺码:3XL	27068	89	101	277
21	716696967496	颜色分类:藏青色;尺码:XL	47704	173	178	309
22	644965115272	颜色分类:黑色;尺码:4XL	31624	105	118	299
23	896540415451	颜色分类:卡其色;尺码:2XL	21976	77	82	217
24	554692620259	颜色分类:红色;尺码:3XL	35644	118	133	351

图 7-26 SKU 源数据表（部分）

步骤 2 为了便于分析数据，将“SKU 名称”字段进行分列，如图 7-27 所示。分列方法在之前的项目中已经学习过。

（1）选中“SKU 名称”数据列；

（2）点击“数据”选项卡；

（3）选择分列。

点击“下一步”，在“文本分列向导”中有多种分隔符号，在本次演练中，“SKU 名称”字段的“颜色分类”与“尺码”是由分号隔开的，于是选择

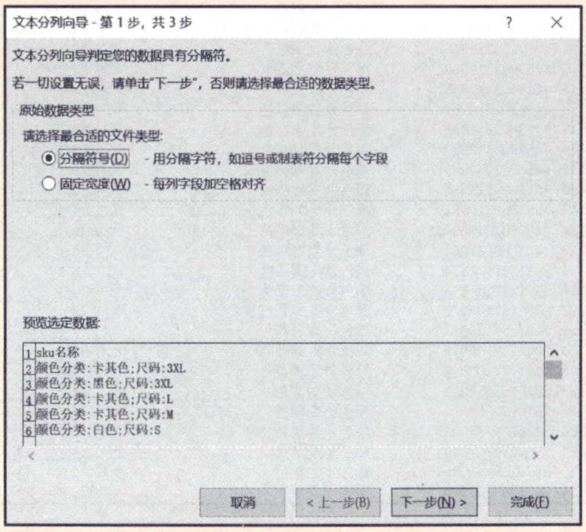

图 7-27 文本分列向导

"分号"。在"分号"前打钩，点击"下一步"，即可完成数据分列，如图 7-28、图 7-29 所示。

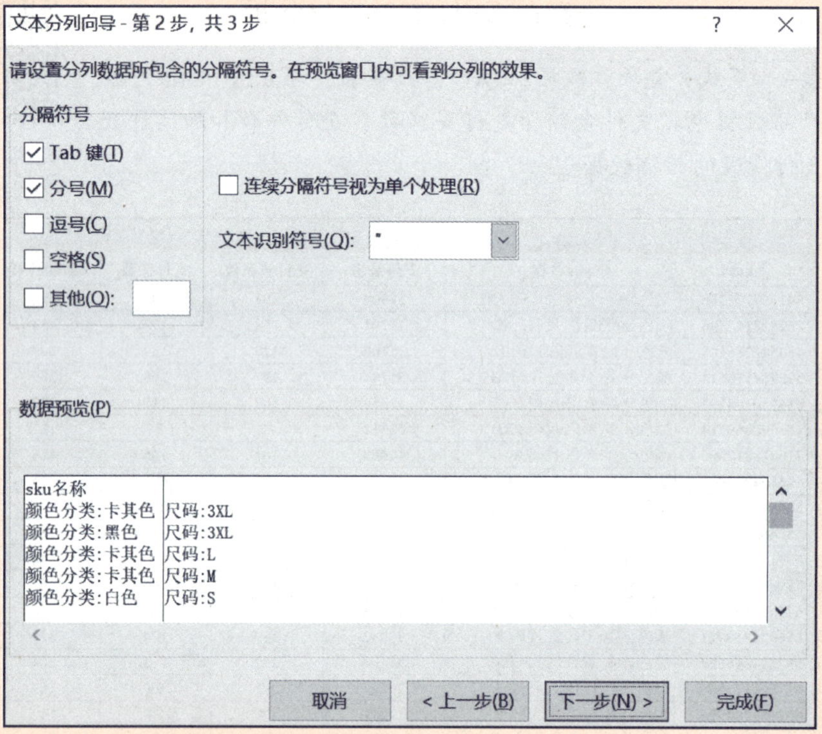

图 7-28 "文本分列向导"对话框

	A	B	C	D	E	F	G
1	skuId	颜色分类	尺寸分类	支付金额	支付买家数	支付件数	加购件数
2	3996831321645	颜色分类:黑色	尺寸:18寸	13932	129	129	308
3	3996831321646	颜色分类:黑色	尺寸:20寸	3584	26	28	7
4	3996831321647	颜色分类:黑色	尺寸:22寸	7844	49	53	48
5	3996831321648	颜色分类:黑色	尺寸:24寸	7056	35	42	20
6	3996831321649	颜色分类:黑色	尺寸:26寸	4888	26	26	20
7	3996831321650	颜色分类:黑色	尺寸:28寸	13728	60	66	69
8	4453803319958	颜色分类:酒红色	尺寸:18寸	1404	13	13	1
9	4453803319959	颜色分类:酒红色	尺寸:20寸	8576	56	67	49
10	4453803319960	颜色分类:酒红色	尺寸:22寸	3552	20	24	19
11	4453803319961	颜色分类:酒红色	尺寸:24寸	8400	50	50	55
12	4453803319962	颜色分类:酒红色	尺寸:26寸	10340	46	55	77
13	4453803319963	颜色分类:酒红色	尺寸:28寸	5616	23	27	21
14	4453803319952	颜色分类:咖啡色	尺寸:18寸	972	9	9	0
15	4453803319953	颜色分类:咖啡色	尺寸:20寸	4864	35	38	31
16	4453803319954	颜色分类:咖啡色	尺寸:22寸	9324	53	63	69
17	4453803319955	颜色分类:咖啡色	尺寸:24寸	7056	35	42	31
18	4453803319956	颜色分类:咖啡色	尺寸:26寸	5828	31	31	21
19	4453803319957	颜色分类:咖啡色	尺寸:28寸	14976	60	72	108
20	3991237100874	颜色分类:深蓝色	尺寸:18寸	1296	11	12	20
21	3991237100875	颜色分类:深蓝色	尺寸:20寸	7424	58	58	68
22	3991237100876	颜色分类:深蓝色	尺寸:22寸	3848	26	26	11
23	3991237100877	颜色分类:深蓝色	尺寸:24寸	2352	13	14	19
24	3991237100878	颜色分类:深蓝色	尺寸:26寸	7144	35	38	44
25	3991237100879	颜色分类:深蓝色	尺寸:28寸	10816	52	52	47
26	3976289252091	颜色分类:紫色	尺寸:18寸	3672	31	34	27
27	3976289252092	颜色分类:紫色	尺寸:20寸	5632	37	44	86
28	3976289252093	颜色分类:紫色	尺寸:22寸	6808	42	46	55
29	3976289252094	颜色分类:紫色	尺寸:24寸	8064	48	48	61
30	3976289252095	颜色分类:紫色	尺寸:26寸	2820	15	15	10
31	3976289252096	颜色分类:紫色	尺寸:28寸	14144	57	68	59

图 7-29 分列整理后的源数据表

步骤 3 选择“颜色分类”数据列，点击“插入”—“数据透视表”，如图 7-30 所示。

步骤 4 设置“行”为“颜色分类”“尺寸分类”，如图 7-31 所示。

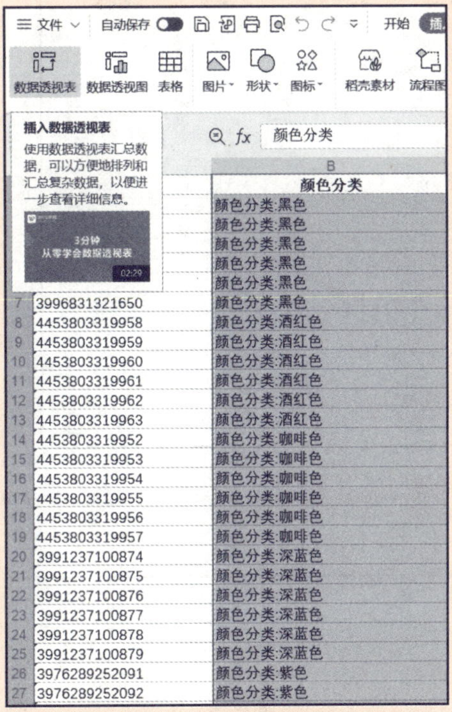

图 7-30　分列整理后的源数据表

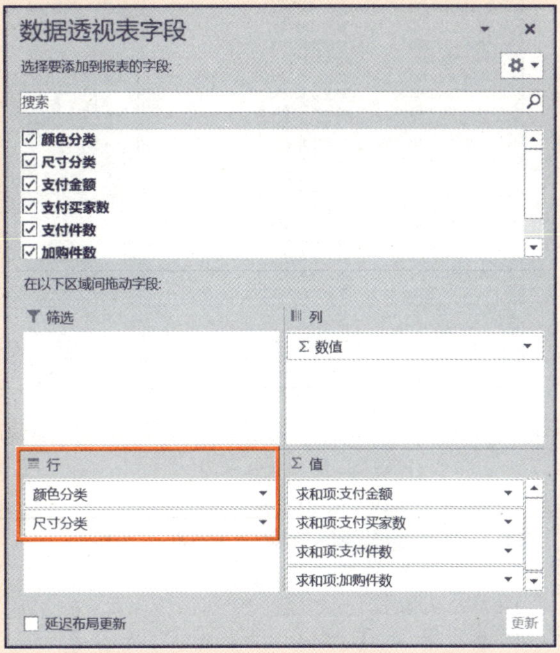

图 7-31　行设置

步骤 5 设置“求和项”，如图 7-32 所示。

求和项:支付金额	求和项:支付买家数	求和项:支付件数	求和项:加购件数
43020	223	255	260
972	9	9	0
4864	35	38	31
9324	53	63	69
7056	35	42	31
5828	31	31	21
14976	60	72	108
43020	223	255	260

图 7-32　求和项

选择“尺寸分类”列数据，拖入“行”，分别对“支付金额”“支付买家数”“支付件数”和“加购件数”计算“求和项”，即可生成数据透视表，选择“插入组合图”，生成组合图，展示结果，可以清晰地看到数据分析结果，如图 7-33、图 7-34 所示。

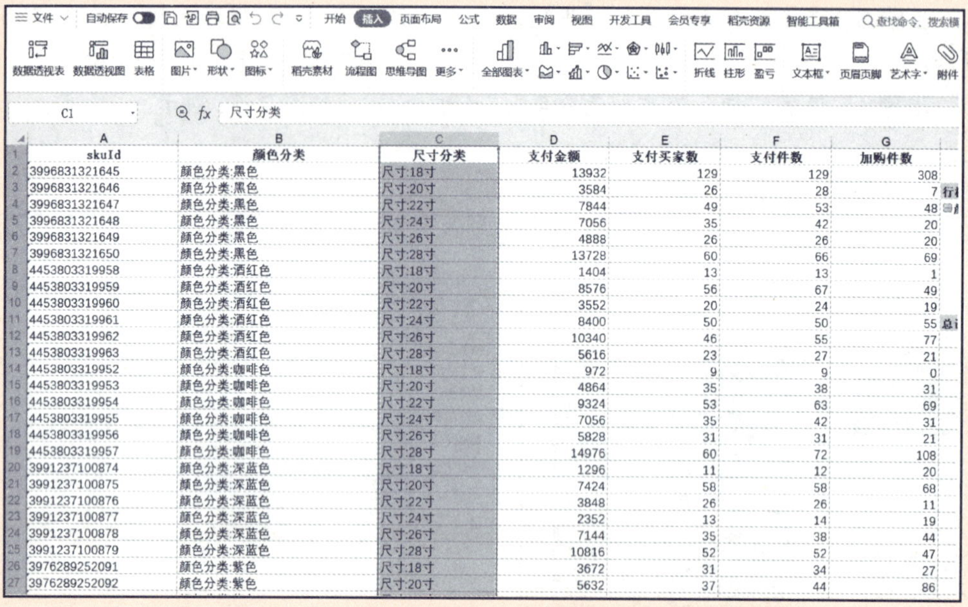

skuId	颜色分类	尺寸分类	支付金额	支付买家数	支付件数	加购件数
3996831321645	颜色分类:黑色	尺寸:18寸	13932	129	129	308
3996831321646	颜色分类:黑色	尺寸:20寸	3584	26	28	7
3996831321647	颜色分类:黑色	尺寸:22寸	7844	49	53	48
3996831321648	颜色分类:黑色	尺寸:24寸	7056	35	42	20
3996831321649	颜色分类:黑色	尺寸:26寸	4888	26	26	20
3996831321650	颜色分类:黑色	尺寸:28寸	13728	60	66	69
4453803319958	颜色分类:酒红色	尺寸:18寸	1404	13	13	1
4453803319959	颜色分类:酒红色	尺寸:20寸	8576	56	67	49
4453803319960	颜色分类:酒红色	尺寸:22寸	3552	20	24	19
4453803319961	颜色分类:酒红色	尺寸:24寸	8400	50	50	55
4453803319962	颜色分类:酒红色	尺寸:26寸	10340	46	55	77
4453803319963	颜色分类:酒红色	尺寸:28寸	5616	23	27	21
4453803319952	颜色分类:咖啡色	尺寸:18寸	972	9	9	0
4453803319953	颜色分类:咖啡色	尺寸:20寸	4864	35	38	31
4453803319954	颜色分类:咖啡色	尺寸:22寸	9324	53	63	69
4453803319955	颜色分类:咖啡色	尺寸:24寸	7056	35	42	31
4453803319956	颜色分类:咖啡色	尺寸:26寸	5828	31	31	21
4453803319957	颜色分类:咖啡色	尺寸:28寸	14976	60	72	108
3991237100874	颜色分类:深蓝色	尺寸:18寸	1296	11	12	20
3991237100875	颜色分类:深蓝色	尺寸:20寸	7424	58	58	68
3991237100876	颜色分类:深蓝色	尺寸:22寸	3848	26	26	11
3991237100877	颜色分类:深蓝色	尺寸:24寸	2352	13	14	19
3991237100878	颜色分类:深蓝色	尺寸:26寸	7144	35	38	44
3991237100879	颜色分类:深蓝色	尺寸:28寸	10816	52	52	47
3976289252091	颜色分类:紫色	尺寸:18寸	3672	31	34	27
3976289252092	颜色分类:紫色	尺寸:20寸	5632	37	44	86

图 7-33　选择列数据

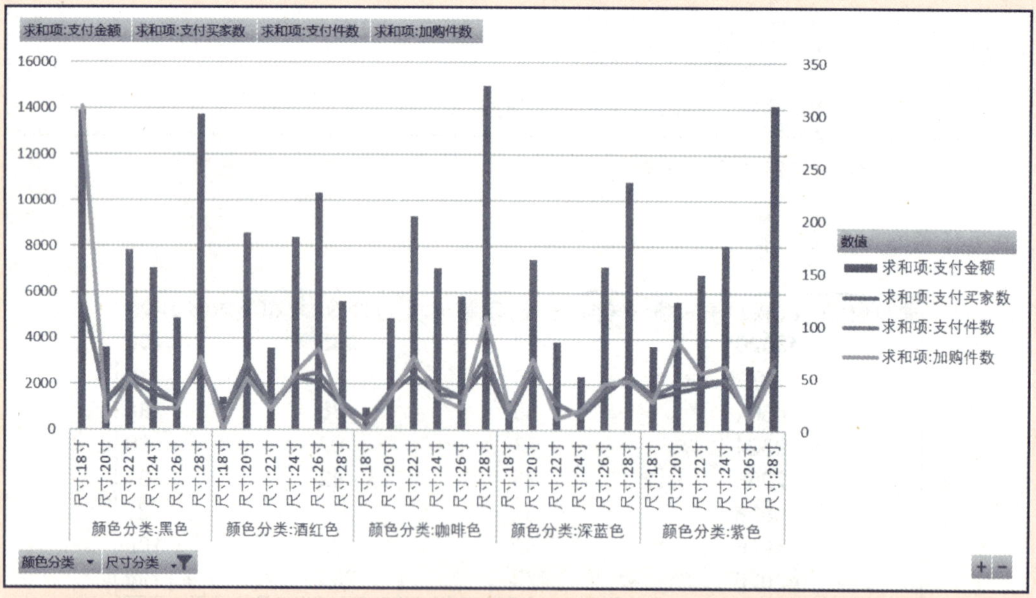

图 7-34　分析结果

点击组合图左下角颜色分类标签，以咖啡色为例，咖啡色 28 寸的支付金额、支付买家数、支付件数和加购件数均为该产品最高，其次是 22 寸。该分析结果可为产品的采购、布局和推广提供参考，如图 7-35 所示。

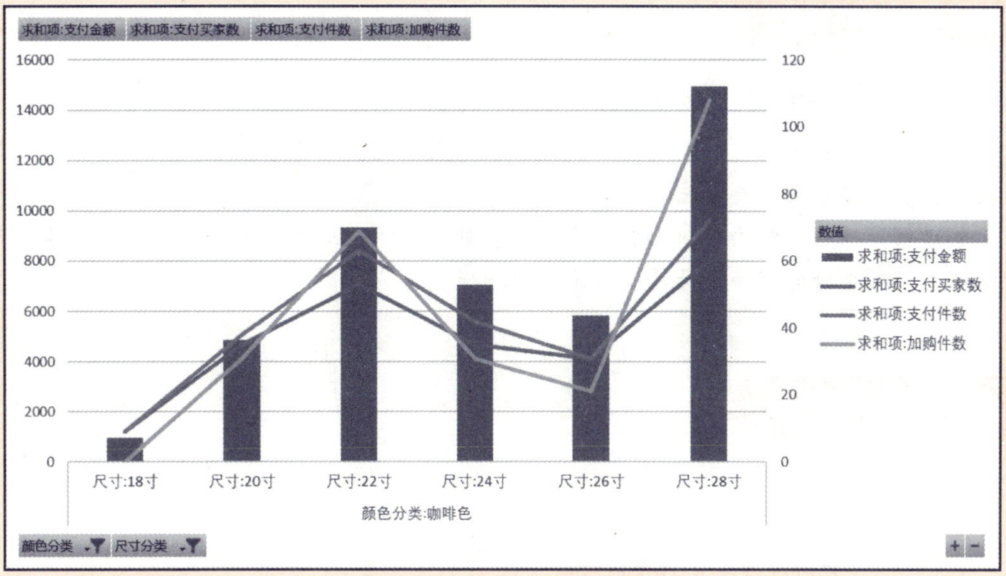

图 7-35 咖啡色支付分析结果

学思之窗

全球贸易转型，各大跨境电商平台日益崛起。对中国企业来说，只有尽早掌握知识产权规则，了解跨境电商中的知识产权保护现状，以及知识产权存在的问题和表现形式，正视和重视知识产权的重要性，才能拿起武器保护自己，规避风险，在跨境电商平台上占得一席之地。

为有效推动我国跨境电商业务良性发展，一方面，电子商户需要加深对域外知识产权法律及司法程序的了解，强化权利意识，尊重他人知识产权和自己的诉权。另一方面，政府及行业协会也应在协调组织应诉、建立行业规范方面发挥积极作用。同时，我国应积极推动建立和完善规制跨境电商行为的国际协调机制，尝试建立司法协助和联合执法机制，探索利用数字技术加强知识产权侵权防范和监管的新途径，融入以数字化技术推动贸易全球化的浪潮中。

当下，跨境电商知识产权面临的问题包括：各国管辖规则和规范不统一；各国对虚拟空间中的诉讼主体、送达、执行和临时措施，以及涉外、小微企业、小额、多发诉讼的制度安排各有不同。这些问题是由跨境电商本身的技术性与知识产权的技术性引起的，最终需要以技术创新加上制度创新来应对。创新与网络空间相适应的制度，可反过来影响或者构建网络空间的秩序，既可在新的技术条件下谋求新形式、新内容的司法互助，也可改造现有国际司法机制或建立新的国际司法机制，如国际互联网法院。

管辖和法律适用问题是跨境电商制度下的突出问题。作为首个建立互联网法院的国家，中国应该在构建国际互联网法院方面先行一步，推动国际互联网法院的建设，帮助中国在建立互联网规则上争取国际话语权和扩大影响力。

项目小结

通过本项目的学习，重点掌握以下知识和技能：

● 熟悉产品获客能力的关键指标，能够使用全球速卖通卖家后台工具生意参谋分析新客点击量、重复购买率等关键指标。

● 理解产品盈利能力分析的指标和内涵，能够使用全球速卖通卖家后台工具生意参谋分析产品的支付金额、支付转化率等关键指标。

课后练习

一、单选题

1. (　　) 是确保店铺成功的法宝。

A. 浏览量　　B. 访客数　　C. 人均浏览量　　D. 产品

2. 产品盈利能力研究的是____与____之间的比率关系。(　　)

A. 利润　收入和成本　　B. 投入　产出

C. 浏览量　成交量　　D. 收入　成本

二、多选题

1. 以下属于产品能力数据的指标有 (　　)。

A. 新客点击量　　B. 支付金额　　C. 重复购买率　　D. 支付转化率

2. 在全球速卖通平台，产品获客能力可以通过 (　　) 来分析。

A. 搜索曝光量　　B. 新访客数　　C. 重复购买率　　D. 新客下单率

三、判断题

1. 按客户数量计算，复购率 = 一段时间内重复购买的客户数量 ÷ 客户总数量 × 100%。(　　)

2. 毛利率 = (销售收入 − 销售成本) ÷ 销售收入 × 100%。(　　)

四、思考题

1. 全球速卖通卖家分析产品获客能力的具体指标有哪些？如何查看？

2. 除了用生意参谋查看产品热销属性和支付转化情况以外，要想了解产品盈利能力，还有哪些方法？

项目八
跨境电商数据可视化及应用

技能目标

1. 能够根据跨境电商数据分析的目标和内容选择合适的可视化形式；
2. 熟练掌握跨境电商数据可视化的工具和方法；
3. 能够设计数据分析报告框架并熟练完成数据分析报告的撰写。

知识目标

1. 了解跨境电商数据可视化的意义；
2. 熟悉跨境电商数据可视化的工作步骤及要点；
3. 熟悉跨境电商数据分析报告的构成及撰写要点。

素质目标

1. 培养严谨细致的工作作风；
2. 培养精益求精的职业态度；
3. 规范数据图表表达方式，提升图文布局的审美；
4. 提升系统化思维和文字表达的综合能力。

任务导图

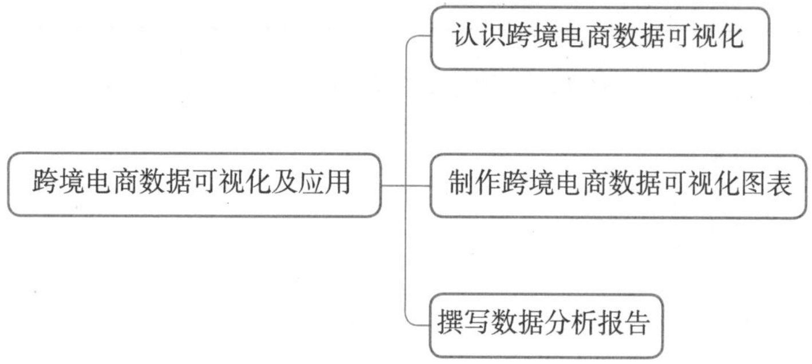

导入案例

在大数据环境下，跨境电商企业经营决策层需要以专业的数据分析结论作为调整运营策略的依据。一方面需要对跨境电商领域的市场进行分析，对计划进入的市场充分调研，以便准确把握市场行情；另一方面通过对客户、产品、经营数据进行日常监控分析，适时调整运营和推广策略，提高运营效率。在这个过程中，专业的数据分析人员进行数据采集、清洗、分析处理后形成的数据统计图表、汇报 PPT 或数据分析报告，就是呈报给企业决策层进行决策的依据。

某主营婚纱礼服的企业在业绩不断下滑的情况下，转向经营其他女装产品。如今，婚纱礼服市场逐渐回暖，该企业高管在网站上看到一份《2022—2026 年婚纱礼服市场发展前景分析报告》后，决定重新调整产品布局，立即部署数据分析部门进行全球速卖通婚纱礼服市场调研分析。以下是截取的“不同类目销售情况对比”的分析结果：

全球速卖通平台一级类目“婚礼及重要场合”包含 6 个二级类目，通过对比不同类目的“父类目金额占比”指标数据，可以看出：特殊场合服装（48.40%）占比最大，婚纱占比为 26.32%，婚庆配饰占比为 14.95%，婚宴礼服占比 8.94%，定制婚纱及礼服占比 1.09%，正式场合礼服 0.29%，如图 8-1 所示。

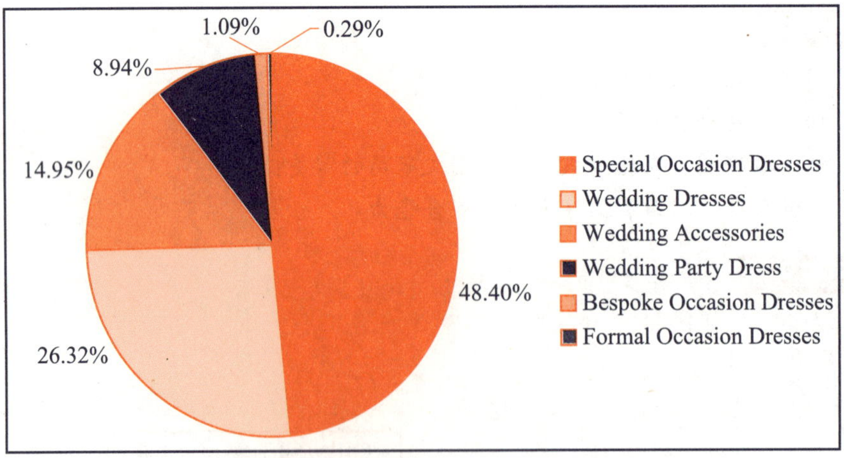

图 8-1　全球速卖通“婚礼及重要场合”父类目金额占比

结合案例，思考以下问题：

（1）该企业选择婚宴礼服作为主推产品是否可行？

（2）完成数据分析工作后，数据分析结果应以什么样的方式呈现？

- **工作任务一：认识跨境电商数据可视化**

掌握数据可视化的工作步骤，熟悉数据可视化的常用工具及方法，掌握跨境电商数据可视化的原则和数据可视化图表制作要点，能够根据跨境电商数据可视化的具体需求和应用场景选择合适的类型进行可视化设计。

- **工作任务二：制作跨境电商数据可视化图表**

熟悉数据可视化图表的适用类型，掌握数据可视化图表的制作要点及方法，能够根据业务需要制作相应的可视化图表。

- **工作任务三：撰写数据分析报告**

熟悉数据分析报告的内容构成，掌握数据分析报告的编制要点，能够结合跨境电商业务环节撰写完整的数据分析报告。

工作任务一　认识跨境电商数据可视化

任务背景

前面的工作任务完成了跨境电商业务领域各个环节的数据采集、整理和分析，同学们对各个环节涉及的关键指标和测算方式有了全面和系统的了解，数据分析工作的最后一个部分就是提出结论和形成应用策略。数据分析结果需要以一种合乎逻辑并易于理解的方式呈现，即数据化的呈现方式，形成一个综合的数据报表或数据分析报告。

认识数据可视化

任务实施

一、数据可视化概述

（一）数据可视化的定义及内涵

通常人们对数据可视化的认识，基本就是各类图形，如 Excel 图表模块中的柱状图、条形图、折线图、饼图、散点图、圆环图，如图 8-2 至图 8-4 所示。但以上所述只是数据可视化的具体体现，数据可视化包括以上形态但却不止于此。

数据可视化是指依靠图形、图像处理计算机视觉用户界面，通过表达、建模及对立体、表面、属性及动画的显示，对数据加以可视化解释。人们在网络、广告大屏上看到的包含数据信息的动态图像、一站式大屏广告，企业日常业务中的商业报告、商业图表，专业咨询研究机构发布的行业研报、商务汇报 PPT 等都属于典型的数据可视化成果。

因此，商务数据可视化的形式一般包括：各类统计图表、数据分析报告、PPT。

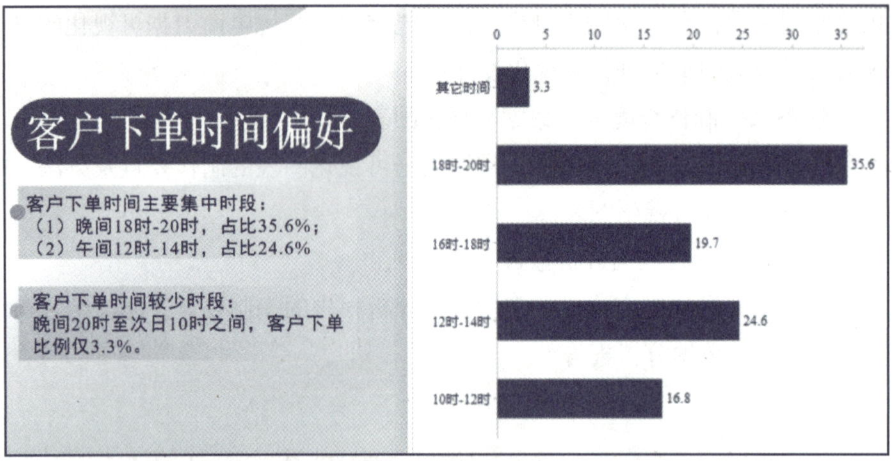

图 8-2　柱状图

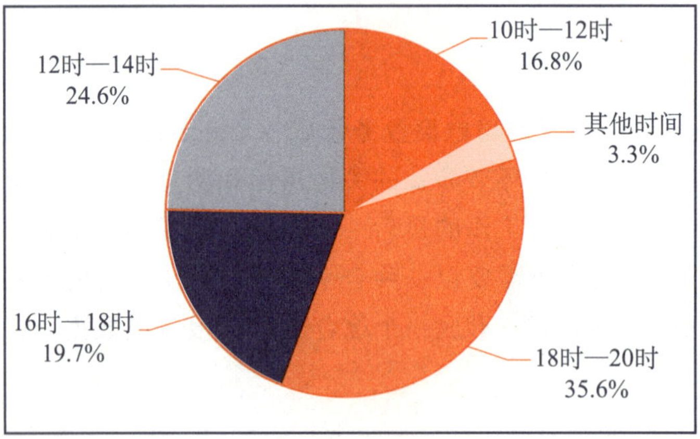

图 8-3　饼图

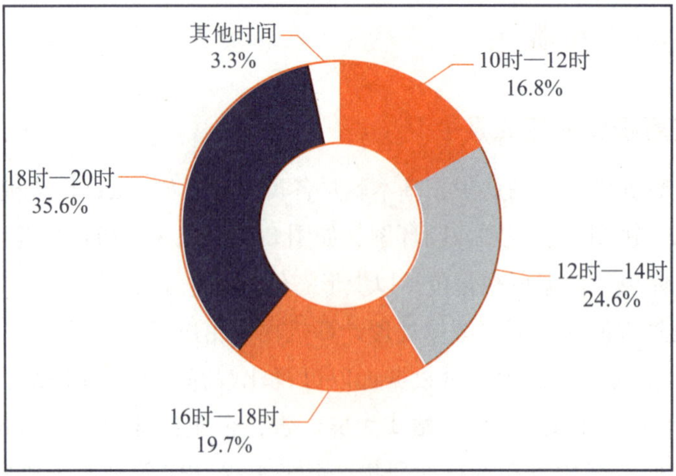

图 8-4　圆环图

数据可视化成为热门趋势，因为它在数据分析过程中扮演着非常重要的角色，是数据分析师手中的优秀工具。好的可视化图表是会讲故事的，它向人们展示了数据背后的规律。当前数据可视化工具软件和可视化开发平台非常丰富，本门课程中的数据可视化强调对跨境电商业务数据分析结果的可视化呈现，因此，常规的图表处理、文档编辑和演示软件操作即可达成日常工作中的可视化目标。

（二）数据可视化的目的和原则

1. 数据可视化的目的

数据可视化的目的是反映数据的数值、特征和规律，试图以更加直观、易于理解的方式，将数据背后的信息呈现给用户，辅助其做出正确的决策。如果在可视化图形中，所有的数据信息不经过组织和筛选，全部机械地摆放出来，不仅会让整个页面显得杂乱无序、欠缺美感，并且会模糊重点，分散用户的注意力，降低用户获取信息的能力和效率。

2. 数据可视化的原则

为满足数据可视化服务于用户方便、直观、快捷地获取数据分析结果和要点这一根本目的，数据可视化要提升数据分析结果的视觉效果。因此，数据可视化不只是简单地将数据制作成图表或报告，同时要有布局和内容结构上的设计，具体来说，数据可视化应遵循以下原则：

（1）一致性：图表中所有的元素在视觉上保持一致，具体在图表样式、颜色、字体的选择上，如地区分组对比数据，某地区使用了柱状图，其他地区也应采用柱状图；如果有多张图表，图表要素应统一，如标题、坐标轴刻度、坐标轴位置，是否添加数据标签等细节。

（2）清晰性：逻辑结构清晰，方便用户快速找到重点和理解数据内容；好的图表要能直观表达和解释数据，不同样式的图表有不同的适用场景。如果要观察销售额的增长趋势，使用折线图比饼图更加合适。

（3）美观性：内容设计和布局排版应具有视觉吸引力，但数据分析是服务于商业需要，因此要整体美观且和谐，便于用户轻松读取内容，如图表背景色的设置、3D 效果、渐变色的选择等应谨慎。

（4）简洁性：图表或报告的设计都应遵循简洁、明了的原则。

以上原则在具体操作应用时可以从以下几个方面注意，如表 8-1 所示：

表 8-1　数据可视化图表制作要点

字体	标题和正文应注意字号、字体的区别，突出层次性；字体应尽量统一、规范，数字字体一般使用 Times New Roman，正文如果使用微软雅黑，就避免再使用宋体。
颜色	颜色使用应注重对比清晰、色彩和谐、使用适度。如图表整体色调为冷色调，尽量不要加入暖色调，色彩控制在 3～5 种，太多显得杂乱。
版式	版式布局要利于用户进行数据阅读，利于纵向、横向表格的选择，利于分栏的选择；注意图形和文字的比例、位置，注意图表中的标题、标签、图例、标注等要素的设置。

除了以上要点之外，在制作统计图表时，可以适当留白，让图面看起来和谐美观。图面内容过多而留白不足，会让图面内容显得杂乱，且容易模糊重点。

（三）数据可视化的意义

研究表明，大脑处理视觉内容的速度比文字内容快。因此，在日常工作和生活中，一张图片能够传达的信息远比文字传达的信息更为直观、清晰。最近经常看到新闻资讯中有“一图读懂 ×××”的标题，就是通过图表方式来传递信息资讯，这是一种典型的数据可视化表达方式。

数据可视化可以通过直观、简洁的视觉效果让用户快速理解数据分析的结果，准确把握数据分析的重点，让大脑的视觉系统迅速识别、存储、记忆图表信息，本能地将图表信息转化为长期记忆。

在展现数据时，一张清晰的数据图表能够让用户更加直观并准确地理解所要表达的信息和意图。所谓“一图胜过千言”，好的图表具有能够简洁地表达复杂的关系、吸引用户注意力的优势，并能够通过强化对比效果等方式让数据分析结果更加凸显，增强数据分析结果的说服力，强化数据分析的价值，如图 8-5 所示。

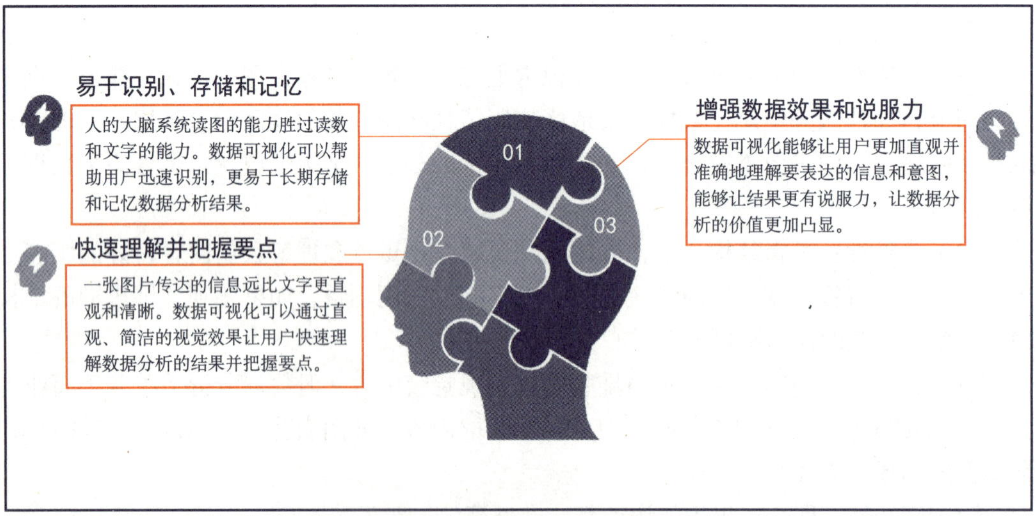

图 8-5　数据可视化的意义

（四）数据可视化的形式

数据可视化的形式有可视化图表、数据分析报告。

二、常见的数据可视化工具

一般来说，对数据可视化工具的要求包括以下几个方面的内容：

第一，实时性。数据可视化工具必须适应大数据时代数据量的爆炸式增长需求，并对数据信息实时更新。

认识常用的数据可视化工具

第二，易于操作。数据可视化满足易于操作的特性，能够适应大数据时代信息多变的特点。

第三，易于展现。数据可视化具有更加丰富的展现方式，能够提供多种数据展现方式。

第四，数据集成多元化。数据可视化支持团队协作，联网展现数据仓库、文本等。

市面上广泛使用的数据可视化工具是 Excel，它基本包含所有常用的数据可视化图表。除此以外，还有以下数据可视化工具。

（一）Tableau

Tableau 公司将数据运算与美观的图表完美地融合在一起。它的程序易于上手，用户可以用它将大量数据拖放到数字“画布”上，在非常短的时间内就能创建好各种图表。它的优点是可以链接动态数据源，将各种图形混合搭配，形成定制视图；可以通过仪表盘视图关注数据动态，能够以交互图的方式公开发布。它的缺点是免费版本的数据是公开的，如果要保护数据就要购买专业版本。

（二）亿信 BI

亿信 BI 内置数十种可视化元素和图形，通过简单的数据关系就可以展现丰富的可视化效果。它支持 SQL、OLAP 等，可以操作初步加工过的数据，也可以直连业务数据库，同时支持文本数据导入。它的优点在于组件丰富、可扩展性高、灵活性高以及用户体验好。如在组件方面，它内置 60 余种组件特效及模板，可以搭配出成百上千种视觉效果，并轻松制作美观的报表。在用户体验方面，它支持动态局部刷新，各项操作流畅无卡顿。它的缺点在于无法做到数据采集分析一体化。

（三）Power BI

Power BI 是商业分析工具，用于在组织中提供参考意见。它可以同时连接几百个数据源并提供即席分析；可以生成美观的报表，供各类组织发布在 Web 和移动设备上。用户可以根据自己的需求创建个性化仪表板，获取针对其业务的全方位独特见解。它的优点是其拥有类似于 Excel 的桌面 BI 工具，功能比 Excel 更加强大，支持多种数据源，价格更加便宜。它的缺点是兼容性较差，只能作为单独的 BI 工具使用，不能与现有的系统结合在一起，生成的报表也无法导入原有系统，成熟度欠佳。

（四）永洪 BI

永洪 BI 是一款可以在前端进行多维分析和报表展现的 BI 软件，支持多种数据源格式，支持拖拽，能够提供不同级别的查询功能，支持数据跨库连接。它的优点是专业性强，商业流程较为完善，定制化产品成熟度高，可支持的数据接入较多。它的缺点是有的版本体验感一般，学习起来有一定难度，拖拽操作下仪表盘布局容易被打乱，整体可视化效果一般。

三、数据可视化的工作步骤

数据可视化一般可分为以下 4 个步骤进行，如图 8-6 所示：

图 8-6 数据可视化的步骤

（一）明确可视化需求

数据可视化通常是数据分析的最后一个环节，是对数据分析结果的综合展示与呈现。首先，要明确数据可视化的服务对象，即用户是谁？数据分析的结果应服务于用户的何种用途和需求？只有准确界定了可视化的服务对象和具体的需求，才能从数据采集、处理和分析的大量结果中提炼出最直接相关的结论和必要的过程，通过可视化的图表或报告加以呈现，避免过多烦琐而不必要的信息。

（二）选择可视化类型

在确定可视化需求之后，就可以为数据选择一个合适的可视化类型。这要求数据分析人员对基本的可视化图表的内涵、特点及适用场景有足够的了解和准确的判断。不同类型的数据，都有适配的图表类型，如果选用错误或不适合的类型去展示，就容易导致用户错误理解数据信息，或者降低理解效率。

（三）适配应用场景

数据可视化的主要目的是直观、高效地传达信息。高效的数据可视化不仅取决于合适的可视化类型，还要达到一种平衡，即在保证总体信息通俗易懂的同时又能够突出关键要素，从而使数据分析的结果能够根据用户的需求灵活应用于多种场景。数据分析报告能够全面、系统地展现数据分析的过程和结果，其中一些关键的可视化图表又能够单独抽取出来，成为项目汇报展示或商业合作沟通演示的素材。

（四）设计展现形式

数据可视化的设计形式要能够凸显数据价值和数据说服力。假如可视化的设计形式不够好，即使数据再重要，也很难对用户说明其重要性。因此，好的设计形式同样关键，特别是在当前碎片化信息充斥的信息时代，通过用心的设计来“抓住”用户的注意力，帮助数据分析人员高效地展示信息、传递信息，提升数据分析工作的价值，其重要性不言而喻。这就需要数据分析人员在内容的展现形式上有足够的耐心，能够通过多种尝试和对比，找到合适的展示形式。

工作任务二　制作跨境电商数据可视化图表

任务背景

统计图表常见于各种分析研究报告，是为人们广泛接受的可视化图形。最常用的统计图表主要有柱状图、饼图、折线图、散点图、雷达图等。这些常见统计图表也基本满足一般场景。

任务实施

一、柱状图

柱状图又称“条形图”“直方图”，是以宽度相等的条形，通过高度或长度的差异来显示统计指标数值的多少或大小的一种图形。柱状图简明、醒目，是一种常用的统计图形，如图 8-7 所示。

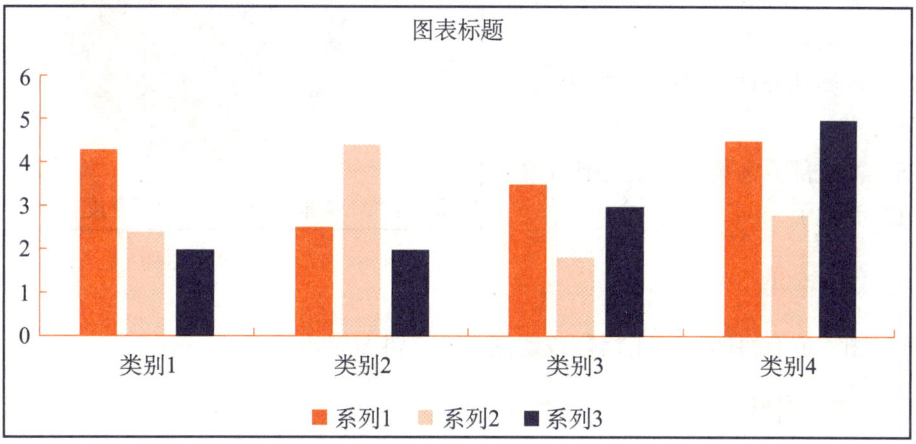

图 8-7　柱状图

（一）柱状图的作用

（1）用于显示一段时间内的数据变化特征；

（2）用于显示各项之间的比较情况。

（二）柱状图的使用要求

有一组数据作为横轴，至少有一组数据作为纵轴。

（1）对数据的大小、正负无要求；

（2）横轴类别数目无限制。

（三）衍生类型

根据需要统计的数据系列的变化形式，衍生了很多柱状图，包括堆积柱状图、簇状柱状图、瀑布图、条形图、旋风图、彩虹图、3D 柱状图、与其他线状图和条形图组合的图形等。

二、饼图

饼图是由一个圆或多个扇形组成，每个扇形显示不同颜色。每个扇形的角度大小可显示一个数据系列中各项数据的大小占总和的比例，如图 8-8 所示。

（一）饼图的作用

饼图能直观地显示各个组成部分所占比例，并能够标注具体比值。

（二）饼图的使用要求

（1）仅有一个要绘制的数据系列；

（2）要绘制的数值没有负值；

（3）要绘制的数值几乎没有零值；

（4）类别数目无限制；

（5）各类别分别代表整个饼图中的一部分；

（6）各个部分需要标注百分比（依具体情况而定）。

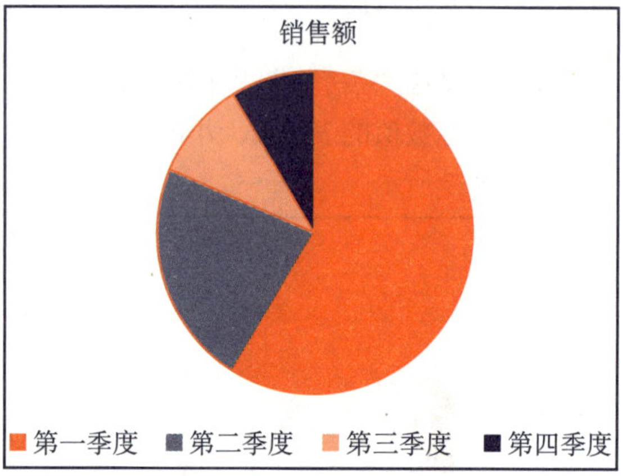

图 8-8　饼图

（三）衍生类型

环形图、嵌套饼图、南丁格尔玫瑰图、三维饼图等。

三、折线图

折线图是类别数据沿水平轴均匀分布，所有数据沿垂直轴均匀分布的线状图形，如图 8-9 所示。

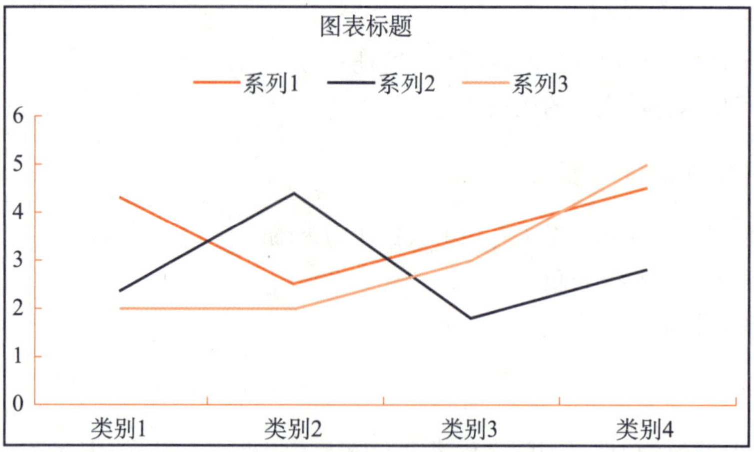

图 8-9　折线图

（一）折线图的作用

折线图是显示随时间变化的连续数据，非常适用于显示在相等时间间隔下数据的变化趋势。

（二）折线图的使用要求

有一组数据作为横轴，至少有另一组数据作为纵轴。

（1）对数据的大小、正负无要求；

（2）横轴类别数目无限制。

（三）衍生类型

堆积折线图、不等距折线图、动态曲线图等。

四、散点图

散点图是用两组数据构成多个坐标点，考察坐标点的分布，判断两变量之间是否存在某种关联或总结坐标点的分布模式的可视化图形，如图 8-10 所示。散点图将序列显示为一组点，值由点在图表中的位置标示，类别由图表中的不同标记标示。散点图通常用于比较跨类别的聚合数据。

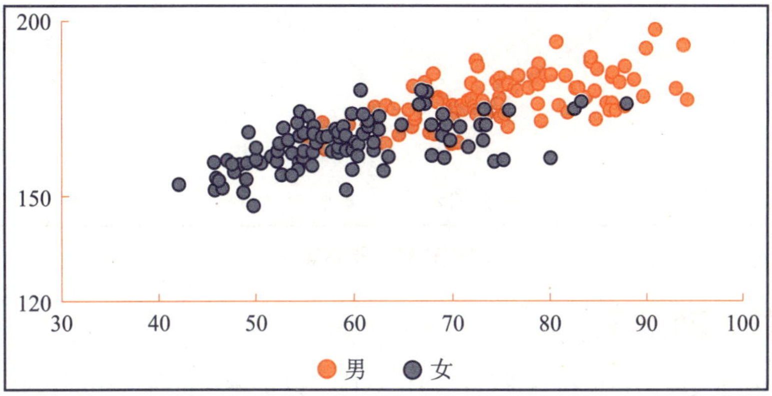

图 8-10　散点图

（一）散点图的作用

（1）可以展示数据的分布关联趋势和聚合情况。

（2）如果存在关联趋势，可以看出是线性的还是非线性的。

（3）得到趋势线公式。如果有某一个点或者某几个点偏离大多数点，也就是离群值，通过散点图可以一目了然地看出来，从而进一步分析这些离群值是否可能在建模分析中对总体产生很大影响。

（二）散点图的使用要求

有一组数据作为横轴，至少有另一组数据作为纵轴。

（1）对数据的大小、正负无要求；

（2）横轴类别数目无限制。

（三）衍生类型

标准气泡图、大规模散点图、三维散点图等。

五、雷达图

雷达图又可称为“戴布拉图”“蜘蛛网图”，如图 8-11 所示，可用于财务报表分析，即将一个公司的各项财务分析所得的数据中比较重要的项目集中划在一个圆形的图表上，表现该公司各项财务数据的情况，使用者能一目了然地了解该公司各项财务数据的变动情形及其变化趋向。

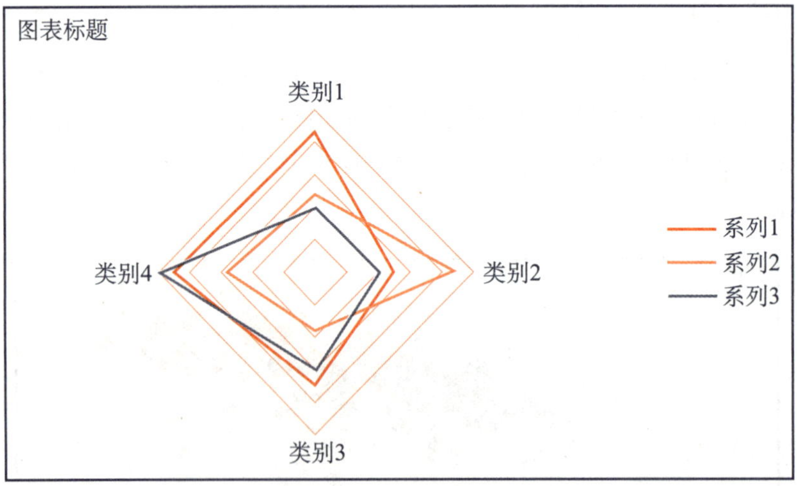

图 8-11　雷达图

（一）雷达图的作用

（1）对内部关联的各项指标进行可视化对比，以了解各自所占比例；

（2）快速了解各项指标的变动情况。

（二）雷达图的使用要求

（1）至少三个分类才可以形成雷达图形；

（2）有一组数据作为分类；

（3）数据的大小、正负无要求。

（三）衍生类型

填充雷达图等。

六、漏斗图

漏斗图适用于业务流程比较规范、周期长、环节多的流程分析，通过对漏斗各环节业务数据的比较，能够直观地发现和说明问题，如图 8-12 所示。在跨境电商分析中，漏斗图通常用于转化率比较。它不仅能展示用户从进入网站到实现购买的转化率，还可以展示每个步骤的转化率。漏斗图可以应用于各行各业。

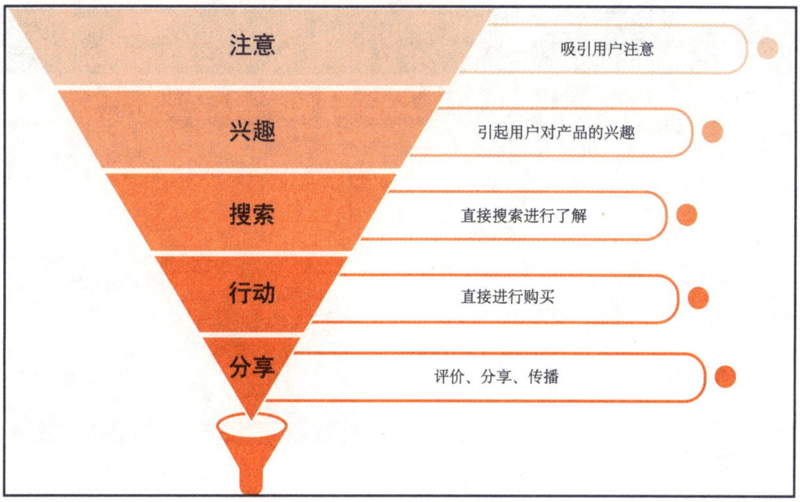

图 8-12 多漏斗图

（一）漏斗图的作用

（1）提供用户在业务中的转化率和流失率；
（2）揭示各种业务在网站中受欢迎的程度；
（3）发现业务流程中存在的问题，展现改进的效果。

（二）漏斗图的使用要求

（1）一组分类数据、一组分类对应的数据系列；
（2）数据大小正负无要求。

（三）衍生类型

多漏斗图等。

除了以上各类型图表以外，还有热力图、词云图等，常用于反映数据之间的相关性。

实战演练

使用 Excel 制作可视化图表

在之前的项目学习中，同学们练习了大量的数据表格制作和处理，本次实战演练任务，主要以图表的完善和修饰为主，提升图表的可视化效果。

以项目一工作任务 4 中完成的婚宴礼服行业市场容量数据透视表（图 1–42）为例，讲解使用 Excel 制作可视化图表的方法及步骤：

步骤 1 选中数据透视表数据区域“F1:G9”，在“插入”选项卡的“图表”组点击“饼图”按钮，如图 8–13 所示。

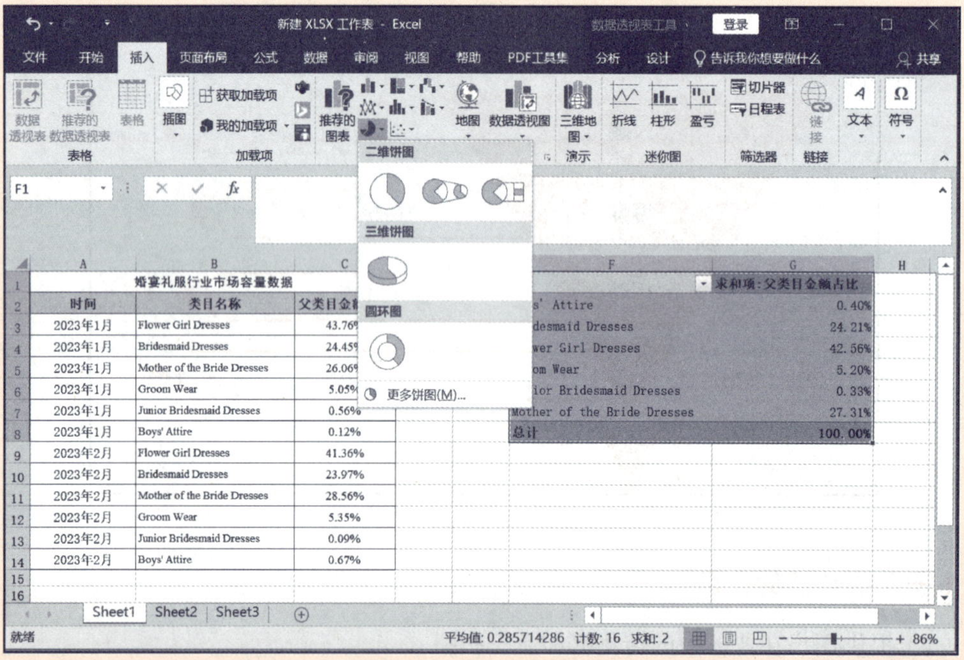

图 8–13　插入饼图

步骤 2 在下拉列表中选择“圆环图”，即可生成如图 8–14 所示的圆环图。

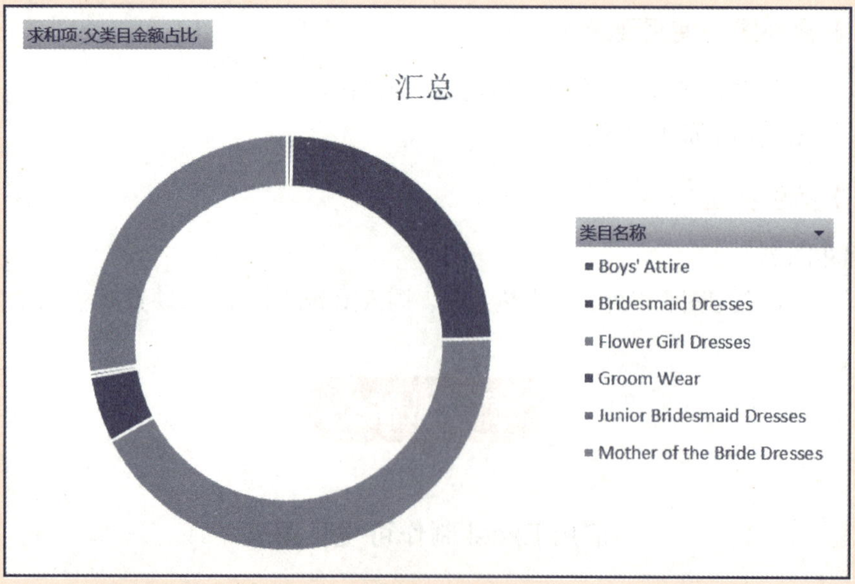

图 8–14　圆环图

步骤 3 设置标题及添加数据标签，如图 8-15 所示。

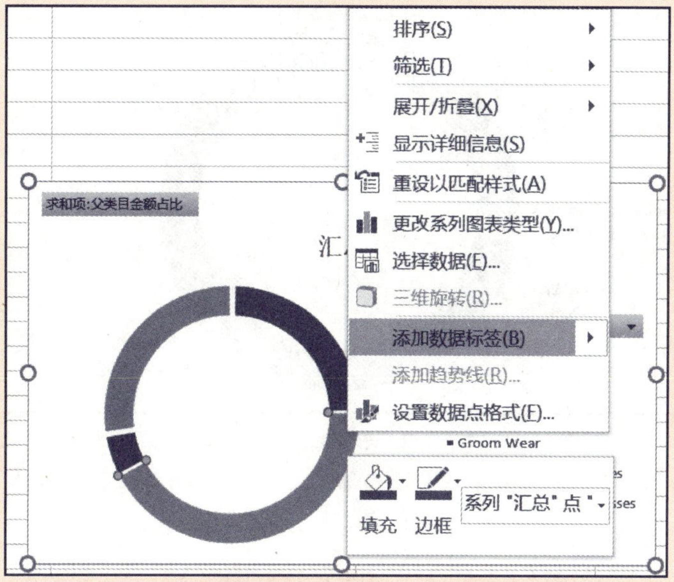

图 8-15 设置标题及添加数据标签

步骤 4 设置数据标签，如图 8-16 所示。

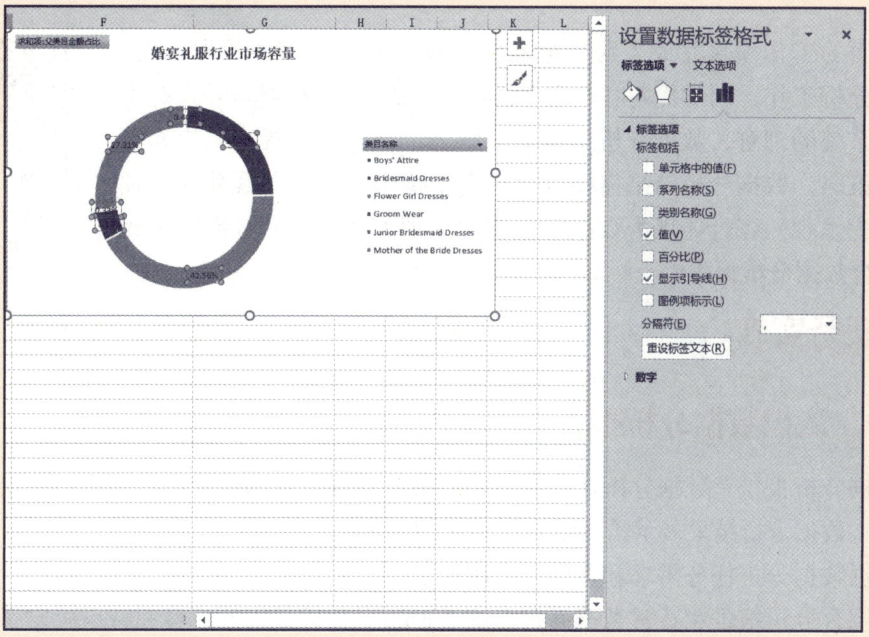

图 8-16 设置数据标签

步骤 5 添加类别名称、调整标题字体字号，删除图例，操作完成后的结果如图 8-17 所示。

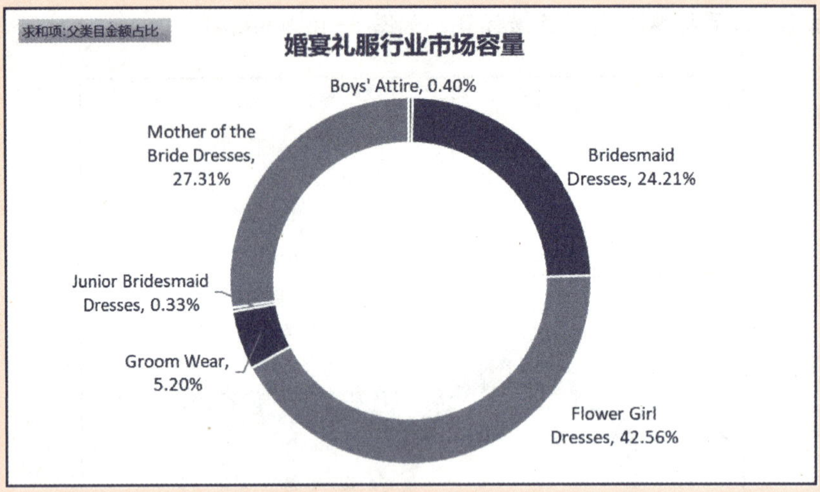

图 8-17　整饰完成的圆环图

工作任务三　撰写数据分析报告

任务背景

前面的工作项目完成了跨境电商业务领域各个环节的数据采集、整理和分析工作，同学们对各个环节涉及的关键指标和测算方式有了全面和系统的理解，数据分析工作的最后一个部分就是提出结论和形成应用策略。数据分析结果需要以一种合乎逻辑、清晰美观并易于理解的方式呈现，综合体现为数据可视化的呈现方式，形成数据图表或一份综合数据分析报告。

撰写数据分析报告

任务实施

一、认识数据分析报告

数据分析报告是数据分析过程和思路的最终呈现，数据分析报告的作用在于以特定的形式将数据分析结果展示给决策者，为他们决策提供参考和依据。

根据数据分析任务需求和目的，常用的数据分析报告主要包括 3 种类型：专题分析报告、综合分析报告和日常数据通报。这 3 种数据分析报告的内容和特点决定了撰写要点的不同。

（一）专题分析报告

专题分析报告是对社会经济现象的某一方面或某一个问题进行专门研究的一种数据

分析报告，它的主要作用是为决策者解决某个问题提供决策参考和依据。跨境电商专题分析报告通常是围绕某项特定的业务需求而开展的数据分析，如某企业针对某产品的用户需求而开展的客户画像分析报告，如图 8-18 所示。

专题分析报告具有如下特点：

（1）单一性：主要针对某一方面或某一个问题进行分析，如用户流失分析、企业利润率分析。

（2）深入性：报告内容单一、重点突出，便于集中精力抓住主要问题进行深入分析。

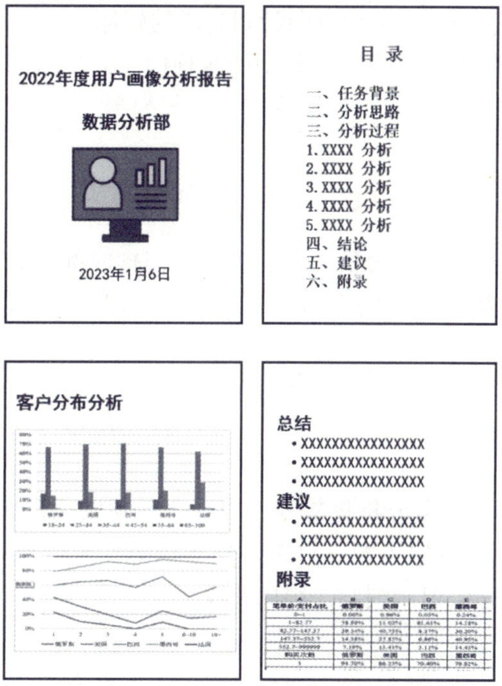

图 8-18 专题分析报告示例

（二）综合分析报告

综合分析报告是全面评价一个地区、单位、部门业务或其他方面发展情况的一种数据分析报告，如全国流动人口发展报告、某电商企业运营分析报告。

综合分析报告具有如下特点：

（1）全面性：站在全局的角度，反映总体特征，做出总体评价，得出总体认识。

（2）关联性：把互相关联的一些现象、问题综合起来进行全面系统的分析。综合分析不是对资料的简单罗列，而是在系统地分析指标体系的基础上，考察现象之间的内部联系和外部联系。这种联系的重点是比例关系和平衡关系，综合分析研究它们的发展是否协调、是否适应。

（三）日常数据通报

日常数据通报是以定期数据分析报表为依据，反映计划执行情况，并分析其影响因素和形成原因的一种数据分析报告。这种数据分析报告一般是按日、周、月、季、年等时间阶段定期进行，所以也叫“定期分析报告”。

日常数据通报具有如下特点：

（1）规范性：具有比较规范的结构形式，定时向决策者提供数据分析部门的例行报告。

（2）进度性：反映计划的执行情况，把计划执行的进度与时间的进展结合起来进行分析，观察比较两者是否一致，从而判断计划完成的好坏。

（3）时效性：及时提供业务发展过程中的各种信息，帮助决策者掌握企业经营的主动权。

二、数据分析报告的构成

无论是以上哪种类型的数据分析报告，主要内容构成都遵循“总—分—总”的逻辑框架，内容构成大体包含以下 3 个部分：

（一）引入部分

1. 标题

标题通常要高度概括数据分析报告的主要内容，帮助用户正确理解分析报告内容。一般要写明报告的名称、数据来源、呈现日期等内容，视情况可以选择单标题或双标题。单标题可直接在标题中揭示问题、提出建议。

2. 目录

目录是报告中各部分内容的索引和附录的顺序提要，方便用户了解报告的内容名目。目录需要清晰地体现报告的分析思路。

3. 前言

前言包括数据分析的背景、目的、思路等内容。分析背景主要说明此项分析报告的背景和意义，分析目标展示分析报告要达成的目标，分析思路展示分析报告的主要逻辑脉络。

（二）主体部分

数据分析报告的主体部分即报告的正文。正文是一篇数据分析报告的核心部分，必须与分析思路相结合，严谨科学地论证，确保结论及主要观点的合理性和可信度；同时，要以图表和文字相结合的方式严谨、客观地将数据分析过程与分析结果进行展示，不仅需要美观，还需要统一。

（三）总结部分

报告的结尾是对整个数据分析报告的总结，是得出结论、提出建议、解决矛盾的关键所在，它起着画龙点睛的作用。好的结尾可以帮助用户加深认识、明确主旨、引起思考。

数据分析报告要有明确的结论、建议和解决方案，它可以作为决策者在决策时重要的参考依据，其措辞须严谨、准确；应该有明确、简洁、清晰的数据分析结果。

报告的建议部分是立足数据分析的结果，是针对企业面临的问题提出的改进方法。建议主要关注在保持优势及改进劣势等方面，要密切联系企业的业务，提出切实可行的建议。

附录。附录主要用来补充正文用到的分析方法、展示图形、专业术语、重要原始数据等内容，帮助用户更好地理解数据分析报告中的内容。数据分析报告是否需要附录可视具体情况决定，并非必备内容。

实战演练

全球速卖通婚纱礼服市场行情综合分析报告

时间：2023 年 2 月

海外婚纱礼服市场逐渐回暖，为我国以婚纱礼服为主打产品的跨境电商中小企业带来机遇。全球速卖通是我国跨境电商卖家选择的主要跨境电商 B2C 出口平台。本报告选取婚纱礼服作为研究对象，采集全球速卖通平台站内数据、第三方研究机构发布的行业咨询报告等站外数据，分析婚纱礼服行业趋势变化、主要目标市场、客户偏好，综合研究判断婚纱礼服市场前景及客户画像，为我国婚纱礼服卖家将婚纱产品卖向全球提供思路。

一、市场发展宏观背景分析

互联网的飞速发展推动全球互联网客户规模不断增加。数据显示，截至 2021 年 1 月，全球互联网客户数量达 46.6 亿，相比 2020 年同期增长 7.3%，当前全球互联网普及率已达 59.5%，为线上消费持续增长奠定了基础。与此同时，跨境电商无边界交易、无形交易和即时交易的优势日益凸显。客户的消费习惯也被潜移默化地改变，全球平均在线购物时长增长 47%，国外客户从线下购物转变到线上，全球线上消费市场规模大幅增加。

在我国供应链能力的逐步恢复及国家“双循环”政策的积极影响下，我国跨境电商卖家紧抓机遇，跨境电商市场规模不断攀升。根据网经社“电数宝”大数据，跨境电商行业交易规模由 2017 年的 8.06 万亿元增至 2021 年的 14.2 万亿元，据电子商务研究中心发布的《2022 年（上）中国跨境电商市场数据报告》，2022 上半年我国跨境电商市场规模达 7.1 万亿元，上半年我国跨境电商交易额占我国货物贸易进出口总值（19.8 万亿元）的 35.85%，如图 8-19 所示。2017—2022 年来这一数据始终保持高于 10% 的增长速度，全面助推了我国外贸持续增长以及相关行业、企业的持续发展。

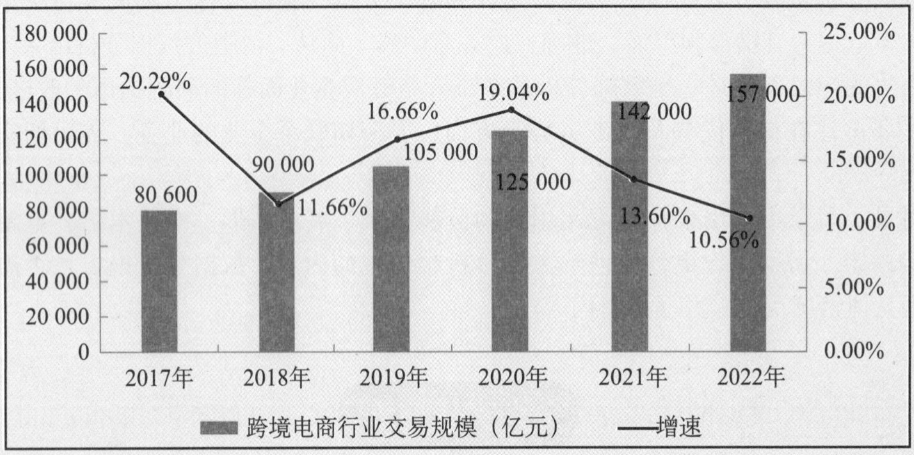

图 8-19　2017—2022 年我国跨境电商行业交易规模

巨大的市场对于经营者而言除了庞大的盈利空间还意味着激烈的同行业竞争。调查发现，在网购平台的数千万卖家中，多数中小卖家成功率较低，原因主要在于卖家过于依赖粗放式的营销，缺乏对目标客户的精准识别，忽视了客户的个性化需求。要在日益激烈的跨境电商市场竞争中脱颖而出，借助互联网大数据做好市场调研、产品开发和精细化运营已经成为卖家必备工作；做好前期的目标市场定位，对于店铺的成功运营更是极为关键。因此，如何识别目标市场和客户需求，有针对性地向其提供并推荐适合的产品，是众多跨境卖家特别是中小卖家在经营活动中亟待解决的首要问题。全球速卖通是我国主要的跨境电商出口平台，其后台提供了海量数据。因此，本文选择全球速卖通平台数据作为数据来源，分析婚纱礼服的目标市场和客户画像，为我国中小卖家做好市场定位和精细化运营提供借鉴和思路。

二、跨境电商基本模式及全球速卖通的特点

跨境电商是指不同国家地区的厂商之间，通过电商平台发生交易行为、完成交易结算，并通过跨境物流发送到货的一种商业活动。跨境电商可分为进口跨境电商与出口跨境电商。我国出口跨境电商处于快速成长期，10 多年间，我国跨境电商（出口）规模大幅增长。

出口跨境电商市场可分为 B2B 和 B2C 两种模式。我国跨境电商出口的主流方式是通过全球或区域性的综合性电商平台或第三方电商平台进行销售。目前在全球 B2C 跨境电商出口市场中，以全球速卖通（AliExpress）、亚马逊（Amazon）、Wish、eBay 四大头部平台为主。其中，亚马逊以电商业务较为成熟的欧美市场为主，全球

速卖通则通过灵活的市场策略在欧洲、拉美等区域占据一定的优势。全球速卖通作为跨境电商B2C出口主流平台之一，成为我国跨境电商中小卖家选择的主要出口平台。

全球速卖通面向220多个国家和地区开放，海外客户数突破1.5亿，平均每日访客量超过2000万。海外各个国家的地理文化、人文习俗大不相同，全球速卖通平台在卖家后台提供了清洗处理大数据后的数据板块。卖家可从后台导出Excel表格，精确的数据分析能够帮助卖家细化目标市场定位，实现市场需求分析、个性化推荐、产品精准营销和用户运营维护。

三、全球婚纱礼服出口市场规模及需求

据调查数据显示，在全球婚纱市场中，北美占据了较大份额。从婚纱产品供应地区来看，中国、西班牙和美国是主要的婚纱生产地。中国是全球最大的婚纱生产地和出口国，主要生产企业分布在广东、江苏及福建省。中国的婚纱礼服产品以出口为主，形成了广东潮州、江苏苏州、福建泉州等知名婚纱产业带，广州、苏州两大集散地。而这些地区是中国外贸优势地区，因此，婚纱礼服也成为外贸出口的主要品类。

市场研究公司预计2026年全球婚纱市场将达到699亿美元的规模。2022—2026年间，各国的婚纱市场规模均将保持增长态势。除了传统的欧美市场之外，东南亚在婚纱礼服行业成为重要的新兴市场。迪拜是中东最大的婚庆市场，也是亚洲和非洲地区的人选择的最佳婚庆目的地之一，因此阿联酋的婚庆市场客户既包括本国，也包括其他国家的人，这也意味着该地区的婚纱礼服需求极为可观。

四、跨境电商婚纱礼服市场总体情况

（一）服饰品类在跨境出口B2C市场中居优势

服饰品类一直是跨境电商行业的重点赛道。B2C跨境电商行业按产品类别分类，包括消费电子产品市场、服饰、鞋履市场、家居产品市场、户外及体育用品市场、其他市场。根据弗若斯特沙利文数据，中国跨境出口B2C电商服饰及鞋履行业的市场规模由2017年的1609亿元增加至2021年的7503亿元，2017年至2021年的复合年增长率为38.4%。中国跨境出口B2C电商服饰行业的市场规模由2017年的1220亿元增加至2021年的6079亿元，预计2026年达到14863亿元。中国纺织工业联合会在2021年6月发布的《纺织行业“十四五”发展纲要》指出，“十四五”时期，我国将加快外贸出口转型升级。进一步提升出口产品质量和附加值，加快发展跨境电商、网上交易等外贸新业态新模式，引导企业深耕传统出口市场、拓展新兴市场，培育新的外贸增长点。发挥海外展会作用，加强国际化营销，扩大我国品牌的国际影响力。

（二）婚纱礼服B2C出口形势向好

婚纱礼服为服饰的重要品类，是跨境电商中的传统优势品类，也是我国卖家最

早进入跨境电商市场的行业。国外实体店内的婚纱礼服价格高昂，因此我国的婚纱在跨境电商市场中成为热门产品。而对于我国跨境卖家来说，婚纱礼服客单价高、资金压力小，属于“黄金品类”。国内诸多知名的跨境电商出口头部企业——兰亭集势、SHEIN 等最初都是从婚纱礼服开始起步。

2022 年一季度在外贸企业遭遇订单“外流”的压力之下，我国服装产品出口值增速有所放缓，但婚纱、西服等婚庆社交类服装出口却出现了逆势增长。婚纱作为西方的传统服饰，经过多年的生产、设计磨合，“中国风”渐渐融入婚纱设计，“旗袍领”“珠绣”等传统工艺开始在海外走红。广东潮州是我国主要的婚纱礼服生产聚集地和贸易出口基地，现有注册婚纱礼服品牌百余种，大部分以上的婚纱礼服用于出口，主要销往欧美、中东。潮州海关数据显示，2022 年第一季度潮州婚纱礼服出口 1.8 亿元，同比增长超过 116%。

越来越多的客户表示，良好的体验，让他们今后更多地倾向于线上购物。随着经济形势的转变，消费理念更趋于理性，海外客户对价格更加实惠的线上电商市场极为青睐。婚纱礼服线上电商市场整体趋于回暖和快速增长的态势。

五、全球速卖通平台婚纱礼服市场分析

市场定位是指为了使企业的产品或服务在客户心中产生与众不同的个性化形象从而在市场上确定适当的位置。市场定位的实质是差异化定位过程，其目标是使客户更容易接受企业的产品或者品牌，推崇和喜爱某个企业的产品。市场定位一般从两个方面入手，一方面从产品的性能、构造、包装、质量等方面定位，另一方面分析市场环境（包括宏观和微观两个方面），找出影响市场需求的原因，分析客户的内在需求，从而掌握市场定位的方法和策略。对于入驻全球速卖通平台的跨境卖家而言，借助于平台的生意参谋可对选择类目产品进行全面的数据分析对比，从庞大的海外市场中精准定位自己产品的目标市场，并利用平台的买家属性分析绘制客户画像，实施精准化营销。

（一）全球速卖通婚纱礼服类目分析

全球速卖通前台类目导航显示，全球速卖通包含服装配饰类、珠宝饰品类、手表类、鞋包类、美容类、美发类、孕婴童类、玩具类、婚纱类、汽摩配类、电脑办公类、消费电子类、手机通信类 13 类产品。其中，服装配饰类目下的婚礼及特殊场合礼服（Weddings & Events）包含伴娘服（Bridesmaid Dresses）、妈妈服（Mother of the Bride Dresses）等 11 个子类目，具体类目情况，如表 8-2 所示。

表 8-2　全球速卖通婚礼及特殊场合礼服（Weddings & Events）类目下各子类目

Weddings & Events	婚礼 & 特殊场合礼服
Bridesmaid Dresses	伴娘服
Mother of the Bride Dresses	妈妈服

续表

Weddings & Events	婚礼 & 特殊场合礼服
Quinceanera Dresses	成人礼礼服
Homecoming Dresses	校友返校日礼服
Celebrity-Inspired Dresses	明星款礼服
Wedding Party Dress	婚礼舞会礼服
Wedding Dresses	婚纱
Cocktail Dresses	鸡尾酒会礼服
Evening Dresses	晚礼服
Prom Dresses	舞会礼服
Wedding Accessories	婚纱配饰

通过全球速卖通卖家后台工具生意参谋行业趋势（时间为 2022.12.30—2023.1.28），可以查看婚纱礼服的 11 个细分类目的访客指数等多项市场指标，选择对访客指数和客单价两项指标进行对比分析，如图 8–20 所示。其中，晚礼服的访客指数最高为 350 505，客单价为 130.83 美元。客单价最高的是成人礼礼服，达到 155.62 美元，但访客指数在所有类目中属于较低水平，婚纱、婚纱配饰及婚礼舞会礼服的访客指数较高，其中婚纱的客单价高达 138.31 美元，婚纱配饰的客单价低于其他类目。

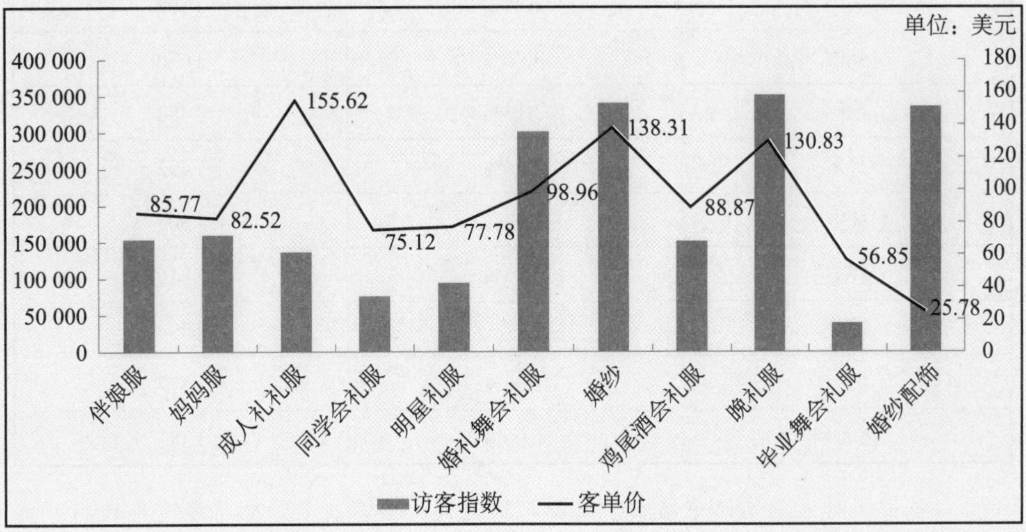

图 8–20　婚纱礼服各子类目访客指数和客单价对比

（二）全球速卖通婚纱礼服目标市场分析

生意参谋是全球速卖通提供的数据分析工具，跨境电商卖家可以直接查看数据情况，也可以从生意参谋下载数据，根据业务需求进一步对数据进行整理、分析。在生意参谋的市场板块，通过对所选类目的行业趋势、主要目标市场及目标用户群体特征进行有针对性的指标分析，找到目标市场和客户群体。如国家分析模块包括机会国家、单国家和商品研究 3 个选项。通过机会国家分析，可以帮助跨境电商卖家对所选择类目进行对比分析，将经营潜力和商机较大的国家作为主要目标市场。

本文分析的“婚礼及特殊场合礼服（Weddings & Events）”类目，全球速卖通根据全球 GMV 占比排名前 50 的国家，对各个国家支付金额占比和上升指数指标进行综合测算，根据测算结果将其划分为“高 GMV 高增速国家、高 GMV 低增速国家、低 GMV 高增速国家、低 GMV 低增速国家”四个象限，反映某个类目在某一国的具体销售体量及增长速度，据此判断该类目在具体国家的整体市场情况。其中，“高 GMV 高增速”和“低 GMV 高增速”是需要重点关注的国家，“高 GMV 低增速”和“低 GMV 低增速”是非重点关注的国家。高 GMV 高增速排名前 10 的国家如表 8-3 所示。支付金额占比，指的是统计时间内所选类目下的某个国家支付金额占到该类目总的支付金额的比例。上升指数是在统计时间内，所选类目下的某个国家交易增速的指数化。

表 8-3　高 GMV 高增速国家

国家 / 地区	支付金额占比	上升指数
美国	28.34%	1 376
法国	7.24%	1 502
英国	3.76%	1 670
德国	3.13%	1 480
日本	2.34%	1 492
荷兰	1.93%	1 505
爱尔兰	0.76%	3 216
捷克	1.17%	1 794
波兰	1.06%	1 477
意大利	1.06%	1 381

以美国为代表的英语市场由于覆盖人群庞大、国家众多，电商渗透率较高，目前已逐渐成为出口电商的“红海”。由东盟十国以及中国、日本、韩国、澳大利亚、新西兰共 15 个国家共同参与的“区域全面经济伙伴关系协定”（RCEP）正式签署。

以及“一带一路”倡议的深入推进，“非英语市场”逐渐走向跨境电商出口市场中央，其中，以东南亚、中东欧等为主的“小语种市场”成为跨境电商出口的新兴市场，正处于蓬勃发展时期，这些地区消费需求日益激增，也是不容忽视的主要力量。如图 8-21 所示，在全球速卖通后台查看婚纱礼服行业各主要国家数据，可以看到除美国以外，俄罗斯、法国、巴西等国家的访客指数较高；西班牙、沙特阿拉伯等国的访客指数也高于平均水平；沙特阿拉伯的客单价远远高于其他国家，应给予重点关注。韩国、新西兰的销售数据均以较快速度增长，可以列为主要目标市场并进行布局。

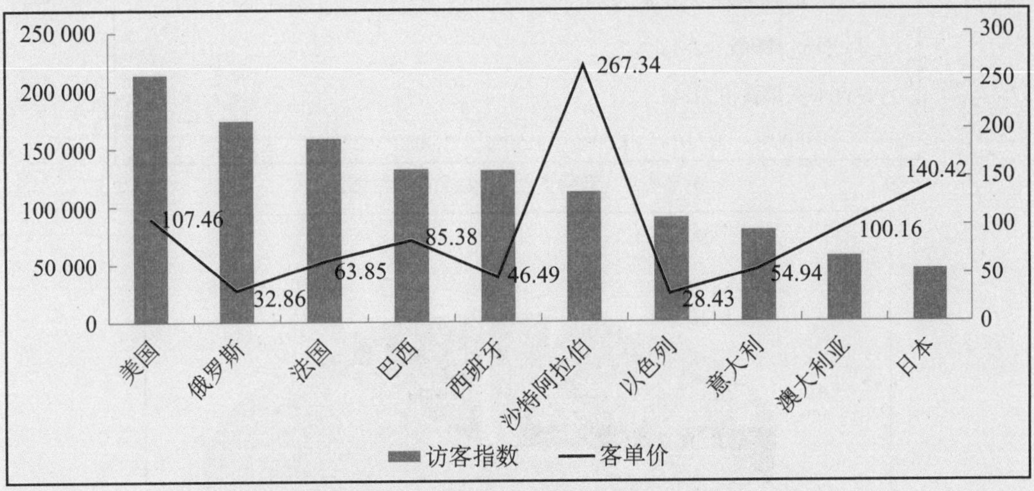

图 8-21 全球速卖通主要出口国家婚纱礼服访客指数和客单价对比

（三）全球速卖通婚纱礼服客户画像分析

1. 买家所在城市分析

通过国家分析，结合 GMV 的体量和增速表现来看，首选的目标市场是美国。按照客户画像的描述，在初选目标国家之后，还需要对各国的客户分布情况再作分析，客户的年龄、性别等基本属性也是影响消费偏好的基础因素。从客户的年龄、性别、所在城市或地区了解主要目标客户群体的基本特征，帮助构建婚纱礼服客户画像，为制定精准的产品营销推广策略提供依据。例如：美国的婚纱礼服消费地中，排在前列的是迈阿密市、布鲁克林市、朵拉市等，具体如图 8-22 所示。

2. 买家年龄和性别分析

年龄和性别是影响客户消费行为的主要因素。在来自美国的支付买家中，25～34 岁的青年人为主要客户群体，占比高达 64.02%；其次是 35～44 岁的中年客户群体，占比为 22.05%；18～24 岁的客户群体占比 9.85%，具体如图 8-23 所示。在全部支付买家中，以女性为主，占比 48.34%；男性买家占比 19.38%，也有很大一部分买家并未填写性别，这部分占比 32.28%，如图 8-24 所示。

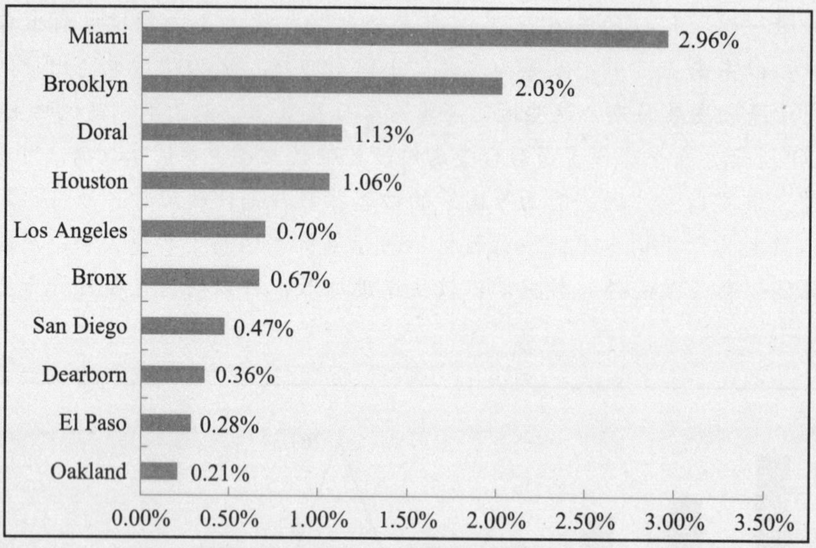

图 8-22 美国支付买家城市分布情况

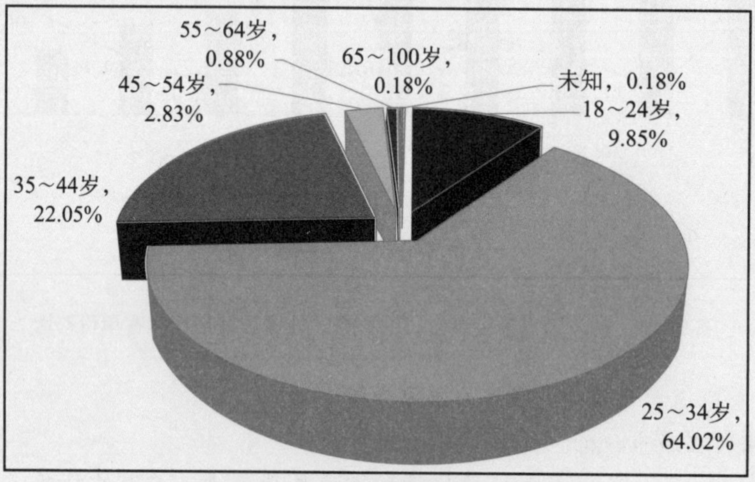

图 8-23 美国支付买家年龄分布情况

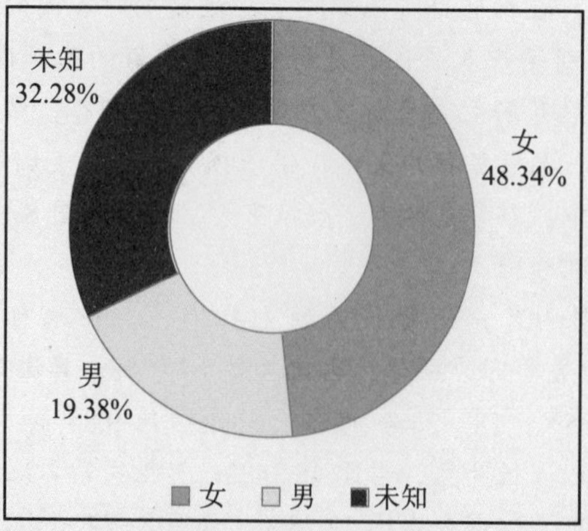

图 8-24 支付买家性别分布

3. 买家购买频次和价格分析

支付买家中绝大多数为单次购买，占比 86.84%，购买 2 次的支付买家占比 8.94%，购买 3 次的支付买家占比 2.22%，高于 3 次的支付买家较少。笔单价集中在 19.89～361.08 美元，占到 66.13%；笔单价在 19.89～95.48 美元的支付买家占比最高，达到 35.11%；95.48～361.08 美元，占比达到 31.02%，如表 8-4 所示。这可为产品价格制定提供一定参考。

表 8-4 支付买家购买次数及笔单价

购买次数	支付买家占比	笔单价	支付买家占比
1 次	86.84%	0～1.64	1.82%
2 次	8.94%	1.64～19.89	17.73%
3 次	2.22%	19.89～95.48	35.11%
4 次	0.62%	95.48～361.08	31.02%
5 次	0.31%	361.08 以上	14.32%
6～10 次	0.59%	—	—
10 次以上	0.49%	—	—

六、结论及建议

完成以上市场定位和客户画像分析后，可对店铺营销策略进行优化和实施。

（一）精准产品定位

一是优化产品结构，通过客户的年龄、性别和价格偏好分析，挖掘产品在价格、款式、包装等方面需着重突出的优势，做到有效选品和推广。二是针对不同国家市场进行差异化产品设计。地域文化是跨境电商行业中非常重要的市场导向性指标，通过国家分析，进一步了解主要潜力市场的服饰产品偏好和禁忌，在产品设计上调整优化。

（二）优化市场推广

一是根据本文对目标国家的分析，初步确定主要的目标市场为俄罗斯、美国、法国、西班牙、巴西、沙特阿拉伯等国家，针对这些国家的特点，以及城市分布情况，结合客户消费行为分析，制定不同细分市场的推广策略。二是根据主要客户群体的年龄和性别，进一步结合店铺流量来源分析，采用多样化的数字营销推广渠道和内容。

除了全球速卖通平台的数据以外，在市场分析过程中还可利用站外工具结合全球速卖通平台数据开展市场调研和选品分析。通过输入产品类目关键词，观察搜索热度趋势，从而分析判断市场变化。借助分析工具，分析行业发展数据，选择与产品相关的主题数据，能够对婚纱礼服产品的关联主题、搜索热度和趋势做更深入地了解，可以为后期结合一些节庆活动做重点营销推广提供思路，也可以进一步根据热销产品属性对客户偏爱的产品特征做进一步分析。此外，跨境电商卖家也可以利用工具查询到不同种类产品在不同时期的销售状况，以此分析不同种类产品的季节性特征。跨境电商卖家也可以使用 Keyword Spy 确定产品关键词的流行度，并使用分析工具查看所选产品目前在各大平台上的销售信息，以此来分析哪些产品卖得好，整体表现如何；也可通过考察竞争对手平台或网站，通过人工采集或使用数据采集工具，对目标产品的关键指标数据进行采集，利用 Excel 表格进行整理和具体分析。

项目小结

通过本项目的学习，重点掌握以下知识和技能：

- 数据可视化的内涵及具体形式。
- 数据可视化统计图表的制作。
- 数据分析报告的构成及撰写要点。

课后练习

一、单选题

1. 以下不属于饼图使用要求的是（　　）。

A. 对数据的大小、正负无要求

B. 仅有一个要绘制的数据系列

C. 类别数目无限制

D. 各类别分别代表整个饼图的一部分

2. 专题分析报告的特点是（　　）。

A. 单一性和深入性　　B. 全面性和关联性

C. 规范性　　D. 时效性

二、多选题

1. 数据可视化应遵循的原则包括（　　）。

A. 一致性　　B. 清晰性

C. 美观性　　D. 简洁性

2. 一般来说，对数据可视化工具的要求包括（　　）。

A. 实时性　　B. 易于操作

C. 易于展现　　D. 数据集成多元化

3. 数据可视化的设计形式要能够凸显（　　）。

A. 数据价值　　B. 数据说服力

C. 数据趋势　　D. 数据全面性

4. 根据数据分析任务需求，常用的数据分析报告主要包括（　　）。

A. 专题分析报告　　B. 定期数据通报

C. 综合分析报告　　D. 日常数据通报

三、判断题

1. 我们在网络、广告大屏上看到的包含数据信息的动态图像、一站式大屏广告，企业日常业务中的商业报告、商业图表等不属于典型的数据可视化成果。（　　）

2. 数据可视化的目的是反映数据的数值、特征和规律，试图以更加直观、易于理解的方式，将数据背后的信息呈现给用户，辅助其作出正确的决策。（　　）

3. 数据可视化的主要目的是直观、高效地传达信息。（　　）

四、思考题

1. 跨境电商数据可视化都包括哪些步骤？

2. 跨境电商数据可视化的图表类型有哪些？各自的特点和适用场景分别是什么？请尝试用思维导图总结和归类。

3. 请通过查找网络搜索热力图、词云图，了解这两种可视化图表的特点、作用及适用场景。结合跨境电商数据分析工作，思考这两种图表可以用于哪种数据分析场景。

五、综合练习

1. 任务要求

选择前面工作任务中的客户数据分析或产品数据分析结果，完成数据可视化工作。

2. 关键步骤

（1）使用 Excel 表格制作可视化图表。

（2）撰写数据分析报告。

参考文献

[1] 吴功兴，佘莉，刘闯，孙兆洋．商务大数据采集与分析 [M]. 杭州：浙江大学出版社，2020.

[2] 胡辉．Excel 商务数据分析与应用：慕课版 [M]. 2 版．北京：人民邮电出版社，2022.

[3] 沈凤池．商务数据分析与应用 [M]. 北京：人民邮电出版社，2019.

[4] 恒盛杰电商资讯．出口跨境电商：速卖通 SEO 精准引流与数据化运营 [M]. 北京：机械工业出版社，2017.

[5] 邹益民，旷彦昌．跨境电商数据运营与管理：微课版 [M]. 北京：人民邮电出版社，2021.

[6] 浙江中渤教育科技有限公司．跨境电商 B2C 数据运营：中级 [M]. 北京：电子工业出版社，2021.